会展项目管理

主编　姜天瑞　陈正康

哈爾濱工業大學出版社

内 容 简 介

本书全面介绍了会展项目管理的各个领域。它不仅包括会展项目管理的基础知识和一般原则，还特别强调了会展项目管理的策略，涵盖了会展项目从策划、执行到评估的全过程。同时，本书还分析了会展项目管理当前所面临的挑战与机遇，并提出了创新的管理理念与方法，以帮助读者掌握会展项目管理的发展趋势，并在不断变化的市场中保持竞争力。

本书适用于会展行业的从业者、会展专业的学生以及对会展项目管理感兴趣的读者。无论是初学者还是有一定经验的会展项目管理人员，都能从本书中获取到实用的知识和策略，提升自己的会展项目管理能力。

图书在版编目(CIP)数据

会展项目管理/姜天瑞，陈正康主编. —哈尔滨：哈尔滨工业大学出版社，2025. 4. —ISBN 978-7-5767-2102-7

Ⅰ. G245

中国国家版本馆 CIP 数据核字第 202522P65L 号

策划编辑 杨秀华
责任编辑 雷 霞
封面设计 刘 乐
出版发行 哈尔滨工业大学出版社
社 址 哈尔滨市南岗区复华四道街 10 号 邮编 150006
传 真 0451-86414749
网 址 http://hitpress.hit.edu.cn
印 刷 哈尔滨市颉升高印刷有限公司
开 本 787 mm×1 092 mm 1/16 印张 15.25 字数 352 千字
版 次 2025 年 4 月第 1 版 2025 年 4 月第 1 次印刷
书 号 ISBN 978-7-5767-2102-7
定 价 56.00 元

前　言

在宽泛的意义上，会展行业涵盖了会议、展览、节日活动、表演艺术、体育竞赛以及奖励旅游等方面。这个行业以会展活动为核心，通过各种不同主题和类别的会展项目展现其多样性。自改革开放以来，中国的会展业才真正起步，逐步经历了从无到有、由少增多、由弱变强的发展阶段。目前，从会展活动的规模和频次来看，我国已经跃升为全球会展业的领头羊。

在2020年5月14日中共中央政治局常委会会议中，首次提出“构建国内国际双循环相互促进的新发展格局”，此战略的提出是我国全面深化改革中实现经济高质量发展、建设高水平市场体系、高水平对外开放及提升我国国际竞争力的重要战略举措。会展业独特的功能与特点，在供需两侧提供了发展契机，对于延伸特定产业链条、挖掘并提供新消费热点、培育经济发展新动能有极大的促进作用。在此形势下，会展业需要不断调整优化自身发展模式，实现高质量发展，从项目管理角度，把握好每一环节，提高会展项目专业化运作及会展项目人员的专门化培养管理，进而提高与相关产业融合发展质量，在带来较大经济与社会效益的同时，有利于促进双循环新发展格局的构建。

2020年，世界各国经济停滞，会展业也同样受到重创，会展活动均停办或延期。基于此，商务部及时出台措施，于2020年4月印发了《关于创新展会服务模式　培育展览业发展新动能有关工作的通知》，促进行业健康发展。通知指出，要推进展会服务创新、管理创新与业态模式创新，加快培育行业发展新动能，充分发挥展览业在扩大对外开放、增加社会就业、拉动消费增长等中的重要作用。2021年7月，商务部制定的《“十四五”商务发展规划》中提出要发挥好中国国际进口博览会等重要展会平台作用，同时要发展线上线下融合的展会模式；同月，国务院办公厅印发了《关于加快发展外贸新业态新模式的意见》，明确指出要大力发展数字展会、社交电商、产品众筹、大数据营销等，建立线上线下融合、境内境外联动的营销体系。通过以上对会展业政策上的扶持与指导，可以看出会展业对我国经济恢复与高质量发展的重要作用。同时，也可以看出会展活动新业态新模式已成为产业发展及政策上的重点，说明会展服务创新、管理创新、业态创新将是促进会展业高质量发展的根本动力，线上线下融合发展将是基本的发展趋势，因此，会展项目管理也需要不断进行创新。

在本书编写过程中，严格遵循了两个核心原则，即综合性和前沿性。致力于提炼和整合各种类型的会展活动项目管理中的共性内容，将会展活动视为一个统一的整体进行考量。此外，还特别加入了会展数字化和信息化的相关内容，以确保本书不仅在理论层面具有深度和广度，而且在实践应用方面也能够提供切实可行的指导和帮助。通过这样的努力，希望本书能够为会展行业的专业人士提供一个全面、实用且具有前瞻性的参考资料，从而在会展活动的策划、执行和管理等方面发挥出重要的价值。

本书内容全面且系统，详细地涵盖了会展项目管理的各个方面。它主要由三个核心部分构成。首先，第一部分深入浅出地介绍了会展项目管理的基础知识，不仅包括了项目管理的一般原理，还特别强调了会展项目管理的独特性和核心要素。这部分内容重点阐述了会展活动的本质以及会展项目管理的策略，同时对会展项目的设计进行了细致的讲解，为读者提供了会展项目策划和执行的初步框架。紧接着，第二部分更加深入地探讨了会展项目的过程管理。这部分内容按照会展项目的实际操作流程，进行了详尽的规划和分析。它不仅涵盖了会展项目的启动与审批阶段，还包括了会展项目计划的制订与管理，以及会展项目品牌的构建与推广。此外，这部分还详细讲解了如何吸引和组织会展项目客户、会展项目中的人力资源管理，以及会展项目的监控和财务规划；同时，还对会展项目的服务管理、现场运作、风险控制以及项目结束后的评估进行了全面的介绍。最后，本书的第三部分着眼于会展项目管理的发展与创新。这部分内容不仅回顾了会展行业的发展历程，还探讨了当前会展项目管理面临的挑战和机遇，并提出了创新的管理理念和方法，旨在帮助读者把握会展项目管理的未来趋势，以及如何在不断变化的市场环境中保持竞争力。

与市面上的同类图书相比，本书具有以下几大特色：

(1)本书的目标是力求在会展概念的阐述与项目划分上做到清晰明确。会展活动可以分为广义和狭义两种，每种会展活动都有其特点，但同时，从整体上来看，会展活动之间也存在一定的共性。本书将会展活动整体作为研究对象，对于细分的会展活动，通过举例或设立特殊章节来进行阐述，目的是让本书能够适用于不同类型的会展活动企业，既具有普遍性，又不失特殊性。

(2)本书不仅涵盖了传统会展项目管理的基础知识，还融入了创新技术。会展项目传统上以线下呈现为主，但随着数字化、智能化浪潮的推进，线上活动不断涌现，线上线下双线驱动的办展模式已经成为未来会展市场的发展趋势。本书在继承传统会展项目管理的基础上，加入了新技术、新方式和新手段对会展项目的影响，旨在做到继承传统与改进创新的有机结合。

(3)本书基于项目管理知识的坚实基础，致力于讲好会展项目管理的故事。本书对项目管理相关知识进行了集中讲解，目的是在进行后续学习之前，使读者心中和脑海中建立起项目管理的思维框架。在后续每一章节的编写中，首先做好相关内容基础知识的铺垫，然后进行会展项目管理相关内容的详细讲述，使得本书具有很强的实践性。

在本书的编写过程中，陈正康负责整体思路设计和全局统筹协调，并具体撰写了第一章至第四章，姜天瑞负责撰写了第五章至第十五章。作者有幸得到了众多前辈和同人的无私帮助，对此深表感激。特别要感谢孟凡胜教授，他不仅提供了宝贵的建议，还慷慨地分享了相关材料，这些都极大地丰富了本书的内容。同时，作者还要向邸嘉禹表达谢意，他所做的相关工作为本书的完成提供了坚实的基础。衷心希望本书能够为中国会展业项目的进一步发展及会展人才的培养做出一定的贡献。由于作者水平有限，书中难免存在不足之处，诚挚地希望各位读者能够不吝赐教，提出宝贵的意见和建议。

作　者

2025 年 1 月

目　录

第一章　会展及会展项目管理

会展，作为现代经济活动的重要组成部分，不仅促进了商品流通，还加强了行业间的交流与合作。会展项目管理，则是对会展项目进行规划、组织、协调和控制的过程，以确保会展项目能够高效、有序地进行。在本章节中，我们对会展行业的核心概念进行了详尽的解释和说明。首先，我们深入探讨了会议、展览、奖励旅游及节事活动这些不同类型的会展活动的概念内涵，帮助读者更好地理解它们各自的特点和区别。然后，我们进一步阐述了会展项目管理的研究内容，包括会展项目的策划、组织、执行和评估等关键环节，以及会展项目管理在实际操作中所面临的各种挑战和解决方案。

第一节　会展的内涵

一、会展的核心概念

会展起源于欧洲，当地称之为 C & E(Convention and Exposition)或 M & E(Meeting and Exposition)，主要涉及会议与展览会。在更宽泛的意义上，会展被称作 MICE，涵盖 M(Meetings，即公司业务会议)、I(Incentive Tour，即奖励旅游)、C(Conventions，即协会或社团组织会议)及 E(Exhibitions & Events，即展览节事活动)。

一些学者和业界专家提出了“大会展”的理念。中国会展经济研究会学术指导委员会副主任陈泽炎指出，“大会展”不仅包括传统会展的展览、会议、节庆和奖励旅游，还应扩展至 12 个方面，包括“会(会议)、展(展览会)、演(广场演艺)、节(节庆)、赛(赛事)、馆(文化馆)、奖(奖励旅游)、训(培训)、观(产业观光)、公(公关)、传(传播)、园(主题公园)”。

上述内容仅对会展的范围进行了描述，尚未涉及其深层含义。在此，将会展界定为：在特定时间和空间内，群体进行的物质或精神的交流与交易活动。

会展是社会活动的体现，也是国家发展到一定阶段的产物。它已成为国民经济的重要组成部分，形成了独立的会展产业。作为综合性服务产业，会展业以会展公司和场馆为核心，提供会议和展览服务，对经济和社会活动产生直接或间接的效益。

会展业之所以能成为产业，是因为它具备五个条件：

经济效益：会展业不仅能产生直接经济效益，例如通过交易活动带来的高额交易额和通过参观展览所获得的门票收入，而且还能通过与会展业相关的其他行业产生间接效益。这些间接效益包括但不限于酒店住宿、餐饮服务、交通出行等行业的收入增加。会展业的利润率通常超过 25%，这表明其不仅能够盈利，还具有显著的产业带动效应，能够促进整个经济链条的繁荣。

就业安排:会展业的发展对于缓解就业压力具有积极作用。随着会展活动的增多,不仅会展业本身需要大量的人力资源,相关产业如展览设计、搭建、物流、安保等也会随之发展,从而提供更多的就业机会。据相关统计,平均每 1 000 m^2 的展馆面积可以创造近百个就业机会,这为社会提供了大量的工作岗位,有助于提高就业率。

市场运作:随着会展经济的高速发展,会展业必须实现市场运作,通过市场化手段来优化行业结构,提高服务水平。市场化程度的逐渐提高,意味着会展业将更加注重效率和效益,更加注重客户需求和市场反馈,从而推动整个行业的健康发展。

产业关联:会展业的发展不仅限于自身,它还能带动旅游、交通、酒店等相关行业的发展,形成以会展业为中心的产业族群。这些相关行业与会展业相互促进,共同形成一个共生共荣的产业链,从而促进整个区域经济的共同发展。

自成体系:经过半个世纪的发展,我国会展经济已经形成了一套完整的运作体系。这一体系不仅包括了硬件设施,如现代化的展馆、先进的会议设备等,还包括了软件设施,如专业的会展管理和服务团队,以及一系列会展相关服务,如策划、宣传、咨询等。这些构成了会展经济的坚实基础,为会展业的持续发展提供了有力支撑。

二、会展项目的分类

(一)会议

1. 会议的含义

所谓会议,是指一群人带着共同或不同的目标,围绕一个中心议题,开展信息交换或聚集讨论的活动。会议的主要参与者包括组织者、执行者及参与者(通常也包括发言者),其核心在于参与者之间进行思想和信息的沟通。

2. 会议的功能

作为会展行业的一个关键部分,会议在推动经济收益、助力城市规划、提高城市知名度等方面扮演着独特角色。欧洲因众多的会议城市而闻名。法国的巴黎被称作“国际会议之都”,每年举办的国际会议超过 300 场,由此产生的经济收益超过 7 亿美元。巴黎的会议产业不仅带动了当地的经济增长,还促进了城市的国际化进程,吸引了来自世界各地的专业人士和游客。这些国际会议涵盖了科技、经济、文化等多个领域,为巴黎带来了丰富的国际交流机会和合作资源。此外,巴黎还拥有众多世界知名的会议中心,如凡尔赛门展览中心,这些场馆不仅设施完善,服务优质,还能满足不同类型会议的需求,进一步巩固了巴黎在国际会议市场中的地位。

小贴士

全球会议界权威研究机构 Gaining Edge 于 2022 年发布新一年度《全球最具竞争力会议目的地城市》榜单,综合各城市会议硬件设施、酒店服务能力、目的地吸引力等指数,并对其竞争力水平进行综合打分和排序,在前 50 名中,中国城市北京、香港、上海、台北和杭州分别排名全球第 4 位、第 12 位、第 13 位、第 32 位和第 33 位。这一排名不仅彰显了这些城市在会议硬件设施、酒店服务及整体吸引力方面的卓越表现，也反映了它们在国际会议市场上的重要地位和影响力。这些城市不仅拥有现代化的会议中心和高品质的酒店服务，还具备丰富的文化底蕴和独特的城市魅力，能够吸引全球各地的专业人士和参会者前来交流与合作。

2. 会议的分类

(1)按会议主题专业性分类。

综合性会议：主题广泛，涵盖多个领域或议题，旨在提供一个全面交流和沟通的平台，吸引来自不同专业背景的参会者。例如达沃斯世界经济论坛，每年汇聚全球政商学界精英，探讨经济、科技、社会、环境等多领域的前沿趋势与挑战，议题从人工智能对就业的影响到全球气候变化应对策略等，内容丰富多元。

专业性会议：聚焦于某一特定的专业领域或技术方向，具有较高的专业性和深度。通常由专业协会、研究机构或企业主办，参会者多为该领域的专家、学者、技术人员等。如国际计算机视觉与模式识别会议(CVPR)，专注于计算机视觉和模式识别领域，全球顶尖学者和科研人员在此分享最新研究成果，如新型图像识别算法、智能安防技术应用等。

(2)按会议地域范围分类。

国际会议：涉及多个国家或地区的代表参与，具有全球性的影响力。会议主题通常关注国际共同关心的问题，如国际政治、经济合作、环境保护、科技创新等。像世界移动通信大会(MWC)，每年在西班牙巴塞罗那举行，来自全球的通信企业、运营商、科研机构齐聚，探讨5G/6G技术发展、物联网应用、通信行业未来走向等。

区域会议：主要由某个特定区域内的国家或地区参加，旨在促进区域内的交流与合作。例如东南亚国家联盟(东盟)峰会，东盟十国领导人就区域内的政治安全、经济贸易、社会文化等事务进行讨论决策，如区域自贸协定推进、跨境旅游合作等。

国内会议：在一个国家内部举办的会议，参会者来自国内各地。可以是全国性的行业会议、政府会议，也可以是地方性的交流活动。例如2025年中国会展业数字化与创新大会，主要由国内会展产业链的相关人士参加，于2025年2月28日在北京开幕，吸引了来自全国会展产业链的800多名代表参会，其中超过50%来自各类会展活动的主办方。

(3)按会议目的和功能分类。

决策性会议：旨在做出重要决策、制定政策或规划。通常由组织的高层领导或相关决策者参加，会议讨论的内容直接关系到组织的发展方向和重大事务。例如上市公司的年度股东大会，股东们对公司的重大投资决策、管理层人事任免等进行投票表决。

信息交流会议：重点在于参会者之间分享信息、交流经验和见解。通过演讲、报告、讨论等形式，让参会者了解行业最新动态、技术发展趋势、成功案例等。例如行业协会组织的年度信息交流会，各企业分享过去一年的市场拓展经验、新产品研发成果等。

培训会议：以培训和学习为主要目的，为参会者提供专业知识、技能培训或职业发展指导。通常会邀请专业讲师进行授课，设置实践环节和互动交流，帮助参会者提升能力。例如企业针对新入职员工开展的为期一周的入职培训营，涵盖企业文化、业务流程、职业素养等课程。

促销会议：主要用于推广和销售产品或服务，通过展示、演示、讲解等方式，向潜在客户介绍产品或服务的特点、优势和价值，促进销售。例如某公司的新品发布会，详细介绍新手机、电脑等产品的创新功能、设计亮点，吸引消费者购买。

表彰会议：为了表彰和奖励在某个领域或项目中表现突出的个人或团队而举办的会议。通过颁发奖项、荣誉证书等方式，激励更多人积极进取，同时也起到宣传和树立榜样的作用。例如影视行业的奥斯卡颁奖典礼，对优秀电影作品、演员、导演等进行表彰，激励影视从业者创作出更多优质作品。

（二）展览会

1. 展览会的定义

展览的主要目的是推动特定社群内部的思想交流、信息共享及产品的流通。展览业作为会展业的核心组成部分，涵盖了多种形式的会展活动，其中包括展销会、展览、博览会及展示会等。

展销会(Fair)这一形式的展览会，融合了传统集市与庙会的特点，具有非常广泛的覆盖范围。在展销会中，不仅可以看到来自各行各业的商家，还能见到从农产品到工业品的各类商品。在专业展览领域，展销会的分支被称为“Exhibition”，而那些大型且综合性质的展览活动仍然沿用 Fair 这一名称。值得注意的是，在我国，Fair 也被翻译为“博览会(Exposition)”，但需要明确区分现代大型展会和传统集市这两种不同的概念。

展览(Exhibition)是现代会展活动中最为常见的一种形式，它通常被广泛用作展览会的统称。这种展览形式不仅涵盖了各种商品和服务的展示，还包括了艺术、科技、教育等多个领域的交流与展示。

博览会(Exposition)这一概念起源于法国，最初是为了展示国家的工业实力而设立的，其本身并不涉及贸易活动。然而，随着法语在国际上的影响力日益增强，以及国际展览组织总部设在法国，Exposition 这一术语在法语国家和北美地区得到了广泛的使用和认可。

展示会(Show)这个词原本的意思是“展示”，但在现代语境中，它也经常被用来指代“展示会、展览会”。在美国、加拿大等国家，Show 这一术语已经替代了 Exhibition，成为贸易展览会的常用称呼。在这些地区，通常将具有贸易性质的展览会称为 Show，而将那些以宣传为目的的展览会称为 Exhibition。

2. 展览会的分类

虽然展览会的类型和举办方式随着时代的发展而不断演化，但可以根据其内容、规模、时间、地域、功能和方式来划分展览会的基本类型。

例如，根据内容的不同，展览会可以分为商品展览会、艺术展览会、科技展览会等；根据规模大小，展览会可以分为国际性展览会、全国性展览会、地区性展览会等；根据举办时间的长短，展览会可以分为定期展览会和不定期展览会；根据举办地域的不同，展览会可以分为国内展览会和海外展览会；根据功能的不同，展览会可以分为贸易型展览会、宣传型展览会等；根据展览方式的不同，展览会可以分为实体展览会和虚拟展览会。每种类型的展览会都有其特定的目的和受众，满足了不同领域和行业的展示需求。

（三）奖励旅游

奖励旅游（Incentive Travel）是企业或其他组织为了表彰和激励员工、经销商、客户等，以旅游作为奖励方式，精心组织安排的一项特殊旅游活动。它不同于一般的旅游度假，具有很强的目的性和激励性。通常是企业根据员工或合作伙伴在一定时期内的工作业绩、销售成果等指标，挑选出表现卓越者，邀请他们参加奖励旅游。

这种旅游活动往往会提供高端、个性化的体验，行程安排会融入独特的活动项目，如专属的商务交流活动、与知名企业家或行业专家的交流晚宴，或是在著名旅游景点享受奢华的度假服务等。奖励旅游不仅能让参与者在身心上得到放松，更重要的是给予他们一种荣誉感和成就感，同时也增强了他们对组织的认同感和忠诚度，促进团队凝聚力的提升。从企业角度来看，它也是一种有效的激励手段和企业文化建设方式，有助于提高员工工作积极性和工作效率，推动企业业务发展。

奖励旅游起源于20世纪初的美国。当时，一些企业为了激励员工提高工作效率，尝试采用非物质奖励方式。最早的奖励旅游形式相对简单，通常是企业主带领表现优秀的员工进行短途旅行。例如，一家小型制造企业的老板为了奖励业绩突出的员工，组织他们前往附近的海滨城市度假，在度假过程中不仅让员工放松身心，还增进了团队成员之间的感情。这次旅行取得了良好的激励效果，形成了奖励旅游的雏形。随着时间的推移，奖励旅游逐渐成为企业激励机制中不可或缺的一部分，它不仅能够提升员工的士气，还能加强团队合作，为企业创造更大的价值。

20世纪60年代，随着美国经济的快速发展，企业竞争日益激烈，奖励旅游逐渐受到更多企业的重视。这一时期，奖励旅游的规模和形式有所拓展，开始出现专业的奖励旅游策划公司，为企业量身定制旅游方案。一些大型企业会组织员工前往知名旅游胜地，如拉斯维加斯，除了安排休闲度假活动，还融入了商务会议和团队建设环节，使奖励旅游兼具休闲与激励的双重功能。这种结合了工作与娱乐的奖励方式，不仅让员工在放松的同时感受到企业的关怀，也进一步提升了员工对企业的忠诚度和归属感。

20世纪70～80年代，奖励旅游从美国传播到欧洲、日本等发达地区和国家。在欧洲，许多企业将奖励旅游视为提升员工满意度和忠诚度的重要手段，旅游目的地选择更加多样化，包括地中海沿岸的度假胜地、北欧的特色小镇等。日本企业则将奖励旅游与企业文化深度融合，注重团队精神的培养，常组织员工参加具有挑战性的户外拓展旅游活动，如登山、徒步穿越等。这些活动不仅锻炼了员工的体能和意志，还加深了他们对企业文化的认同和理解。

进入20世纪90年代，随着经济全球化的推进，奖励旅游市场迎来快速增长。新兴经济体中的企业也开始认识到奖励旅游的价值，纷纷效仿。此时，奖励旅游的内容更加丰富，除了传统的旅游项目，还增加了文化体验、高端定制服务等。例如，一些企业会组织员工前往非洲进行野生动物观赏之旅，或者安排到法国酒庄进行葡萄酒品鉴和文化学习，满足员工多样化的需求。这些活动不仅丰富了员工的生活体验，也提升了他们的生活品质，从而提高员工的工作热情，增强员工对企业的忠诚度。

21世纪以来，随着互联网技术的发展和人们消费观念的变化，奖励旅游呈现出多元化发展趋势。一方面，旅游目的地覆盖全球，从热门旅游城市到小众特色地区；另一方面，奖励旅游的形式更加创新，如结合主题活动的奖励旅游，像动漫主题、音乐主题等，满足不同兴趣爱好的员工群体。同时，虚拟现实（VR）、增强现实（AR）等技术也逐渐应用到奖励旅游中，为参与者提供更加独特的体验。这些新兴技术的应用，不仅让奖励旅游更加生动有趣，也使得员工在享受旅游的同时，能够体验到科技带来的新奇感受，从而进一步提升员工的满意度和工作积极性。

（四）节事活动

节事活动是指在特定的时间和地点举办的，具有鲜明主题和独特文化内涵的各类庆祝、纪念、展示、娱乐等活动的统称。这些活动能够吸引大量人群参与，是人们在日常生活之外，为了满足精神文化需求、促进社交互动、传承文化传统、推动经济发展而举办的特殊活动。它们不仅丰富了人们的生活，也为社会带来了多方面的影响。

1. 节事活动的分类

传统节日类：这类活动基于历史文化传承形成，如春节、中秋节、端午节等。这些节日具有浓厚的文化底蕴，通常伴随着特定的习俗、仪式和庆祝方式，承载着民族情感和文化记忆。它们是人们共同庆祝和纪念的重要时刻，也是文化传承的重要途径。

文化庆典类：这类活动是为了庆祝和展示特定的文化元素而举办的，如啤酒节、美食节、民俗文化节等。它们突出文化特色，通过艺术表演、美食展示、手工艺品展销等形式，展现地域文化魅力。这些活动不仅吸引了本地居民，也吸引了来自世界各地的游客。

商务会展类：这类活动的目的在于促进商业交流与合作，展示企业产品和技术，拓展市场渠道，推动产业发展。它们为商家和消费者提供了一个直接交流的平台，有助于推动经济快速发展。

体育赛事类：这类活动涵盖各类体育比赛，如奥运会、足球赛、马拉松赛事、网球公开赛等。体育赛事不仅具有竞技性，还能吸引大量观众和游客，带动旅游、餐饮等相关产业发展。它们是体育精神的体现，也是推动体育产业发展的重要力量。

主题活动类：这类活动是根据特定主题策划的，如动漫节、音乐节、电影节、科技节等。它们以主题为核心，聚集了具有相同兴趣爱好的人群，提供了一个交流和展示的平台。这些活动不仅丰富了人们的精神文化生活，也为特定领域的发展提供了动力。

2. 节事活动的意义

（1）传承与弘扬文化。

节事活动是文化传承的重要载体，通过传统节日的文化庆典，能够将民族文化、历史记忆传递给后代，增强文化认同感和归属感。同时，它们也能向外界展示本地文化特色，促进文化交流与融合。节事活动在传承文化的同时，也促进了文化的创新和发展。

（2）带动经济发展。

商务会展和体育赛事等节事活动能够吸引大量游客、参展商和赞助商，带动旅游、餐饮、住宿、交通等相关产业的发展，增加就业机会，促进地方经济增长。例如奥运会的举办，不仅给举办城市带来了巨大的经济效益，还提升了城市的国际形象和品牌效应。此外，节事活动还能激发城市基础设施建设和改造，提升城市功能和服务水平，为城市的长期发展奠定坚实基础。

(3)提升社会凝聚力。

节事活动为人们提供了社交互动的机会，增强了社区成员之间的联系和沟通，促进了社会和谐与团结。在共同参与活动的过程中，人们能够分享快乐、增进感情，提升社会凝聚力。节事活动是社会凝聚力的重要来源，也是社会稳定的保障。

(4)塑造城市品牌。

成功举办节事活动可以提升城市知名度和美誉度，塑造城市独特的品牌形象。例如戛纳电影节使戛纳成为世界知名的文化艺术之都，吸引了全球目光。节事活动是城市品牌塑造的重要手段，也是城市营销的重要策略。通过举办具有特色的节事活动，城市能够展示自己的文化底蕴、经济实力和发展潜力，吸引更多的游客、投资者和人才。这种品牌塑造效应不仅有助于提升城市的知名度和美誉度，还能够为城市的长期发展奠定坚实的基础。比如哈尔滨通过举办冰雪节成功地展示了其独特的冰雪文化，吸引了大量游客前来观赏和参与。这一活动不仅促进了哈尔滨的旅游业发展，还提高了城市的知名度和影响力。冰雪节成为哈尔滨的一张名片，让人们一想到冰雪就想到哈尔滨。通过举办这样的节事活动，哈尔滨不仅展示了自身的文化特色，还增强了城市的吸引力和竞争力。

3. 节事活动的特点

主题性：每个节事活动都有明确的主题，围绕主题展开活动策划和组织，使活动具有独特性和吸引力。主题可以是文化、体育、商业、科技等各个领域，为参与者提供了一个聚焦的体验。主题性是节事活动的核心特征，也是吸引参与者的关键。

时间性：节事活动通常在特定的时间举办，具有较强的时间限制。这种时间限制增加了活动的紧迫感和吸引力，促使人们在特定时间内参与活动。时间性是节事活动的另一个重要特征，也是活动组织者需要考虑的重要因素。

参与性：节事活动鼓励公众广泛参与，无论是作为观众、参与者还是志愿者，人们都能在活动中找到自己的角色。参与性不仅增强了活动的互动性，也使参与者获得了独特的体验。节事活动是公众参与的重要平台，也是公众表达自我、实现自我价值的舞台。

文化性：节事活动往往蕴含着丰富的文化内涵，无论是传统节日的文化习俗，还是文化庆典的艺术表演，都体现了地域文化特色，是文化展示和传播的重要平台。文化性是节事活动的灵魂，也是活动吸引人的魅力所在。

综合性：节事活动涉及多个领域和行业，需要政府、企业、社会组织和公众的共同参与和协作。它融合了文化、经济、社会等多种元素，具有综合性的影响。综合性是节事活动的重要特点，也是活动成功的关键。

第二节　项目管理概述

一、项目

（一）项目的概念

“项目（project）”这一术语，指的是在时间、预算和资源等限制条件下，具有明确目标的单次任务。项目是人们通过各种手段，将人力、物力和财力等资源有效整合，根据商业计划的指导，开展独立的或持续的、期限不定的工作，旨在实现既定的数量和质量目标。

（二）项目的特征

1. 目标性

目标性也称为目的性，项目的结果可以是产品或特定的服务，这是项目的基本属性。然而制订目标绝非易事，需遵循 SMART 原则，即具体性（specific）、可测量性（measurable）、可实现性（attainable）、全员相关性（relevant）和期限性（time-based，也称为 traceable“可跟踪的”）。诚然，由于项目大小及其复杂程度不一，项目的目标性也有单一目标与多项目标等差异。

2. 临时性

临时性是指项目仅在一段明确的时间范围内存在。这意味着每个项目都有其明确的起始和终止时刻，绝非无期限的活动。换句话说，项目总是有其时间上的限制，属于临时性的任务。无论项目持续多久，从短至数日的研究项目到长达数十年的国家基础设施工程，项目本质上都是临时性的。因此，项目一旦完成，其所有前提条件和各种必需的资源也将随之不复存在。

3. 周期性

周期性是指项目历经“起始—实施—终结”三大阶段的周期性过程。这是由项目的时间规定性所决定的，也是项目的突出特征。必须指出的是，项目的周期性并不等于重复性。实际上，任何项目哪怕是同类项目，均没有内容完全重复的周期，这是项目严格区别于日常运作（operation）的关键所在，也由此体现出项目的生命周期特征。

4. 限制性

作为一项任务，项目会受到时间、要素、质量、成本等多种条件的限制。这些条件和要求对项目的进展和完成度有着重要的影响。例如，时间的限制可能要求项目在规定的时间内完成，否则可能会面临延期惩罚或失去市场竞争力。要素的限制可能涉及人力资源、物资供应或技术条件等方面，这些限制因素直接影响项目的实施效率和可行性。质量的限制则确保项目成果符合预期标准，满足客户需求或行业标准。成本的限制要求项目在预算范围内运作，防止超支导致经济损失。这些限制条件相互交织，共同组成了项目的实施框架，并促使项目团队在有限资源下寻求最优解决方案。

5. 整体性

整体性就是指项目的各类要素互相联系成为一个整体，项目的各个环节（阶段）始终围绕目标构成统一的整体，同时，项目的时间规定和内容要求也是一个完整的统一体。

6. 逐步清晰化

逐步清晰化指的是项目的目标成果是逐步达成的。由于项目产出、成果或服务在初始阶段难以预见，项目初期只能大致定义。随着项目的推进，项目细节会逐渐变得清晰、完整和精确。这表明随着项目的逐步清晰化，变更在所难免，进而导致相应的调整。因此，在项目执行过程中，变更管理至关重要，以保证项目在所有相关方认可的基础上顺利推进。项目的许多方面都需要逐步清晰化，尤其对于一些规模庞大、结构复杂的项目，其逐步清晰化的特征尤为明显。

（三）项目的构成要素

项目通常由多个要素构成，这些要素相互关联、相互影响，共同决定项目的成败。本书将从项目目标、项目范围、项目时间等方面进行阐述，使读者全面了解项目的构成要素。

项目目标：明确且可衡量的结果，是项目存在的核心理由。例如开发一款新软件，目标可能是在特定时间内完成软件，满足特定功能需求，并达到一定用户满意度。

项目范围：界定项目包含和不包含的工作内容，明确项目边界。例如建设一座桥梁，需要确定桥梁的长度、宽度、结构形式等具体参数，以及哪些附属设施属于项目范围。

项目时间：涵盖项目的开始时间、结束时间，以及各阶段的时间节点。例如举办一场展会，从筹备到开展再到结束，每个环节都有规定的时间。

项目成本：涉及完成项目所需的所有费用，包括人力成本、材料成本、设备成本等。例如拍摄一部电影，演员片酬、场地租赁、道具制作等都是成本。

项目质量：对项目成果的质量要求，须符合相关标准和规范。例如生产电子产品，要确保产品性能、安全性等方面达到行业标准。

项目资源：包括人力、物力、财力等。人力包括设计师、工程师等；物力包括设备、材料等；财力是项目所需资金。

项目风险：项目实施过程中可能面临的不确定因素，如市场变化、技术难题、政策调整等。例如投资房地产项目，可能面临房价下跌、政策调控等风险。

项目干系人：与项目有利害关系的个人或组织，如项目发起者、客户、团队成员、供应商等。他们的期望和需求会影响项目决策和实施。

二、项目管理

（一）项目管理的定义

项目管理是指在项目活动中运用专门的知识、技能、工具和方法，使项目能够在有限资源限定条件下，实现或超过设定的需求和期望的过程。它通过对项目的启动、规划、执行、监控和收尾等一系列过程进行管理，确保项目目标的达成。项目管理不仅涉及技术层面的执行，还包括对项目团队的领导和管理，以及与项目的利益相关者的沟通和协调。

(二)项目管理的特征

独特性:每个项目都有其独特的目标、范围、时间和成本等要求,没有两个完全相同的项目,这决定了项目管理不能完全照搬以往经验,需要根据项目特点制订个性化方案。项目管理的这一特性要求项目经理必须具备创新思维和灵活应变能力,以适应不同项目的特定需求。

一次性:项目有明确的开始和结束时间,一旦目标达成或项目终止,项目就结束了,不像日常运营活动具有持续性。这要求项目管理必须在有限时间内高效运作,确保项目在预定的时间框架内完成既定目标。

整体性:项目管理要综合考虑项目各个要素,如范围、时间、成本、质量等,它们相互关联和影响,任何一个要素的变动都可能影响其他要素,所以需要从整体上协调和管理。项目管理者必须具备全面的视角,确保所有项目要素协同工作,以实现项目的整体成功。

不确定性:项目实施过程中会面临各种风险和不确定性因素,如市场变化、技术难题、人员变动等,这就需要项目管理者具备应对风险和不确定性的能力。项目管理的这一特性要求项目经理必须进行周密的风险评估和规划,以减少不确定性带来的潜在影响。

(三)项目管理的范围

项目启动:识别项目需求,确定项目目标,进行项目可行性研究,制订项目章程,正式授权项目开始。项目启动阶段是整个项目生命周期的起点,需要明确项目的方向和目标,为后续的项目规划和执行奠定基础。

项目规划:制订详细的项目计划,包括范围计划、进度计划、成本计划、质量计划、人力资源计划、沟通计划、风险管理计划等,为项目执行提供指导。项目规划是确保项目成功的关键步骤,它涉及对项目资源的合理分配和时间的有效管理。

项目执行:按照项目计划开展工作,协调和管理项目团队,执行各项任务,完成项目的各项交付成果。项目执行阶段是将项目计划转化为实际成果的过程,需要高效的团队协作和良好的项目控制。

项目监控:对项目的执行情况进行实时监控,收集项目绩效数据,与计划进行对比分析,及时发现偏差并采取纠正措施,确保项目按计划进行。项目监控是确保项目按既定目标前进的重要环节,它涉及对项目进度和质量的持续评估。

项目收尾:完成项目的各项交付成果,进行项目验收,总结项目经验教训,对项目资料进行归档,释放项目资源。项目收尾阶段标志着项目的结束,是项目管理的最后一步,需要确保所有项目活动都已圆满结束,并为未来项目提供可借鉴的经验。

第三节　会展项目管理概述

在世界经济与社会进步的历程中,会展项目的重要性日益凸显。随着新兴产业的兴起和传统产业的深入拓展,以及产业融合的持续加强,会展项目如同雨后春笋般迅速增多。利用会展平台促进会展经济的发展，进而推动区域经济与社会的进步，已经成为全社会的广泛共识。因此，强调会展项目及其管理的重要性具有重大的意义。

一、会展项目

（一）会展项目的概念

会展项目是指在一定时间和预算范围内，为了达到特定的展示、交流、贸易等目的，而进行的一系列有组织、有计划的活动。它涵盖了会议、展览、大型活动等多种形式，通过整合各类资源，如场地、展品、参会人员、服务设施等，为参会者提供一个集中展示、沟通和合作的平台。

例如中国进出口商品交易会（简称广交会），就是一个典型的会展项目，旨在促进国内外贸易交流，展示各类商品和技术。广交会不仅吸引了大量的参展商和采购商，还促进了商务洽谈和技术合作，为参展企业和行业带来了广泛的市场机遇。通过会展项目，企业能够展示其最新产品和技术，了解行业动态，拓展业务领域，增强市场竞争力。

（二）会展项目的特征

会展业是一个融合性的经济活动领域，它依托于会展场馆，并以城市完备的基础设施和成熟的都市服务系统为后盾。通过组织多样化的会议和展览活动，会展项目能够吸引众多的参会者、参展商和普通游客，促进商业交流、文化互动和旅游活动，进而推动城市相关行业的进步。会展项目，作为一种新兴的项目形式，专注于会展活动，它拥有独特的属性。简而言之，会展项目的特性主要表现在以下几个核心方面。

(1)主题明确性：在会展行业中，每个项目都拥有一个特定的主题，这一点至关重要。例如，汽车展通常以汽车为主题，它会展示各种新款车型、汽车技术以及与汽车相关的各种创新。科技展则聚焦于科技领域，它会展示最新的科技成果和前沿技术。一个明确的主题不仅能够为会展项目提供清晰的方向，而且有助于吸引目标客户群体和潜在观众，从而提升会展的吸引力和影响力。

(2)时间集中性：会展活动通常安排在一段相对集中的时间内进行，这样的时间安排可以是几天，也可以持续几周。这种时间上的集中性要求会展项目的筹备工作必须在有限的时间内高效地完成。筹备工作包括场地的布置、展品的运输、人员的组织和协调等各个方面，都需要在短时间内迅速而有序地进行，以确保会展活动的顺利进行。

(3)资源整合性：会展项目在筹备和执行过程中，需要整合和利用各种资源。这些资源包括场地资源，即选择合适的展馆或会议场地；人力资源，涉及策划、组织、服务等不同岗位的各类人员；物力资源，如展品、展示设备等；财力资源，用于支付场地租赁、宣传推广、人员工资等各项费用。有效的资源整合是确保会展项目成功的关键因素之一。

(4)服务导向性：会展项目的核心在于为参展商和观众提供高质量的服务。良好的服务体验是项目成功的关键。这包括提供便捷的交通指引、设置舒适的休息区域、提供专业的咨询服务等，以确保参与者在会展期间能够获得满意的体验。通过提供卓越的服务，可以显著提高参与者的满意度，从而提升会展的整体形象和品牌价值。

(5)效益综合性：会展项目不仅能够带来直接的经济效益，如展位租赁收入、门票收入等，还能够产生间接的经济效益。例如，会展项目能够带动举办地旅游、餐饮、交通等相关产业的发展，从而为举办地带来额外的经济收益。同时，会展项目还具有社会效益，它能够提升举办地的知名度和影响力，增强城市的国际形象，促进文化交流和信息传播。

(三)会展项目的利益相关者

会展项目通常涉及众多参与方，如组展商、中介机构、参展商以及整个产业支持系统等，其利益相关者构成往往很复杂。项目团队在执行任务时，必须承担起协调这些利益相关者之间关系的职责，以确保项目的整体利益达到最大化，同时也要努力实现各利益相关者个体利益的最优化。鉴于此，对利益相关者进行详尽的分析显得尤为关键，它是确保会展项目成功的重要环节。

在我国，会展业的利益相关者可以细分为四个主要类别：核心层利益相关者、次核心利益相关者、支持性利益相关者及边缘性利益相关者。

(1)在会展行业的核心层利益相关者中，政府机构扮演着至关重要的角色，它们通过制定相关政策和法规来指导和监管会展活动的进行。会展公司则是组织和策划展会的主体，它们负责展会的整体规划、市场推广和日常运营。直接参与展会的参展商是展会内容的提供者，他们通过展示产品和服务来吸引潜在客户。广大参展观众则是展会的直接受益者，他们通过参观展会来获取信息、寻找商机或满足个人兴趣。

(2)次核心利益相关者包括了提供场馆服务的企业，这些企业负责场馆的维护、安全和日常管理，确保展会的顺利进行。

(3)支持性利益相关者涵盖了与会展业紧密相关的各类企业，例如展台设计公司，通过创造吸引人的展台设计来提升展会的视觉效果；运输和搭建服务提供商，负责展品的运输和现场搭建，确保展会的高效运行；会展行业协会，通过制定行业标准来推动会展行业的健康发展。

(4)边缘性利益相关者包括了社会公众，他们可能通过媒体报道或个人参与来了解展会信息；以及与会展活动间接相关的酒店餐饮企业、交通旅游企业等，这些企业通过为参展商和观众提供住宿、餐饮和交通服务来支持会展活动的顺利进行。

(四)会展项目的生命周期

在项目发展的每个阶段，通常会设定一系列任务，目的是实现既定的管理目标。通过有序地组织项目流程，能够明确项目的生命周期。多数项目的生命周期都具备以下特点。

在项目的启动阶段，对成本的预算和人员的配置通常会保持在一个相对较低的水平，因为此时的工作重点在于规划和初步设计，尚未进入大规模的实施阶段。然而，随着项目的逐步推进，进入中期阶段时，对成本和人员的需求会逐渐增加。这是因为项目开始进入实质性的开发和执行阶段，需要更多的资源来保证项目的顺利进行。团队规模可能会扩大，同时对资金的投入也会相应增加，以满足项目在不同阶段的具体需求。但是，当项目接近尾声，完成度越来越高时，对成本和人员的需求又会开始迅速下降。这是因为项目的收尾工作通常不需要像中期那样大量的资源投入，更多的是进行项目成果的整理、评估和交付。因此，整个项目周期中，成本和人员需求呈现出先上升后下降的趋势。

在项目的启动阶段，成功的概率往往处于最低点，这是因为在这个阶段，项目面临的风险和不确定性因素是最大的。由于缺乏足够的信息和经验，项目团队可能还在摸索最佳的执行路径，各种潜在的问题和挑战尚未完全显现出来。然而，随着项目的逐步推进，团队开始积累经验，对项目有了更深入的理解，能够更好地应对各种挑战。因此，项目的成功概率会随着时间的推移而逐渐提高，风险和不确定性随之降低。

在项目的早期阶段，项目设计人员所具备的技能和专业知识对最终产品的特性和成本的构成起着至关重要的作用。他们的决策和设计思路将直接影响产品的质量、性能及最终的市场竞争力。因此，在这个阶段，设计人员的能力对产品的成功与否具有决定性的影响。随着项目的逐步推进，这种影响会逐渐减弱。这主要是因为随着项目的深入，已经投入的成本持续增加，项目团队对产品有了更深入的理解和掌握，因此在后续阶段出现的错误和问题能够得到及时的发现和修正。随着项目的进展，团队成员之间的协作和沟通也变得更加顺畅，这有助于减少错误的发生，并且提高解决问题的效率。虽然项目初期设计人员的能力对项目的影响至关重要，但随着项目的深入，团队整体的协作和经验积累将逐渐成为推动项目成功的关键因素。

通过深入分析项目生命周期，可以清晰地识别和理解会展项目在它所经历的各个阶段中所需要完成的技术性工作。例如，可以明确宣传资料的印刷工作是在项目的筹备阶段进行，还是应该安排在项目的扩展阶段来进行。此外，项目生命周期的概念还帮助我们明确在每个阶段所涉及的人员角色和职责，例如在筹备阶段需要宣传策划人员的积极参与，而在扩展阶段则需要拓展人员的介入，在会展现场服务阶段，服务人员的重要性将变得尤为突出。

二、会展项目管理

（一）会展项目管理的定义

会展项目管理，是将项目管理的专业知识、技能、工具和方法，全面应用于会展项目从筹备到结束的全流程之中。其核心目标是确保会展项目在既定的时间期限、预算约束和严格的质量标准下，成功达成展示品牌形象、促进信息交流、推动贸易合作等多重目标。在这一过程中，不仅要整合各类有形与无形资源，如场地、设备、人力、资金等，还需精心协调参展商、观众、合作伙伴、当地政府及社会公众等众多利益相关者的关系，充分满足各方的多样化需求与期望，实现项目效益的最大化。

（二）会展项目管理的过程

会展项目管理的过程是一个系统而复杂的工作，它涵盖了从项目启动到最终完成的各个阶段。每个阶段都有其特定的任务和目标。

1. 启动阶段

项目构思与发起：基于敏锐捕捉到的市场需求、精准把握的行业发展趋势，或是为达成特定的战略目标，孕育出举办会展项目的创意构想。例如，在“双碳”目标引领下，新能源汽车产业蓬勃发展，此时发起一场聚焦新能源汽车的会展项目，能够为行业搭建高效的交流与展示平台。

可行性研究：对项目展开全方位、深层次的可行性分析，涵盖市场需求层面，精准调研潜在参展商和观众的规模、参与意愿。在经济可行性层面，细致核算成本与预期收益；在技术可行性层面，评估场地设施、展示技术等是否满足需求；在社会可行性层面，考量项目对当地社会经济、文化环境的影响等。

制定项目章程：明确界定项目的核心目标、具体范围、关键里程碑节点，清晰划分项目团队成员的职责权限，以正式文件的形式批准项目启动，为后续工作奠定坚实基础。

2. 规划阶段

范围规划：精准勾勒会展项目的边界，明确具体工作内容，如敲定独特新颖的展会主题、确定丰富多元的展品范围、策划精彩纷呈的活动安排等。

进度规划：制订详尽的项目时间表，涵盖筹备阶段从场地预订、展品征集、宣传推广，到展会举办的具体日期等各个关键任务的时间节点，确保项目按计划有序推进。

成本规划：全面估算项目所需的各项成本，包括场地租赁费、展品运输费、宣传推广费、人员薪酬福利等，精心编制合理的预算计划，严格控制成本支出。

资源规划：明确所需的人力、物力和财力资源，如招聘经验丰富的会展策划、运营、营销等专业人才，租赁先进的展示设备，多渠道筹集项目资金，保障资源充足供应。

风险管理规划：系统识别项目可能遭遇的各类风险，如激烈的市场竞争风险、难以预测的天气变化对户外展览的影响、不断更新的政策法规风险等，并制订针对性强、切实可行的应对策略。

3. 执行阶段

组建项目团队：依据项目需求，广泛招募并高效组织专业能力强、经验丰富的项目经理、策划人员、营销人员、现场服务人员等，打造一支团结协作、执行力强的项目团队。

资源采购与调配：严格按照规划，完成场地租赁、展示设备采购、参展商和嘉宾邀请等工作，确保各类资源按时、按质、按量到位，为项目顺利开展提供有力支撑。

宣传推广：综合运用线上广告投放、线下活动策划、行业媒体深度合作等多种渠道，全方位、多角度提升项目的知名度和影响力，吸引更多的参展商和观众踊跃参与。

现场运营管理：展会期间，全面负责现场的空间布局、展品陈列展示、人员引导服务、活动组织执行等工作，确保展会现场秩序井然、氛围热烈，为参展商和观众提供优质的参展体验。

4. 监控阶段

进度监控：定期跟踪检查项目的实际进度，将其与计划进度进行细致比对，一旦发现进度偏差，迅速分析原因并制订有针对性的调整策略，加大资源投入或优化工作流程，确保项目按时完成。

成本监控：密切监控项目成本的支出动态，严格把控各项费用开支，避免出现成本超支现象。若发现某项费用超出预算，及时深入分析原因，采取削减不必要开支、优化资源配置等措施加以控制。

质量监控：建立严格的质量监控体系，确保展会的各项服务和活动达到甚至超越预定的质量标准，如检查场地布置是否美观舒适、展品展示效果是否突出、观众服务是否周到细致等。

风险监控：持续关注项目实施过程中的各类风险，动态评估风险应对措施的有效性，根据实际情况及时调整优化应对策略。例如，若遭遇突发恶劣天气影响户外展览，立即启动应急预案，保障展会安全顺利进行。

5. 收尾阶段

项目验收：对展会的各项成果进行全面、严格的验收，从参展商和观众的满意度调查、贸易成交额统计，到展示效果评估等多维度确认是否达到预定目标。

项目结算：完成项目的财务结算工作，精确核算实际成本与收益，为项目的经济效益评估提供准确数据。

经验总结与资料归档：深入总结项目实施过程中的成功经验与失败教训，形成宝贵的知识财富，为今后的会展项目提供参考。同时，对项目相关的策划方案、合同文件、财务报表等资料进行系统整理归档，便于后续查阅与分析。

第二章　会展项目设计

会展项目的设计不仅仅局限于单一的方面，它是一个全面而综合的过程，涵盖了会展项目的组织设计、产品设计、服务设计及团队设计等多个方面。在本章中，我们将深入探讨会展项目的这几个关键方面。

第一节　会展项目组织设计

一、会展活动的举办机构

负责会展活动组织、策划、招展及招商等任务的单位，被称为会展活动的举办机构。这些机构可能是商业实体，也可能是政府或其下属部门，或者是行业协会、商会、学术团体等协会性质的组织。通常，举办机构会细分为主办单位、承办单位、协办单位和支持单位等类别。在筹划会展活动时，构建一个相对完备的组织架构是必需的。

(一)主办单位

主办单位是指有权举办某项活动的机构，即有权发起展览会、会议或论坛的单位或个人。会展活动的主办单位是指在法律上对会展活动具有所有权，承担主要法律责任的办展单位。我国会展活动的主办单位主要包括各级政府部门、各级贸易促进机构、各类行业协会、商会及一些规模较大的企业等。在实际操作中，主办单位有三种形式：一是全部责任主办单位，拥有会展活动并对其承担法律责任，负责会展活动的实际策划、组织、操作与管理；二是部分责任主办单位，拥有会展活动并对会展活动承担主要法律责任，但不参与会展活动的实际策划、组织、操作与管理；三是名义主办单位，既不对会展活动承担法律责任，也不参与会展活动的实际运作。其中第二和第三种形式的主办单位往往具有强大的行业号召力，办展时可以利用这种行业号召力为会展服务。会展活动究竟采用哪种形式的主办单位，在策划会展活动时，要根据实际需要做出安排。在我国，长期以来会展活动的主办单位主要是政府主管部门、行业协会等。例如，第三十三届哈尔滨国际经济贸易洽谈会(简称哈洽会)的主办单位为中华人民共和国商务部、黑龙江省人民政府以及俄罗斯联邦经济发展部工业贸易部。

(二)承办单位

承办单位是指在活动中负责方案的实施，与主办单位具有协作关系的一方。承办单位与主办单位有一定的合同关系，承办方一般是受雇于主办方的。一般情况下，很多活动都是承办方策划举办的，为了提高权威性和影响力，就要邀请一个上级部门或者主管部门作为主办方，有时为了降低成本，就寻求几个协办方给予支持。承办单位主要职能有两个:一是承担会展活动的实际运作;二是承担主要财务责任。和主办单位一样,承办单位可以是一个或多个。在实际操作中,通常依据承办单位的能力,结合会展活动的实际需要,来安排承办单位的职能。例如,视实际情况而定,有时只需要一个承办单位全权负责会展活动的策划、组织、操作与管理,并对会展活动承担主要财务责任;有时需要几个承办单位,有的承担招展、招商和宣传推广等职能,有的主要负责现场管理工作等。一般来说,承办单位大多是会展公司。例如,哈洽会的承办单位为黑龙江省国际博览发展促进中心。

黑龙江省国际博览发展促进中心(中国哈尔滨国际经济贸易洽谈会办公室、中国国际商会黑龙江商会出证认证服务中心)主要职能:承担黑龙江省省政府交办的会议、展览、论坛等大型会展活动的组织实施工作;承担中国—俄罗斯博览会中方秘书处、中国—俄罗斯博览会(哈洽会)黑龙江领导委员会等展会领导委员会(组委会)办公室职责,负责日常工作;承担会展和活动的总体策划、招商、招展、贸易对接、展览事务和组织协调等工作;承担会展业发展促进工作,承办或组织参加境内外展会;为国内外经济技术合作、经贸交流、经贸纠纷的调解仲裁及国际贸易出证认证等提供相关服务;承办黑龙江省省政府交办的其他任务。

(三)协办单位

协办单位指的是在活动执行过程中提供支持或资助的组织或个人,其核心职责是辅助主办单位或承办单位进行会展活动的规划、组织、宣传推广、操作与运营。协办单位主要起到辅助主办单位或承办单位的作用,通常不承担会展活动的财务责任。在具体实践中,协办单位通常参与的工作包括招展、招商以及宣传推广。因此,协办单位往往是具有一定招展、招商和宣传推广能力,但又不愿或者无法承担法律责任的单位。虽然协办单位对会展活动不承担法律责任,但是其作用不可小觑,因为协办单位的优势往往是主办单位和承办单位所缺乏的,但又是会展活动所必需的,所以在选择协办单位时要认真对待。协办单位一般为行业协会和会展公司。例如,哈洽会的协办单位包括:上海合作组织、俄罗斯联邦总统驻远东联邦区全权代表处、俄罗斯联邦总统驻西伯利亚联邦区全权代表处、俄罗斯联邦总统驻西北联邦区全权代表处、中国欧盟商会、中国美国商会、日本国际贸易促进协会、日本贸易振兴机构、韩国大韩贸易投资振兴公社、新加坡国际企业发展局等。

(四)支持单位

支持单位是提供帮助和服务的单位,一般对活动起到间接和次要作用,有时也要承担一些招商和宣传推广工作,但是不起主要作用,也不承担任何财务责任。

在办展机构中,主办单位和承办单位是最为核心、最为重要的,也是必不可少的。协办单位和支持单位不是必需的,要依据主办单位和承办单位的实际能力和展会的需要来进行选择。主办单位、承办单位、协办单位和支持单位等办展机构进行合理的组合,是会展项目能够成功举办和发展的基础。在选择办展机构组成时,要处理好政府和行业协会的关系,要与国内外在该产业有较大影响力的机构和各大新闻媒体建立起良好的合作关系。这些单位或机构不仅可以提高会展的档次、规格和权威性，扩大会展的影响力，吸引新闻媒体的关注和开展新闻宣传，而且有利于会展项目的招展和观众邀请工作。

二、中国部分会展项目举办机构

下面以中国进出口商品交易会、中国国际进口博览会和中国国际服务贸易交易会三个典型的政府主导型展览会为例，简要说明现实市场中会展项目的主要组织构架。当然，由于规模不同、主办机构不同、涉及利益关系不同等原因，不同会展项目的组织构架差异较大。

中国进出口商品交易会(China Import and Export Fair)，简称广交会，创办于1957年4月25日，每年春季和秋季在广州举办，由中华人民共和国商务部和广东省人民政府联合主办，中国对外贸易中心承办。

中国国际进口博览会(China International Import Expo,CIIE)，简称进口博览会、进博会等，由中华人民共和国商务部和上海市人民政府主办，中国国际进口博览局、国家会展中心(上海)有限责任公司承办。

中国国际服务贸易交易会(China International Fair for Trade in Services,CIFTIS)，简称服贸会，是全球唯一一个国家级、国际性、综合型的服务贸易平台，自2012年起每年5月28日在北京举办。由中华人民共和国商务部和北京市人民政府共同主办，世界贸易组织、联合国贸发会议、经济合作与发展组织等国际组织共同支持。

第二节　会展项目产品设计

会展业提供的服务产品包括会议和展览等，顾客体验的是整个服务流程，而非实体物品。唯有亲临现场，在会展活动进行时才能全面享受服务。会展活动与普通商品不同，一方面，参与者无法提前准确预知活动详情，只能依据以往活动的信息来预估效果；另一方面，即便身处会展现场，也难以具体界定会展活动的实质，因为它并非一个可见可触的物品，而是由众多元素构成的综合“服务组合”。

会展活动的产品和服务是基于市场需求而产生的，因此，活动组织者在策划产品和服务时，必须以参与者的实际需求、客户期望和市场动向为出发点。

以展览会为例，通常其产品和服务主要包括展位设计、广告设计、赞助设计、门票设计和特殊活动设计五个方面。接下来，我们将对这五个方面分别进行简要的探讨，分析展览会的产品和服务的设计理念与关键点。

一、展位设计

展位是展览中心提供给参展商用以展示产品和科技的区域，一般由组展商以特定价格从展馆“采购”得来，随后依据销售策略和技术规范，将其细分为多个小区域，“出售”给参展商，其中的价差构成了组展商的主要收益。在大多数情况下，展览的收益主要来源于展位的租赁。因此，展位的租赁率直接决定了组展商的盈利状况。为了实现更高的经济效益和社会效益，组展商需要对展馆的选择、展区与展位的布局以及展位的定价进行周密且有效的规划。

（一）展馆的选择

选择合适的展馆对于增强参展商和买家的信心至关重要，是组展商成功组织展会的关键因素之一。展馆的选择需要周密的规划，组展商必须密切关注展览的举办地点及其周边市场的当前状况和未来走向。在具体操作过程中，组展商在决定使用某个设施或城市作为展览举办地时，通常需要考虑以下几个方面。

1. 地理位置

在展馆选择过程中需重点考虑地理位置，很多因素会对展览会举办地的选择产生影响。展览会的类型不同，对地理位置的需求也会有差异。通常情况下，消费类展览会更加倾向于吸引本地市场，展览会地址通常与人口众多的城市中心毗邻，一个季度内可能在一个区域或一个国家的不同区域轮流举办若干次。同时，因为消费类展览会的观众很多会在当天往返，所以该展馆周围的公共交通系统非常重要。当然，如果是“商家对商家”的商贸会展，则应将到达机场的便捷程度作为重要的决定因素之一。除此之外，这种展览会的参展商和观众在举办地的逗留时间通常超过一天，因此当地住宿设施的完善与否对最终决策也是至关重要的。

2. 竞争情况

竞争情况是指在同一区域内还安排有多少类似的大型展览会或者公共活动，特别是主办方拟租用的设施内部或者附近，是否正在举办其他大型的活动等，这些情况在展馆选择时都必须考虑到。

3. 基础设施配备

在确定展馆是否适合特定的展览会时，首先要清楚地了解该场馆的各种功能。务必检查各个入口、楼梯间、电梯及禁入区域的位置。明确展览会活动能够利用的空间面积，地板的载重率，铺地板所用的材料，空间利用的规定，高度限制，特殊的照明选择，与各个功能区域之间的距离，仓库的大小和存放物品的限制，通风系统是否完备，每个展位是否都能提供电话，供水、供气、网络端口的地下槽位等。

4. 公共服务区域

注意展馆的洗手间及检票登记处的位置和数量，是否方便残疾人使用。此外，还要考虑餐饮服务区能否提供足够的餐位，有无医务室和自动取款机等。

5. 参展商权益

在举办展览会时，展馆方面应当谨慎制订规则，以确保不会对参展商的权益造成不必要的损害。例如，一些展馆规定禁止携带食物和饮料进入其场所，这样的做法可能会迫使参展商不得不在展馆内部以较高的价格购买这些基本需求品。此外，展馆有时还会征收不合理的加班费用，或者强制要求参展商使用展馆指定的搭建服务，这可能会导致额外的费用负担。为了保证公平性，展馆应当实施统一的收费标准，确保无论是来自国内的参展商还是来自海外的参展商，在支付费用方面都享有相同的待遇，即支付相同的价格,从而避免产生任何歧视性的收费差异。

在综合考虑了所有相关因素之后,组展商就能够基本确定他们打算租用的展馆。随后,他们需要进行的工作包括提前进行预订以及对展馆进行现场的详细考察。对于主办方来说,展览会档期的选择同样至关重要。在国内,通常情况下,每年3月到5月以及9月到11月被认为是展览会的旺季。这两个时间段内,气候温和宜人,非常适合出行,因此往往能够吸引更多的参展观众。除此之外,春秋两季也是许多企业进行订货的时节,因此在这个时候参展,对于企业来说是十分合适的时机。除了要考虑到展览会的旺季之外,在具体档期的选择上,位于二线城市的主办方往往希望他们的展览会能够与位于“北上广”等一线城市的大型展览会错开时间,以避免直接竞争。同样,对于那些主题相似的展会主办方来说,他们也希望自己的展会能够与同主题的其他展会错开时间和地点,这样可以减少潜在的观众分流,确保各自展会的顺利进行。

(二)展区与展位的划分

合理地划分展区与展位,不仅关系到展览会布局的合理性,而且可能直接影响展位的销售效果。因此,科学合理地划分展区和展位是组展商的必备技能。

1. 展位的基本类型

一般展览会的展位可分为标准展位与特装展位两大类。展位号的表示方法通常依次由馆号、楼层号、通道号(用英文字母表示)和展位序号组成。

标准展位和特装展位主要有以下区别:

(1)规格配置不同。

标准展位:通常以3 m×3 m(9 m^2)为基本单位,也有2 m×3 m(6 m^2)和4 m×3 m(12 m^2)等规格。标准配置一般包括一桌两椅、两盏射灯(或日光灯)、一个220 V 5 A的插座、一个纸篓、三面围板和一块楣板。特装展位一般36 m^2起租,无固定规格和模式,只提供正常大厅照明及未铺地毯的空展位,主办方不提供其他配置,需参展商自行设计及搭建。

(2)设计搭建不同。

标准展位由主办单位指定搭建商采用统一的材料和规格搭建,外观和结构较为统一,参展商可发挥的设计空间较小,通常只能在墙体海报、产品陈列和展示布局等方面进行装饰。特装展位可根据参展商的品牌形象、产品特点和展示需求进行个性化设计和定制化搭建,能充分展现参展商的独特个性,可运用各种先进的展示技术和手段,如多媒体展示、灯光音响、互动装置等。

(3)费用成本不同。

标准展位费用相对较低,其搭建费用通常包含在参展费用中,或者相比特装展位价格更为低廉,对预算有限的参展商更友好。特装展位设计、搭建、运输、安装、拆卸等环节成本较高,需要参展商投入大量资金。

(4)适用对象不同。

标准展位适合初次参展或规模较小、预算有限的中小企业,以及临时参展商、行业协会和团体组织等,可提供基本展示平台,便于管理和协调。特装展位适用于大型企业、品牌推广需求高的企业,以及展示产品复杂或需要现场演示的企业,有助于这些企业在展会上脱颖而出,吸引更多客户和合作伙伴。

(5)展示效果不同。

标准展位因规格统一、个性化不足,在视觉效果和吸引力上相对较弱,空间有限,可能影响观众的参观体验和交流效果。特装展位可通过独特设计、创意布局和先进展示手段,营造出富有创意和感染力的展示氛围,展示效果突出,能给观众留下深刻印象。

2. 展区的划分

一般而言,展览会可划分为展览区、服务区、注册区和休闲区等区域。其中,展览区是核心区,其他区都是为展览区服务的。在绝大多数情况下,组织者会根据展览活动中的展品类型来细致规划展区的布局。通常情况下,一个围绕特定主题的展区可能会占据一个或多个展览馆的全部空间,或者仅仅占用展览馆中的一部分区域。在每个具有特定主题的展区内部,会根据展馆的空间特性和布局来精心分配展位。组织者会决定哪些区域将被设置为定制展位,这些展位通常是为了满足某些特殊展品的展示需求,而哪些区域则将被设置为标准展位,这些展位则适用于大多数普通展品。同时,组织者还会根据展品的大小和展示需求来确定这两种展位各自需要多大的展示面积。由于展馆布局的多样性,位于展馆不同位置的展位,无论是定制展位还是标准展位,它们吸引的观众数量和质量也会有所区别。一些展位可能因为其位置的优势而更容易吸引大量观众,而其他展位则可能因为位置较为偏僻而吸引的观众相对较少。恰当的展区和展位布局对于吸引特定观众群体参与展览、增强参展商展示效果及优化展览会现场服务至关重要。展区的布局通常需要遵循以下几项基本准则:

(1)按专业题材划分展区。

在展览会招展之前,应对所有的展览场地进行统一安排,按照专业题材划分展区,规划好各种展览题材适合安排在什么展区,以及各展区需要多大的面积。根据专业题材划分,就是在满足展品对展览场地要求的基础上,将同类展品安排在同一个区域里展出。之所以要考虑展品对场地的要求,是因为有些展品对场地的要求比较特殊。例如,一些大型机械或艺术品可能需要更大的空间和特殊的支撑结构,而一些精细的电子设备可能需要防静电的环境和恒温恒湿的条件。

(2)有助于提高展览会的档次。

展区和展位的划分将直接影响参展商和观众对展览会的印象。如果一个展览会中的标准展位和特装展位的分布杂乱无章,各种展品的展位混杂,即使这个展览会的规模很大,人们也会认为它档次不高,缺乏专业性。因此,展区和展位的划分要有利于提高展览会的档次,使参展商和观众从外观上对展览会有一个好印象。一个精心规划的展区和展位布局,可以突出主题,营造出专业和高端的氛围,从而吸引更多的专业观众和潜在客户。

(3)有利于提高参展商的展出效果。

展区和展位的划分还会直接影响参展商的展出效果。例如:如果一个或几个标准展位夹在一些特装展位之间,标准展位将非常不显眼;如果将一些次要的题材安排在展馆最佳位置,展览会的整体展出效果将大打折扣。因此,展区和展位的划分既要符合展品的特点,还要考虑到展位的搭建装饰效果。合理的布局可以确保每个参展商都有机会展示其产品或服务,并且能够吸引到目标观众的注意。

(4)有利于观众参观。

展区和展位的划分要方便观众参观和集聚,要使观众很容易地找到自己感兴趣的展品的所在展位,而且与该展品相关的产品也能在相邻的展区里找到。展览会举办期间,在有限的空间内集中了大量的人流,为了保证参展的效果,便于现场管理,一般按人流在整个会场内移动的方向来考虑合理划分区间,分流参观人群。这样可以减少拥挤,提高参观效率,同时也有助于参展商与潜在客户的有效交流。

(5)有利于展览会现场管理和服务。

展区与展位的划分要注意对展览场地的充分利用,不要有闲置的展览死角;应注意展馆的消防安全,以便在紧急情况下及时疏散人群;要方便展位的搭建和拆除,以及展品的进馆和出馆。此外,合理的布局还可以确保现场服务设施,如休息区、餐饮区、急救站等,能够均匀分布在展馆内,为参展商和观众提供便利。

在确定了展区与展位的布局之后,接下来需要依照特定比例精心制作展位的平面图。这个平面图需要详细标示出每个展区与展位的确切位置,同时也要清晰展示展馆的各个出入口、楼梯及现场服务点等重要信息,以便参展商能够轻松挑选展位。作为展览会招揽参展商的重要资料,展位平面图的绘制必须精确无误,图标与线条需清晰可见,确保一目了然。这样的平面图不仅有助于参展商迅速找到自己的展位,也有利于观众规划他们的参观路线,从而保障展览会的顺畅举办。此外,平面图的设计还应考虑到美观性,以吸引更多的参展商和观众。在设计时,可以使用不同的颜色和符号来区分不同类型的展位和区域,使得平面图更加直观易懂。同时,对于那些有特殊需求的参展商,平面图上还应提供额外的信息,比如电源插座的位置、网络接入点等,以满足他们的特殊需求。一个精心设计的展位平面图将成为展览会成功的关键因素之一,它不仅能够提升参展商和观众的体验,还能够提高展览会的整体效率和效果。

二、广告设计

展览会活动本身就是一个企业进行自我宣传和展示的平台,为给参展商提供更多的企业形象或产品宣传机会,在展览会举办期间,组展商可以通过设计商业广告平台,为参展商提供宣传方面的服务,如空中气球广告、会展中心墙体广告、会刊广告、电梯广告、网站广告等。对于组展商来说,为企业提供活动现场的广告宣传服务,不仅能够带来可观的经济收入,而且能够提高活动的热烈程度,从而增加展览会的吸引力和影响力。

(一)广告资源策划

在策划展览会活动时,组展商需提前思考如何为参展商提供广告宣传服务,并对这些广告宣传进行周密策划。

首先，参展商的广告宣传策划应从场馆资源出发，探究展览会期间场馆内外可用于广告宣传的地点，以及场馆能为参展商提供哪些广告形式。通常，展览会期间参展商可利用的广告宣传形式大致分为四类。第一类为印刷品广告，涵盖会刊、门票、参展商指南、导览图、各类证件（如工作证、参展商证、嘉宾证）及资料袋等。第二类为悬挂张贴广告，包括条幅、横幅、彩旗、灯杆旗、喷画、气球、充气拱门、太阳伞、灯箱、飞艇、三脚架等。第三类为视频广告，涉及展厅内的等离子电视、场馆内的大屏幕等。第四类为网站广告，包括在展览会场馆网站及组展商设计的活动网站上发布的广告。通过场馆内的公共电脑，经销商、采购商和观众能够浏览相关信息。特别要注意的是，在互联网时代，展览会的自媒体资源，例如公众号、视频号、抖音号等，都是广告的宝贵资源。

对于第一类广告，需明确哪些物品上可印刷广告，印刷广告的规格、形式及数量；对于第二类广告，需确定广告摆放的位置、数量以及各种悬挂张贴广告的尺寸；对于第三类广告，需确定播放时间和次数；对于第四类广告则需确保网站信息与实际情况一致，并及时更新网站信息。

以第 132 届广交会为例，新品首发首展首秀活动在线上举办了 200 场发布活动，通过微信、微博等新媒体平台及海外社交媒体广泛传播，多家中央媒体、地方媒体、知名门户网站及行业网络媒体进行了报道和转载，总曝光量超过 550 万次，充分展示了广交会展新、推新的魅力。

第 133 届广交会则采取线上线下融合的方式举办新品首发首展首秀活动。线上新品首发活动沿袭往届形式，在官网“广交会新品首发”栏目中推出企业新品视频，场次规模增至 230 场，影响范围更广。线下新品首发活动则在展馆 A、B 区中平台举行，活动视频推流至官网专栏展示。新品首发活动旨在为更多企业创造价值，确保企业收获满满，入选活动的企业将享有以下权益：

①展示。企业活动视频将在广交会官网新品首发专栏展示，并有机会收录入活动视频合辑，获得更持久的关注。这些视频将通过精心设计的展示页面，以高质量的视觉效果呈现给全球观众，确保每项活动都能得到充分的曝光。

②宣传推广。广交会利用境内外自媒体平台广泛传播活动信息，利用优势媒体资源，扩大宣传范围，触及更多潜在买家。通过与各大社交媒体、新闻网站及专业论坛的合作，确保活动信息能够迅速传播至目标受众，从而为参与企业提供更广阔的市场接触面。

③宣传物料。活动为企业定制的新品视频、新品短视频、线上活动企业新品电子画册等素材，将提供给入选企业，助力企业自主推广；这些宣传物料将采用最新的设计理念和技术，确保内容的吸引力和专业性，从而帮助企业提升品牌形象和市场竞争力。

④优先推荐参加大会活动，如“好宝、好妮探广交”等直播活动。通过这些活动，企业将有机会与行业内的关键决策者和买家进行面对面的交流，从而为产品销售和市场拓展创造更多机会。

在掌握各种广告资源后，必须依照《广告管理条例》及其施行细则，合理合法地发布各类广告。通常，户外广告的管理由展览会举办地政府组织工商、城建、环保、公安等部门共同规划，由工商行政管理机关负责监督实施。

（二）广告定价策略

选定广告资源之后，接下来的步骤是为这些资源设定价格。广告资源的定价范围广泛，受多种因素影响。

1. 展览会自身影响力

展览会自身影响力是广告资源定价的核心因素，如同基石之于高楼，起着决定性作用。它涵盖多个维度，从规模大小到参展商与观众的质量、数量，再到在市场中的地位，每一方面都紧密关联着广告资源的价值。

规模宏大的展览会，往往能吸引更多的关注。场地面积广阔，参展企业众多，活动丰富多样，这意味着更大的曝光机会。以德国汉诺威工业博览会为例，作为全球规模最大的工业展会之一，展会面积可达数十万平方米，参展企业数千家，来自全球各地的专业观众络绎不绝。在这样大规模的展会上投放广告，其传播范围之广超乎想象，广告信息能精准触达大量潜在客户，广告资源价格自然不菲。

参展商与观众的质量和数量同样至关重要。高质量的参展商通常是行业内的领军企业，它们带来先进的技术、产品和理念，吸引着同行、专业买家以及媒体的高度关注。比如每年的国际消费电子展，苹果、三星等众多科技巨头纷纷亮相，展示最新的科技成果。这些企业的参与提升了展会的品质和影响力，与之相应，展会的广告资源也备受青睐。同时，观众数量众多且专业度高，意味着广告有更多机会被有效接收。专业观众带着明确的采购或合作意向而来，对广告内容的关注度和接受度更高，使得广告投放的效果更具保障，进而推动广告资源价格上升。

展览会在市场中的地位，是其影响力的综合体现。处于行业领先地位的展会，具有强大的品牌号召力和市场认可度。如巴黎时装周，作为全球时尚界的风向标，是众多时尚品牌展示新品、发布潮流趋势的重要平台。在巴黎时装周投放广告，不仅能提升品牌知名度，还能彰显品牌的时尚地位和影响力。这种独特的市场地位使得展会的广告资源成为稀缺品，价格也被推向高位。

综上所述，展览会自身影响力越大，广告资源的定价就越高。参展商在评估广告投放时，应充分考量展览会的这些影响力因素，以确保广告投放的性价比和效果。

2. 广告形式与信息容量

广告形式与信息容量是展览会广告资源定价的直接影响因素，不同的广告形式与信息容量，犹如不同规格的商品，有着不同的价值。

在众多广告形式中，会刊广告是一种常见且传统的形式。以全国糖酒商品交易会为例，其会刊广告的价格因位置和尺寸而异。封面作为会刊最引人注目的位置，广告价格较高，如第 106 届全国糖酒商品交易会传统酒类会刊的封面广告（250 g 铜版纸覆光膜，尺寸 210 mm×210 mm）价格为 80 000 元，葡萄酒及国际烈酒、食品饮料会刊的封面广告价格分别为 60 000 元、50 000 元。封底、封二、封三及内页等不同位置的广告价格依次递减，普通彩色内页广告价格相对较低，如传统酒类、葡萄酒及国际烈酒、食品饮料会刊的普通彩色内页（105 g 铜版纸尺寸为 285 mm×210 mm）广告价格均为 7 000 元。会刊广告以文字、图片等形式呈现信息，通过展会期间的发放和会后的留存，为参展商提供持续的宣传效果。

现场大屏广告则是借助现代科技手段，以动态、醒目的方式吸引观众目光。其价格通常与屏幕尺寸、展示时间、播放频次等因素相关。例如武汉江汉路步行街的MarkMall的LED大屏广告，屏幕规格达36.2 m(宽)×11.8 m(高)=427.16 m^2，人、车流量高达230万人次/d。其刊例价格根据展示时长和频次不同而有所区别，40万元/周(15 s，120次/d)、60万元/周(30 s，120次/d)、60万元/周(15 s，240次/d)、80万元/周(30 s，240次/d)、6万元/d(15 s，120次/d)、10万元/d(30 s，120次/d)。大屏广告能够展示视频、动画等丰富多样的内容，信息容量大，传播效果强，在展会现场营造出强烈的视觉冲击。

除了上述两种广告形式，还有诸如场地广告中的气球条幅、气拱门、旗杆、广场广告牌、墙体广告、道旗等，它们的价格也各有不同。以某展会为例，气球条幅2 000元/条、气拱门6 000元/个、旗杆2 500元/组(6 m×1.5 m，馆门前4组，每组3面)、广场广告牌4 500元/幅(5 m×10 m)、墙体广告5 000元/幅(10 m×5.7 m，馆前广告部位)、墙体广告15 000元/幅(20 m×9 m，连接馆广告部位)、道旗550元/座(2.2 m×0.8 m，展馆道路)。这些广告形式在展示面积、展示位置和展示效果上存在差异，所承载的信息容量也不尽相同，从而导致价格的多样化。

广告形式越新颖、独特，展示效果越突出，信息容量越大，能够传递给观众的有效信息越多，其价格往往就越高。参展商在选择广告形式时，应根据自身的宣传需求和预算，综合考虑广告形式与信息容量的因素，以实现广告投放的最佳效益。

3. 成本与预期收益

成本与预期收益是展览会广告资源定价中不可或缺的经济考量因素，它们共同决定着广告资源价格的高低。

举办展览会涉及众多成本，场地租赁是其中重要的一项。场地的位置、面积和使用时长直接影响租赁费用。位于城市核心地段、交通便利且设施完备的展览场地，如上海国家会展中心，其租金相对较高。以举办一场为期5 d的中型展览会为例，租用该会展中心一个面积为5 000 m^2 的展厅，租金可能高达数百万元。宣传推广费用也不容小觑，包括线上线下广告投放、制作宣传资料、邀请媒体等。通过在行业知名网站投放广告、在社交媒体平台进行推广，以及制作精美的宣传海报和视频等，这些都需要投入大量资金。据统计，一场中等规模展览会的宣传推广费用可能占总成本的20%～30%。此外，还包括展位搭建、设备租赁、人员工资、水电费、保险费等其他成本。

组展商期望通过广告销售获得的收益，是定价的重要依据。组展商在规划广告资源价格时，会综合考虑成本和预期利润。假设一个展览会的总成本为1 000万元，组展商期望获得20%的利润率，即200万元的利润。在扣除其他收入后，通过广告销售需实现这部分利润目标。如果预计广告资源的销售数量为100个单位，那么每个广告资源的定价需覆盖相应的成本份额和预期利润，以确保组展商能够实现盈利目标。

成本与预期收益是展览会广告资源定价的基础，它们相互制约、相互影响。只有在充分考虑成本与预期收益的情况下，制订出的广告资源价格才能既保证组展商的经济效益，又能为参展商所接受，实现展览会的可持续发展。

4. 市场环境与资源供求

市场环境与资源供求对展览会广告资源的定价有重要影响，是导致价格波动的关键因素。

市场对展览会广告的需求程度，是定价的重要依据。在行业发展的上升期，企业拓展市场、推广产品的需求旺盛，对展览会广告的投入意愿强烈。以近年来蓬勃发展的新能源汽车行业为例，随着新能源汽车市场的快速扩张，众多新能源汽车企业积极参加各类汽车展览会，期望通过展览会广告提升品牌知名度和产品曝光度。在这种市场环境下，对展览会广告资源的需求大幅增加，推动广告价格上涨。反之，在市场不景气或行业发展遇冷时，企业往往会削减广告预算，对展览会广告的需求减少，广告资源价格也会相应下降。例如在传统燃油汽车市场逐渐饱和、竞争激烈的情况下，一些燃油汽车企业参加展览会的积极性降低，对展览会广告的需求减弱，使得相关广告资源价格面临下行压力。

广告资源的稀缺性，尤其是独家广告位，对定价影响显著。当某一广告位具有独特的地理位置、展示效果或受众针对性时，其稀缺性就会凸显。如在一些大型国际展会上，展馆入口处的独家广告位，由于其处于观众进入展馆的必经之路，曝光率极高，能够吸引大量观众的目光。这种独特的优势使得该广告位成为众多参展商竞相争夺的对象，其价格自然更高。以中国国际进口博览会为例，展馆入口处的独家广告位价格高达数百万元，远远高于其他普通广告位。

供求关系的变化会促使价格进行调整。当广告资源供大于求时，为了吸引参展商购买，组展商可能会采取降价策略，如推出优惠套餐、打折促销等。如某些小型展览会或新兴展览会，由于其知名度和影响力相对较低，参展商数量有限，广告资源的销售面临一定压力。为了提高广告资源的销售率，组展商可能会降低价格，以吸引更多的参展商投放广告。相反，当广告资源供不应求时，价格则会上涨。如一些知名的行业顶级展览会，由于其影响力巨大，吸引了众多企业参展，广告资源十分抢手。在这种情况下，组展商可能会提高广告价格，以获取更高的经济效益。

市场环境与资源供求对展览会广告资源定价的影响至关重要。组展商在制订广告资源价格时，应密切关注市场动态，准确把握供求关系的变化，合理定价，以实现广告资源的价值最大化和展览会的可持续发展。

5. 竞争关系

竞争关系在展览会广告资源定价中扮演着重要角色，影响着定价的策略走向。它主要体现在同类型展览会之间的竞争，以及其他广告渠道竞争这两个方面。

同类型展览会之间的竞争对广告资源定价影响显著。在同一时期、同一地区举办的类似展会，为了吸引参展商投放广告，会在价格上展开激烈角逐。以每年在不同城市举办的多个家具展览会为例，这些展览会在规模、参展商和观众群体等方面存在一定程度的重叠。如果其中一个展览会的广告资源定价过高，而其他展览会提供更具性价比的广告套餐，参展商可能会倾向于选择价格更为合理的展览会投放广告。为了在竞争中脱颖而出，组展商可能会根据竞争对手的价格情况，调整自身的广告定价策略。例如，采取差异化定价，针对不同的广告形式和服务内容，制订与竞争对手不同的价格体系，以突出自身优势；或者推出限时优惠活动，在特定时间段内降低广告价格，吸引参展商尽早下单。

其他广告渠道的竞争，尤其是线上广告，也给展览会广告资源定价带来了挑战。随着互联网的飞速发展，线上广告凭借其传播速度快、覆盖面广、互动性强等优势，吸引了大量企业的广告投放。在这种情况下，展览会广告资源需要在定价上展现出独特的价值。与线上广告相比，展览会广告具有现场体验感强、能够直接与目标客户面对面交流等优势。组展商在定价时，应充分考虑这些优势，强调展览会广告的独特价值，为参展商提供线上广告无法替代的服务。同时，也可以通过与线上广告平台合作，实现线上线下广告的整合推广，提高广告资源的竞争力，合理调整定价策略。

竞争关系是展览会广告资源定价中不可忽视的因素。组展商需要密切关注同类型展览会的价格动态，以及其他广告渠道的竞争态势，灵活调整定价策略，以在激烈的市场竞争中占据优势地位，实现广告资源的有效销售和展览会的可持续发展。

三、赞助设计

(一)展览会赞助方案设计原则

展览会产品中，赞助方案扮演着关键角色。其成功与否，取决于其科学性与吸引力。要设计出合理的赞助方案，必须遵循一些特定原则。

1. 以赞助商利益为导向

展览会的成功举办离不开赞助商的支持，因此，在设计赞助方案时，必须以赞助商的利益为导向，这是吸引赞助商参与及维持长期合作关系的核心原则。只有充分满足赞助商的需求，为他们提供切实的利益和价值，才能激发他们赞助的积极性。

不同的赞助商有着不同的商业目标，有的希望通过赞助提升品牌知名度，扩大品牌影响力；有的则期望借助展览会拓展市场，增加产品销量；还有的想要强化品牌形象，塑造独特的品牌个性。例如，一家新兴的科技企业可能更注重通过赞助展览会来提高品牌的曝光度，让更多的潜在客户了解其产品和技术；而一家成熟的传统企业则可能更关注在展览会上与现有客户的深度互动，巩固客户关系，同时寻找新的商业合作机会。因此，深入了解赞助商的需求和期望，是设计出有吸引力赞助方案的前提。

为了满足赞助商的需求，在方案中可以从多个方面提供相应的权益。在品牌曝光方面，给予赞助商在展览会现场显著位置的广告展示机会，如入口处的大型广告牌、展馆内的悬挂横幅等；在宣传推广材料中突出赞助商的品牌标识，包括官方网站、宣传海报、活动手册等；安排主持人在活动开场、重要环节中对赞助商进行口播致谢，让现场观众和线上直播的观众都能注意到赞助商。通过这些方式，全方位地提高赞助商品牌的曝光率。

在市场拓展方面，为赞助商提供与潜在客户直接接触的平台。例如，组织专门的商务洽谈活动，邀请行业内的优质潜在客户与赞助商进行一对一的交流；设置产品展示区，让赞助商能够充分展示其最新产品和技术，吸引参观者的关注；安排赞助商参与主题论坛或研讨会，分享行业见解，提升其在行业内的专业形象和影响力，从而为市场拓展创造有利条件。

2. 与展览会价值相匹配

展览会价值涵盖多方面，在影响力方面，具有广泛知名度与号召力的展览会，能吸引众多行业内人士、媒体及社会各界的关注，其影响力可辐射至全国乃至全球。如德国汉诺威工业博览会，作为全球工业领域的顶级盛会，吸引着来自世界各地的参展商和专业观众，展示着工业领域的最新技术和发展趋势，对全球工业发展产生着深远影响。专业性体现于展览会的主题聚焦、展品的专业性及参展商和观众的专业程度。如中国国际医疗器械博览会，汇聚了众多国内外知名医疗器械企业，展示的产品代表着行业的前沿技术，吸引的观众也多是来自医疗行业的专业人士，包括医院采购人员、医生、医疗器械经销商等。

受众质量也是展览会价值的重要体现，优质的受众具备较高的消费能力、专业素养和决策权，能够为参展商带来更多的商业机会。例如，一些高端的奢侈品展览会，其观众往往是具有高消费能力和对品质有追求的人群，参展商能够在这样的展会上与目标客户进行精准对接。

赞助方案与展览会价值相符，在赞助形式上，对于高规格、大规模的国际知名展览会，可设置独家冠名赞助、钻石级赞助等高端形式，赞助商能够获得全方位、高曝光的宣传权益。如在展会的所有宣传渠道中占据显著位置，包括官网首页置顶展示、宣传海报核心位置展示等，以此彰显其与展览会相匹配的实力和地位。而对于一些专业性较强但规模相对较小的行业展会，可设置更贴合行业特点的赞助形式，如技术支持赞助、专业论坛赞助等，赞助商可以在专业领域内获得深入的宣传和推广机会，如在专业论坛上进行主题演讲，展示其在该领域的技术实力和专业见解。

在权益设置方面，根据展览会的价值和赞助商的投入，合理分配权益。对于影响力大的展会，赞助商可获得诸如开幕式致辞、展会官方合作伙伴身份等重要权益，提升其品牌形象和行业地位；对于专业性强的展会，赞助商可获得优先参与行业研讨、与专家学者交流合作的机会，以及在专业领域内的宣传推广资源，如在展会的专业报告、学术论文中提及赞助商品牌等。

3. 务实与可操作性

务实与可操作性是展览会赞助方案设计中的重要原则，它直接关系到赞助方案能否顺利实施，以及赞助商和主办方的预期目标能否实现。在设计赞助方案时，必须充分考虑实际情况，确保方案具有现实可行性，避免不切实际的承诺和过高的期望。

在赞助费用设定方面，需要进行全面且深入的市场调研，了解同类展览会的赞助价格水平，同时综合考虑展览会的规模、影响力、目标受众等因素，制订出合理的赞助费用体系。例如，对于一个新兴的、规模较小但具有潜力的行业展览会，在设定赞助费用时，就不能盲目参照大型知名展会的标准，而应根据自身的实际情况，制订出相对亲民且具有吸引力的价格，以吸引更多的潜在赞助商参与。

回报项目的执行是务实与可操作性原则的关键体现。赞助方案中承诺给赞助商的回报权益，必须是能够在实际操作中得以实现的。比如，在宣传推广方面，承诺为赞助商在展览会官方网站首页展示品牌广告，那么就需要确保网站的技术支持能够满足这一需求，包括广告位的设计、展示效果的优化及网站的稳定性等。再如，提供产品展示机会，就需要明确展示的位置、面积、展示方式及相关的配套设施等细节，确保赞助商的产品能够得到充分、有效的展示。

在活动策划与组织方面，要充分考虑实际的场地条件、时间安排及人力物力资源等因素。例如，计划举办一场赞助商专属的晚宴活动，就需要根据展馆周边的餐饮资源情况，合理选择晚宴场地，确保场地的容纳人数、餐饮质量、服务水平等能够满足活动需求；同时，要合理安排晚宴的时间，避免与展览会的其他重要活动冲突，确保赞助商和嘉宾能够顺利参加。

另外，务实与可操作性还体现在应对突发情况的预案制订上。展览会的举办过程中可能会遇到各种意想不到的问题，如恶劣天气、设备故障、人员变动等。因此，赞助方案中应制订相应的应急预案，针对可能出现的问题提前制订解决措施，确保在突发情况下，赞助方案的各项权益和活动仍能尽可能地得以实施，减少对赞助商的影响。

4.“赞助产品”多元化

在展览会赞助方案设计中，“赞助产品”多元化是一项重要原则，它能够极大地丰富赞助形式，满足不同赞助商的多样化需求，从而显著增加赞助方案的吸引力和灵活性。不同的赞助商由于自身业务特点、发展战略及资源状况的差异，对赞助的期望和需求也各不相同。多元化的赞助产品能够为赞助商提供更多的选择空间，使他们能够根据自身情况选择最适合的赞助方式，实现与展览会的精准合作。

常见的多元化赞助产品形式丰富多样。现金赞助是最为直接和常见的形式，赞助商提供资金支持，为展览会的顺利举办提供坚实的财务保障。这些资金可以用于场地租赁、设备购置、宣传推广等各个方面，确保展览会的各项活动得以有序开展。例如，一场大型国际车展可能需要大量的资金来租赁宽敞的展览场地、搭建精美的展示展位、进行广泛的媒体宣传等，现金赞助能够直接满足这些资金需求。

实物赞助也是常见的形式之一，赞助商提供与展览会相关的实物产品。如在科技展览会上，赞助商可以提供最新的电子产品、智能设备等作为展示品或奖品；在食品展览会上，赞助商可以提供各类特色食品供参观者品尝。这些实物不仅能够丰富展览会的展示内容，还能让参观者更直观地了解赞助商的产品。实物赞助还可以降低展览会的运营成本，例如，一家文具制造商赞助文具用品，可用于展览会的办公、资料印刷等方面。

服务赞助同样具有重要价值，赞助商凭借自身的专业服务能力，为展览会提供专业的服务支持。在一场高端的艺术展览中，赞助商可以提供专业的艺术品运输、保险服务，确保展品在运输和展览过程中的安全；在一场行业峰会中，赞助商可以提供会议组织、翻译服务等，保障活动的顺利进行。服务赞助能够充分发挥赞助商的专业优势，提升展览会的品质和服务水平。

除了上述常见形式，还可以有更具创新性的赞助形式。比如，知识产权赞助，赞助商可以将自己拥有的专利技术、品牌授权等知识产权提供给展览会使用，为展览会增添独特的价值。在一些科技类展览会上，拥有先进技术专利的企业可以授权展览会展示其专利技术，吸引更多专业观众的关注，同时也提升了自身品牌在行业内的影响力。另外，人力资源赞助也是一种可行的方式，赞助商派遣专业的技术人员、营销团队等参与展览会的筹备和运营工作，为展览会提供人力支持。例如，在一场创业创新展览会上，一些知名企业可以派遣资深的创业导师为参展的创业团队提供指导和建议，提升展览会的专业性和吸引力。

小贴士

赞助成功案例分析

以某国际电子展览会为例，一家知名电子产品制造商企业A，为了在展会中提升品牌知名度并拓展业务，制订了一套全面且极具针对性的赞助方案，该方案完美地遵循了上述各项设计原则，取得了显著的成效。

在以赞助商利益为导向方面，企业A深入分析了自身的市场定位和目标受众，明确了赞助的核心目标是展示最新产品、吸引潜在客户及提升品牌在行业内的专业形象。基于此，他们租赁了展会中位置极佳、面积较大的展位，精心设计了富有科技感和现代感的展示区域，全面展示了最新的产品系列。同时，在展位现场设置了试用区，让参观者能够亲身体验产品的功能和优势，增强了产品与潜在客户之间的互动，有效提升了产品的吸引力和认知度。此外，企业A还赞助了展会期间的新产品发布会和专业论坛研讨会，邀请了行业内的知名专家和媒体参与。通过这些活动，企业A不仅成功地推出了新产品，还在行业内树立了专业、创新的品牌形象，吸引了众多潜在客户和合作伙伴的关注。

从与展览会价值相匹配的角度来看，该国际电子展览会在行业内具有较高的知名度和影响力，吸引了来自全球各地的参展商和专业观众。企业A的赞助方案与展会的价值高度契合，他们积极参与展会的各项核心活动，如在开幕式上进行简短的品牌介绍，展示企业的实力和创新成果；在展会的官方宣传资料中，企业A的品牌标识和产品信息得到了突出展示，与展会的整体形象相得益彰。此外，企业A还与展会主办方合作，共同举办了一场高端的行业论坛，邀请了全球顶尖的电子科技专家和企业代表参与，进一步提升了企业在行业内的地位和影响力。

在务实与可操作性方面，企业A在制订赞助方案时，充分考虑了实际情况和资源限制。他们对赞助费用进行了合理的预算规划，确保赞助投入与预期收益相匹配。在回报项目的执行上，每一项权益都明确了具体的实施细节和责任人，如展位的搭建、宣传资料的制作、活动的组织安排等，都有详细的计划和时间表。在展会期间，企业A的团队密切关注各项活动的进展，及时解决出现的问题，确保了赞助方案的顺利实施。例如，在新产品发布会前，技术团队提前对展示设备进行了多次调试，确保发布会的顺利进行；在展位的运营过程中，安排了专业的销售人员和技术人员，随时为参观者提供详细的产品介绍和技术支持。

在“赞助产品”多元化方面，企业A不仅提供了现金赞助，还充分发挥自身的产品优势，提供了实物赞助。他们将最新的电子产品作为展会的展示品和奖品，吸引了众多参观者的目光。此外，企业A还利用自身的技术资源，为展会提供了技术支持赞助，如在展会现场设置了智能互动展示区，利用先进的技术手段展示产品的特点和优势，提升了展会的科技感和互动性。同时，企业A还派遣了专业的技术人员和营销团队参与展会的筹备和运营工作，为展会提供了人力资源赞助，确保了各项活动的顺利进行。

通过这一系列精心设计和有效执行的赞助方案，企业A在此次国际电子展览会上取得了巨大的成功。展会期间，企业A的展位吸引了大量的参观者和专业人士，产品的曝光度和知名度大幅提升。据统计，展会期间企业A与数百名潜在客户进行了深入的沟通和交流，收集了大量的潜在客户信息，为后续的市场拓展和业务合作奠定了坚实的基础。此外，企业A在展会期间还成功地与多家行业内的知名企业建立了合作关系，进一步拓展了业务领域和市场份额。这次成功的赞助案例充分证明了，遵循上述设计原则制订的赞助方案，能够为赞助商带来显著的利益和回报，同时也能为展览会的成功举办提供有力的支持。

(二)展览会赞助方案的内容

一个完整的展览会赞助方案一般包括四个方面的内容。

1.展览会的概况

展览会的概况主要包括展览会的主办单位、承办单位、协办单位与支持单位，展览会的历史沿革、客户反应、组织方联系方式等。在赞助方案中介绍这些内容主要是希望目标赞助商对展览会的概况、档次、信誉、影响力等形成一个初步概念，以便目标赞助商对是否赞助展览会形成第一印象。所以，赞助方案中关于展览会概况的介绍应该简明扼要，用最简练的语言向目标赞助商传递展览会的价值信息。

2.赞助方案的总体设计

赞助方案的总体设计主要包括三个方面的内容。

(1)赞助类型的设计。

展览会的赞助类型多种多样，既可以是现金资助，也可以是展览会用品的赞助，如资料袋、胸牌、志愿者服装、电子显示屏等，还可以是展览会服务的赞助，如招待宴会、邮政服务等。

(2)赞助等级的设计。

组展商通常需要根据赞助力度的不同，将赞助商划分为不同的级别，但是不同组展商会给出不同的具体名称，如有的组展商将赞助商划分为白金赞助商、黄金赞助商、白银赞助商、资讯伙伴、供货商和经济发展赞助商。部分展览组织者根据赞助商提供的资金数额，将他们分为顶级赞助商、次级赞助商和一般赞助商。

(3)赞助金额的设计。

赞助金额的确定既要以展览会的影响力为基础，又要考虑到目标赞助商的承受力。

由于过高的赞助金额有可能“吓倒”赞助商，而过低的赞助金额必然会降低组展商的收益，因此确定展览会的合理赞助金额通常是一件比较困难的工作。通常情况下，为了合理确定赞助金额，一方面，赞助设计人员需要对展览会的价值和影响力有一个客观的认识，这种认识不仅是指组展商自己对展览会价值的认识，更重要的是其他目标客户尤其是潜在赞助商对展览会价值的评价；另一方面，赞助方案设计人员需要对潜在赞助商的支付能力有详尽的了解。

3. 回报项目的设计

如前所述，展览会的赞助是一种商业行为，而不是一种慈善行为，赞助商在支付赞助费的同时，需要从展览会中获取相应的回报。因而，对于组展商来说，能否设计出具有吸引力的回报方案，是决定能否找到赞助商的关键环节之一。一般来说，赞助商的回报条款至少要达到两个要求：第一，详细明确，具有可操作性。大多数情况下，赞助商是以获取展览会前期、举办期间及结束以后的各种宣传机会作为回报的，但是在这较长的一段时间内，赞助商如何才能达到预期的宣传要求？通常需要赞助设计人员对具体的宣传平台和措施加以细化，并在项目设计中明确表现出来。第二，层次分明，能够将不同级别的赞助商的回报条款明确区别开来，使每一个赞助商的付出与回报相对应。

4. 赞助合同的设计

赞助合同是约束组展商和赞助商行为及保障各自权益的法律文件。赞助商一旦决定赞助某个展览会，通常需要以正式合同的形式将组展商和赞助商的权利与义务关系确定下来。赞助合同需要载明赞助商选择的赞助类型、获取的回报项目、款项的支付、商业秘密的保护及违约责任和调解程序等条款。赞助合同的制订应当尽可能详尽，避免模糊不清的表述，以防止在后续合作过程中出现争议。合同中应明确赞助的类型，比如是独家赞助、金牌赞助还是普通赞助，不同类型的赞助将享有不同的权益和回报。同时，合同中还需详细列出赞助商所能获得的具体回报项目，比如品牌曝光的机会、展位位置、宣传资料分发权等，确保赞助商的利益得到切实保障。在款项支付方面，合同应明确规定赞助费用的支付方式、时间和账户信息，确保资金流转的透明度和安全性。此外，商业秘密的保护也是合同中不可忽视的一环，组展商和赞助商在合作过程中可能会接触到对方的敏感信息，因此合同中应包含保密条款，明确双方在合作期间及合作结束后对商业秘密的保密义务。最后，违约责任和调解程序也是赞助合同中不可或缺的部分。合同应明确双方在违反合同条款时应承担的责任，以及争议解决的方式和程序，比如是通过仲裁还是诉讼来解决纠纷，以确保在出现争议时能够迅速、公正地解决问题，维护双方的合法权益。

小贴士

广交会的赞助商

作为唯一一家持续服务广交会六十余载的金融机构及广交会独家“全球战略合作伙伴”，中国银行在第130届广交会期间，就招商工作、论坛活动、现场服务支持、对客金融服务等方面与中国对外贸易中心展开深入合作，展商结算量、授信投放量、境内采购商招募数、境外采购商招募数、金融专区点击量五项关键金融服务指标均居同业第一。

第 131 届广交会,中国银行作为广交会设计创新奖(CF 奖)独家冠名赞助商为 CF 奖入围企业专项定制“CF 奖企业贷”专属融资方案,提供多种担保组合,贷款额度最高可达 3 000 万元,贷款期限最长可达 10 年,助力企业创新加速成长。

根据最新的数据显示,在中资行中,中国银行是目前国际化程度最高的银行,其次是中国工商银行、交通银行。中国银行自成立以来一直致力于国际化进程,在国内外建立了广泛的网络,在亚洲、欧洲、美洲、非洲等多个地区拥有超过 70 个分支机构。同时,中国银行还积极开展国际化业务,涉及外汇、贸易金融、投资银行、境外融资等各个领域,为客户提供全方位的金融服务。

四、门票设计

展览会使用门票不只是为了增加一笔收益,还可以帮助组展商掌握专业观众的信息,随时掌握观众数量,控制人流。组展商在进行门票设计时应注意以下三个方面。

(1)关于门票设计。

总体而言,门票应简洁而庄重,凸显展览的核心主题,通常包含展览会的名称、主办单位、承办单位、日期、地点和票价等详细信息。在信息时代飞速发展的背景下,多数展览场所采纳了电子门票系统,这种系统取代了旧式的纸质门票。一旦购票完成,票面上会显示使用指南,明确指出该票的有效期限。同时,票面上还标有指示箭头,只需按照箭头指示的方向将电子门票插入检票设备,即可迅速完成检票过程,整个过程耗时不到 30 s。

(2)门票的发放形式。

展览会的性质不同,门票的发放形式也有所不同。一般来说,观赏价值较高、预期观众多(如车展、房展)的展览会需要出售门票,而且对组织者来说是一笔不菲的收入;而越来越多的专业性展览会,由于其观赏价值不是很高,因此组展商不再出售门票,只要通过网络或者现场输入观众信息,就可以免费入场参观。但是为了区分专业观众和普通观众,组展商会通知专业观众在网站上进行预登记,主办方将在展前 20 天左右免费将电子门票及专业观众胸卡邮寄给专业观众,其他观众也可在现场免费领取电子门票进入展馆,展馆根据观众的个人信息辨别专业观众和普通观众,发放不同类型的票证和胸卡。区分普通观众和专业观众有利于参展商快速识别目标客户。

(3)门票的定价。

对于那些出售门票的展览会,其定价通常也要遵循一定的技巧和原则。目前较流行的三种差别定价方式有:不同时间不同价格、不同身份不同价格、不同数量不同价格。不同时间不同价格是指组织者根据休息日、工作日或者节假日制订不同的价格,以最大限度地获取门票收入,同时有效控制各时间段的观众流量。不同身份不同价格是指组展商根据观众的不同身份、年龄或者不同职业等制订不同的价格,如专业观众门票、普通观众门票、媒体门票、学生门票等。不同数量不同价格是指组展商根据购票数量的多少制订不同的价格,通常情况下,组展商会对规定人数以上的团队给予折扣优惠。

除了差别定价方式，门票设计还可以考虑其他因素，如门票的材质、设计风格及附加功能等。门票的材质可以选择纸质、塑料或者电子形式，以适应不同的展览会需求和环保要求。设计风格则应与展览会主题相契合，通过色彩、图案等元素营造出独特的视觉效果，吸引观众的注意力。此外，门票还可以附加一些实用功能，如二维码扫描入场、个人信息打印等，以提高入场效率和观众体验。同时，为了增强展览会的互动性，门票上还可以设置一些互动元素，如刮奖区、兑奖码等，让观众在参观过程中获得更多的乐趣和惊喜。

综上所述，门票设计不仅需要考虑定价策略，还需要综合考虑材质、设计风格及附加功能等多个方面，以打造一张既美观又实用的门票，为展览会的成功举办提供有力支持。

五、特殊活动设计

（一）论坛设计

几乎每场展览都会伴随一个论坛，两者共同构成了会展经济的双翼。虽然论坛的名称多种多样（如产业高峰论坛、专业研讨会、技术交流会等），它们的功能定位也各有差异，但其设计流程大致相同。一般而言，这个过程涵盖了市场调研、确定论坛主题、确保资金和赞助、制订论坛方案、进行宣传、规划接待流程、布置会场及完成会后相关事宜等步骤。

市场调研是论坛设计的第一步，它旨在了解目标受众的需求和兴趣点，以及行业内最新的热点话题和趋势。通过深入的市场调研，可以确保论坛的主题和内容能够吸引观众的注意力，满足他们的期望。

确定论坛主题是整个设计流程中的关键环节。主题的选择不仅要考虑市场调研的结果，还要结合展览会的主题和定位，确保两者之间的协同效应。一个明确且富有吸引力的主题能够激发参与者的热情，提高论坛的影响力。

确保资金和赞助是论坛成功举办的物质保障。组展商需要积极寻求资金支持和赞助合作，以确保论坛的顺利进行。这包括与行业协会、企业、媒体等建立合作关系，争取他们的资金支持和资源投入。

制订论坛方案是确保论坛有序进行的重要步骤。方案应包括论坛的具体议程、演讲嘉宾的选择、演讲内容的安排等。演讲嘉宾的选择要考虑到他们的行业影响力、专业知识和演讲能力，以确保论坛的质量和水平。

进行宣传吸引参与者是论坛成功的关键。组展商需要通过各种渠道进行宣传和推广，如社交媒体、行业媒体、邮件营销等，以吸引更多的观众参与。同时，还可以通过提供优惠门票、抽奖活动等手段增加观众的参与热情。

规划接待流程是确保论坛顺利进行的重要环节。组展商需要提前制订好接待方案，包括签到流程、指引标识、接待人员等，以确保观众能够顺利进入会场并找到相应的座位。

布置会场是论坛设计中的重要一环。会场布置要考虑到观众的舒适度和便利性，如座椅的摆放、音响设备的调试、灯光效果的设置等。同时,还可以通过布置展板、悬挂横幅等方式增加论坛的氛围和效果。

完成会后相关事宜是论坛设计的收尾工作。组展商需要对论坛进行总结和评估,收集观众的反馈意见,以便为下一次论坛的设计提供参考。同时,还需要对会场进行清理和整理,确保场地的整洁和卫生。

例如,第三十二届哈尔滨国际经济贸易洽谈会(简称哈洽会)举办了第一届中俄地方经贸合作大会、第三届仲裁国际法律服务论坛、首届国际烤肉产业大会暨2023齐齐哈尔烤肉美食节等44项配套活动,涵盖“国际合作”“产业对接”“招商引资”“旅游消费”等类别。

这些配套活动不仅丰富了论坛的内容,还提升了论坛的专业性和影响力。例如,中俄地方经贸合作大会为两国企业提供了深入交流与合作的机会,促进了中俄经贸关系的进一步发展。第三届仲裁国际法律服务论坛则聚焦法律服务领域,为参会者提供了专业的法律知识和实践经验分享。而首届国际烤肉产业大会暨2023齐齐哈尔烤肉美食节则将美食与文化相结合,展现了地方特色产业的魅力和活力。通过这些配套活动,第三十二届哈洽会不仅吸引了众多专业观众和参展商的参与,还提升了自身的品牌形象和知名度。

(二)新闻发布会的设计

新闻发布会为展览组织者与媒体代表提供了一个交流的场所,有助于双方关系的构建与成长。这是一种策略,通过它,展览会及其参展商的信息能够得到广泛而深入的公众传播。通常在展览会正式开幕前的一至两天举行,全面展示展览会的概况,涵盖展览会的目的、主题、产品、参展商等信息。其宗旨在于通过举办新闻发布会增强公众的信任感和展览会的知名度,利用媒体的影响力进行推广。

新闻发布会的场地布置应体现出正式而专业的氛围,确保有足够的空间供媒体代表与展览组织者进行交流与采访。同时,还需配备专业的音响与投影设备,以便清晰地传达展览信息,并展示相关的图片和视频资料。在新闻发布会上,可以邀请行业专家、参展商代表及知名媒体人士进行发言,分享他们对展览会的看法和期待,进一步增加展览会的权威性和吸引力。

(三)表演设计

表演活动具有极高的观赏价值,能够吸引众多观众,并营造出热烈的现场氛围。表演活动主要分为三类:首先是文艺表演;其次是程序性活动,如开幕式和闭幕式;最后是营销性质的表演。

文艺表演通常邀请专业的艺术团体或明星,通过歌舞、戏剧、杂技等形式,为观众带来精彩绝伦的视听盛宴。这类表演不仅丰富了展览会的文化内涵,还提升了观众的参与度和满意度。程序性活动,如开幕式和闭幕式,是展览会的重要组成部分,它们标志着展览会的开始和结束,具有庄重而热烈的氛围。在这些活动中,表演往往起到烘托气氛、彰显主题的作用。营销性质的表演则更加注重与产品或品牌的结合,通过创意性的表演形式,展示产品的特点和优势,吸引观众的注意力,促进产品的销售和推广。

特别值得一提的是,由于表演是一项公众性的活动,有关部门对活动的管理很严格,在筹备表演时,一定要事先做好有关报批和审批工作。由于观看表演的观众往往很多,人群大量聚集,在进行表演前和表演过程中,要做好有关危机管理预案。

小贴士

两届奥运会开幕式:2008 年展现硬实力,2022 年体现软实力

北京,全世界第一个“双奥之城”——夏季奥运会和冬季奥运会举办地。

在 2008 年举办的北京奥运会上,开幕式以其宏大的规模和壮观的表演,向世界展示了中国的硬实力。精心策划和设计的节目内容,不仅让全球观众领略到了中国悠久的历史文化,还展示了中国现代化建设的成就以及中华民族的精神风貌。而到了 2022 年,北京冬奥会的开幕式则采取了截然不同的风格,它更加注重展示中国的软实力。通过简约而充满创意的表演形式,开幕式成功地传递了奥林匹克精神中的和平、友谊和团结理念。尽管这两届奥运会开幕式的表演风格迥异,但它们都以各自独特的方式,成功地吸引了全世界观众的目光,并且成为奥运会历史上令人难忘的经典时刻。

这两届奥运会开幕式的成功,不仅得益于其精彩绝伦的表演内容,更在于它们背后所蕴含的深刻意义。2008 年的北京奥运会开幕式,通过宏大的场面和壮观的表演,彰显了中国作为一个大国的崛起和自信,让全球观众对中国有了更加直观和深刻的认识。而 2022 年的北京冬奥会开幕式,则更加注重展示中国的文化软实力和创新精神,通过简约而富有创意的表演形式,传递了奥林匹克精神的核心价值,也展现了中国的开放和包容。

这两届奥运会开幕式的成功,不仅为中国赢得了国际赞誉,更为世界奥运会历史增添了浓墨重彩的一笔。它们不仅展示了中国的硬实力和软实力,更让世界看到了中国的文化魅力和创新精神。这样的成功经验,对于未来的大型活动策划和设计,无疑具有重要的借鉴意义。

第三节　会展项目服务设计

服务在会展的整个过程中扮演着至关重要的角色,它包括了接待、组织、场地及搭建服务等多个方面。

一、接待服务

会展接待,是围绕参展客商的迎送和吃、住、行、游、乐等方面所做的精心安排,是会展服务工作不可或缺的有机组成部分,其重要性不言而喻。它不仅是会展成功举办的重要保障,更是展示主办方形象、促进商务合作的关键环节。

会展接待具有广泛性,其对象涵盖了正式成员、列席成员、特邀嘉宾,还包括随行人员、记者和旁听者等。在国际性会展活动中,不同国家和地区、不同民族、不同宗教信仰和文化礼俗、不同意识形态的参与者汇聚一堂,这对会展接待工作提出了极高的要求,需要接待人员充分考虑各方需求，协调好各种关系。例如在广交会这样的大型国际会展中，接待人员每天都要面对来自世界各地的参展商和采购商，他们的文化背景、饮食习惯、商务需求等各不相同，这就需要接待人员具备丰富的知识和出色的沟通能力，以满足各方需求。

会展接待还具有礼仪性，特别是国际性会展接待，对礼仪和礼节的要求非常严格。接待人员通过专业的礼仪服务，不仅能够展示企业的良好形象和文化，还能为企业赢得更多的商业机会。在接待过程中，从见面的问候、握手的方式，到会议中的座次安排、交流礼仪，每一个细节都体现着企业的专业素养和文化内涵。以世界经济论坛为例，参会的都是全球政商学界的重要人物，接待人员的每一个礼仪动作都经过精心培训，从引导嘉宾入场到会议服务，都展现出了极高的专业水准，为论坛的成功举办营造了良好的氛围。

会展接待还具有服务性，细节决定成败，接待工作必须做到处处留心、周密考虑、谨慎行事。在重大的会展接待工作中，接待工作负责人需要根据实际情况灵活调整接待方案，具体接待人员则要对每一个细节进行深入思考，确保接待工作的顺利进行。例如在上海举办的中国国际进口博览会，接待人员在准备过程中，对场馆的布置、展品的运输、嘉宾的接待等各个环节都进行了反复的演练和优化，对每一个可能出现的问题都制订了详细的应对措施，以确保展会的顺利进行。

会展接待是一个系统而复杂的过程，其流程涵盖了会展前、中、后期的各个环节，每一个环节都紧密相连，缺一不可。

在会展前期，筹备工作至关重要。首先要收集参展商和嘉宾的详细信息，包括他们的行程安排、特殊需求等，以便提供个性化的服务。比如，了解到某位参展商有素食的饮食习惯，就可以提前为其在餐饮安排上做好特殊准备。同时，培训接待人员也是关键环节，要确保他们具备专业的素养和良好的服务意识。通过专业的培训，让接待人员熟悉会展的流程、展品的特点及相关的商务礼仪，能够熟练地为参展商和嘉宾提供优质的服务。准备接待物资，如名片、宣传册、活动日程表等，这些物资不仅是信息的载体，也是展示主办方形象的重要窗口。确保活动现场设施设备齐全，包括音响、投影、灯光等，为会展的顺利进行提供硬件保障。在场地布置方面，要根据会展的主题和风格，精心设计展位的布局、装饰等，营造出良好的展示氛围。

会展中期的现场接待工作直接关系到参展商和嘉宾的体验。要热情迎接参展商和嘉宾，引导他们签到、领取资料，让他们感受到主办方的诚意和热情。在某国际汽车展览会上，接待人员身着统一的服装，面带微笑，在展馆入口处热情地迎接每一位参展商和嘉宾，为他们提供详细的展会指南和贴心的服务，给他们留下了深刻的印象。设立专门的咨询台，配备专业的工作人员，随时为参展商和嘉宾提供帮助。在展会期间，要确保活动现场秩序井然，及时处理突发情况。比如，当展馆内出现人流拥堵时，工作人员要迅速采取措施，引导人流疏散，确保安全。

会展后期的后续服务同样不可忽视。会展后期应通过问卷调查、面对面交流等方式，了解参展商和嘉宾对会展的满意度和反馈意见，进行整理和分析，总结接待工作中的不足,以便在今后的工作中加以改进。还应对接待人员进行总结评价,提出改进措施,激励他们不断提高服务水平。

会展接待工作需要遵循一定的原则,以确保接待工作的质量和效果。

①要更新观念,传播文化。主办方应充分认识到接待工作是一种广义的公关行为,是展示企业实力和形象的重要机会。通过热情周到、精心细腻的接待工作,展示企业良好的精神风貌、浓厚的文化氛围和高水平的服务,给参展与会客商留下深刻的印象。在一些大型的国际科技展上,主办方通过精心设计的接待环节,向参展商和嘉宾展示了企业的创新文化和科技实力,吸引了众多合作伙伴的关注。

②精心策划,突出特色。每一项接待活动都要制订完善的接待工作方案和实施细则,详细安排日程、接站、用车、就餐、住宿、参观等各项活动,充分考虑到各方面的细节,并体现一定的创意与创新。例如,在某文化艺术展览会上,主办方为参展商和嘉宾安排了一场具有地方特色的文化体验活动,让他们在欣赏艺术作品的同时,深入了解当地的文化底蕴,这种独特的安排受到了广泛的好评。

③优化流程,规范运作。接待方案制订后,要严格按照方案进行程序化运作,使接待工作中的各个环节有序衔接、首尾相连。制订接待工作清单,对接待工作中的各要素进行全面清点,确保工作进程的有序性、稳定性和连续性。同时,对接待工作中的每一道程序都要事先进行规范,确保整个接待工作有序进行。在接待过程中,无论是迎送仪式、礼宾次序的确定,还是吃、住、行的安排,都要按照国际惯例或约定的办法进行,坚持一视同仁、平等对待的原则。

④不断创新,追求卓越。在新形势下,会展接待负责人要结合企业自身的实际,创新公关工作思路,丰富公关工作内容。通过接待活动的每一个环节着力体现企业的特色,让来宾从接待工作的点点滴滴中感受到企业的个性。从宏观的整体方案策划,到微观的接站牌设计、接待车辆的停放等,都要努力凸显企业的与众不同之处,推动接待工作不断创新。在一些新兴的科技创业展上,主办方采用了智能化的接待系统,为参展商和嘉宾提供了便捷、高效的服务体验,同时也展示了企业的科技实力和创新精神。

二、商务服务

会展商务服务是一个涵盖广泛且极具活力的领域,在当今经济全球化和商业活动日益频繁的时代,发挥着不可或缺的作用。从广义上讲,会展商务服务囊括了与会展活动相关的所有服务内容,既包含发生在展会现场的一系列专业服务,也涵盖了周边相关行业的配套支持服务,是会展活动得以成功举办的关键支撑。而狭义的会展商务服务,则主要聚焦于会展活动进行过程中,由主办方或者承办方向参会者、参展商、观众及其他相关方所提供的各类直接服务。

在众多具体服务项目中,场地租赁是基础且关键的一环。不同规模、风格和功能的会展场地,能满足各类会展活动的需求。从宽敞开阔、设施先进的大型会展中心,到充满艺术氛围、独具特色的小型展厅,场地租赁服务为会展活动提供了物理空间。例如,在举办国际汽车展览会时,需要超大面积的室内外场地,以便展示各类新款汽车,还需配备充足的停车位、便捷的交通流线及完善的展示设施；而一些小型的艺术展览，则可能更倾向于选择具有文艺气息的小型场馆，营造出独特的艺术氛围。

展品运输同样至关重要。从展品在参展商所在地装箱起运，到跨越千山万水、历经海陆空多种运输方式，最终安全准时地抵达展会现场，每一个环节都不容有失。展品运输不仅要确保货物不受损坏，还要严格遵守展会的时间安排。例如，对于一些精密的高科技展品，如高端电子产品、医疗器械等，需要专业的运输团队采用特殊的包装和运输方式，以防止在运输过程中受到震动、碰撞或温度、湿度变化的影响。运输过程中，还涉及报关、清关等复杂的手续，需要运输公司具备丰富的经验和专业的知识，确保展品能够顺利通关。

展位搭建则是将参展商的创意和理念转化为实际展示空间的重要过程。专业的展位搭建团队根据参展商的需求和品牌形象，运用各种材料和技术，打造出独具特色的展位。从展位的整体布局设计，到展示道具的制作安装，再到灯光音响等设备的调试，每一个细节都关乎着展位的展示效果和吸引力。例如，在一些国际知名的消费电子展上，各大品牌的展位往往设计新颖、科技感十足，通过巧妙的空间布局、炫酷的灯光效果和互动体验装置，吸引大量观众驻足参观，从而提升品牌知名度和产品影响力。

（一）核心服务

在会展商务服务体系中，展位搭建、展品运输与仓储等服务是展会得以顺利开展的核心要素，如同关键齿轮，精准咬合，驱动着展会这台大型机器有条不紊地运转。

展位搭建是一场将创意与现实紧密相连的艺术创作。专业的展位搭建团队，会先深入了解参展商的品牌文化、产品特性及展示需求，再运用丰富的设计经验和精湛的工艺技术，将这些抽象的理念转化为一个个独具匠心的展示空间。从展位的整体规划布局，到每一个展示道具的精心挑选与制作，再到灯光、音响、多媒体等元素的巧妙融合，每一个细节都经过精心雕琢。例如，在某国际知名的科技展上，一家创新型科技企业的展位设计就令人眼前一亮。其展位采用了极具未来感的流线型设计，搭配大量的透明材质和变幻莫测的灯光效果，营造出一种仿佛置身于宇宙飞船驾驶舱的奇妙氛围。通过多媒体互动装置，观众可以直观地体验到该企业最新研发的智能产品的强大功能。这种沉浸式的展示方式极大地吸引了观众的注意力，使该展位成为整个展会的焦点，有效提升了企业的品牌形象和产品的市场关注度。

展品运输与仓储则是确保展品安全、准时抵达展会现场，并在展会期间得到妥善保管的重要保障。展品运输涉及复杂的物流环节，需要运输团队具备丰富的行业经验和专业的操作技能。在运输前，专业人员会根据展品的特性、尺寸、质量等因素，制订个性化的运输方案，选择最合适的运输工具和运输路线。对于一些珍贵、易碎或具有特殊运输要求的展品，如古董文物、精密仪器等，还会采用特殊的包装材料和防护措施，确保其在运输过程中不受任何损坏。同时，运输团队还会密切关注运输过程中的天气变化、交通状况等因素，及时调整运输计划，确保展品能够按时、安全地送达展会现场。例如，在一次国际艺术展览中，为了确保一件价值连城的古代艺术品能够安全运输，运输团队采用了定制的防震、防潮、防盗的专业包装，并配备了全程监控设备和专业的押运人员，历经数千千米的长途跋涉，最终将这件艺术品完好无损地运抵展会现场。

在展会期间，展品的仓储服务同样至关重要。专业的仓储设施需要具备良好的通风、防潮、防火、防盗等功能，以确保展品在仓储期间的安全。仓储管理人员会对展品进行分类存放、妥善保管，并建立详细的库存管理系统，实时掌握展品的出入库情况和库存状态。这样不仅可以保证展品在展会期间随时可供展示，还能为参展商提供便捷的展品管理服务，让参展商能够更加专注于展会的展示和交流活动。

（二）配套服务

住宿、餐饮、交通等配套服务如同润滑剂，为参展者提供全方位的便利，使他们能够全身心地投入展会活动中，极大地提升了整体参展体验。

住宿服务是参展者在展会期间的重要需求之一。不同的参展者对住宿的需求各不相同，从经济实惠的快捷酒店到豪华舒适的五星级酒店，会展商务服务需要能够满足各种预算和需求层次。展会主办方通常会与周边的各类酒店建立合作关系，为参展商和观众提供多样化的住宿选择，并争取到较为优惠的价格。同时，还会提供便捷的住宿预订服务，通过展会官方网站、手机应用程序等平台，让参展者可以轻松地查询和预订心仪的酒店。例如，在举办大型国际展会时，主办方会与距离展会场馆较近的多家酒店合作，推出不同档次的住宿套餐，包括含早餐、接送服务等附加服务的套餐，以满足参展者的不同需求。对于一些对住宿环境有特殊要求的参展商，如需要安静的休息环境以便进行商务洽谈或准备展示内容，主办方还会特别推荐一些环境幽静、服务优质的酒店，为他们提供更好的住宿体验。

餐饮服务也是展会配套服务中不可或缺的一部分。展会现场通常会设置多个餐饮区域，提供丰富多样的美食选择，包括当地特色小吃、国际风味美食、快餐简餐等，以满足不同参展者的口味需求。餐饮供应商会严格遵守食品安全标准，确保食品的质量和卫生。同时，为了提高服务效率，还会采用先进的点餐和支付系统，减少参展者的排队等待时间。例如，在某知名的国际食品博览会上，展会现场的餐饮区域汇聚了来自世界各地的美食摊位，参展者可以在品尝到地道的意大利比萨、法国牛排、日本寿司等国际美食的同时，还能品尝到我国的特色美食，如四川火锅、北京烤鸭等。此外，为了满足一些参展者的特殊饮食需求，如素食、低糖、低盐等，餐饮供应商还会专门提供相应的菜品选择，体现了展会服务的人性化和贴心。

交通服务则是保障参展者能够顺利到达展会现场，并在展会期间方便出行的关键。展会主办方会提前规划好展会场馆周边的交通路线，与交通管理部门合作，确保展会期间交通的顺畅。同时，还会提供多种交通方式的服务，如开通往返机场、火车站、酒店与展会场馆之间的班车，为参展者提供便捷的接送服务；在展会场馆周边设置充足的停车位，并提供停车管理服务，方便自驾参展者停车；与当地的出租车公司、网约车平台合作，为参展者提供便捷的打车服务。例如，在举办大型国际车展时，由于展会场馆人流量大、车流量大，交通管理难度较大。主办方会提前与交通管理部门沟通协调，制订详细的交通疏导方案，在展会场馆周边设置多个交通管制点和引导标识，确保交通有序运行。同时，增加往返机场、火车站与展会场馆之间的班车频次，并提供线上预约班车服务，方便参展者提前预订座位，避免现场排队等待。此外，还在展会场馆内设置了专门的交通咨询服务台，为参展者提供交通信息咨询和出行建议，让参展者在展会期间的出行更加便捷、顺畅。

（三）特色服务

翻译服务、提供商务洽谈场地、金融服务等特色服务，为展会增添了独特的魅力，彰显了会展活动的专业性和国际化水平。

在全球化的背景下，国际商务交流日益频繁，翻译服务在会展活动中扮演着重要的角色。无论是参展商与观众之间的沟通交流，还是展会期间举办的各类国际会议、论坛等活动，都离不开专业的翻译服务。翻译人员不仅需要具备流利的语言表达能力，还需要对相关行业的专业知识有深入的了解，以便能够准确地传达信息。例如，在国际医疗器械展览会上，翻译人员需要熟悉医疗器械的专业术语、技术原理及行业标准等知识，才能在参展商与采购商的交流中，准确地翻译产品介绍、技术参数、使用方法等关键信息，促进双方的沟通与合作。除了传统的口译和笔译服务，一些展会还会引入先进的翻译技术，如同声传译设备、智能翻译软件等，提高翻译效率和准确性，为参展者提供更加便捷的语言交流服务。

提供商务洽谈场地是为参展商和采购商提供的一个重要沟通平台。专业的商务洽谈场地通常配备先进的会议设施，如高清投影仪、音响系统、视频会议设备等，满足不同形式的商务洽谈需求。场地的环境布置也会注重营造舒适、安静、专业的氛围，有利于双方进行深入的交流和谈判。例如，在一些大型的国际贸易展会上，主办方会设置多个不同规格的商务洽谈室，从可容纳两人的小型私密洽谈室，到可容纳数十人的大型会议室，以满足不同规模的商务洽谈需求。同时，还会提供专业的会议服务人员，负责场地的布置、设备的调试及会议期间的服务保障工作，确保商务洽谈活动顺利进行。此外，为了提高商务洽谈的效率和成功率，主办方还会根据参展商和采购商的需求和业务领域，进行精准的配对和推荐，为双方创造更多的合作机会。

金融服务在会展活动中也发挥着重要的作用。参展商在展会期间可能涉及资金收付、外汇兑换、融资贷款等金融需求。展会主办方会与银行、金融机构等合作，在展会现场提供便捷的金融服务。例如，设立银行服务点，为参展商和观众提供现金存取、转账汇款、信用卡办理等基础金融服务；提供外汇兑换服务，方便国际参展商和观众进行货币兑换；对于一些有融资需求的参展商，金融机构会在现场提供融资咨询和贷款服务，帮助企业解决资金周转问题。在某国际电子消费展上，一家新兴的电子科技企业在展会上展示了其最新研发的产品，受到了众多采购商的关注。然而，由于企业资金紧张，无法满足大量的订单生产需求。展会现场的金融服务机构了解到这一情况后，主动与该企业沟通，为其提供了针对性的融资方案，帮助企业获得了必要的资金支持，顺利完成了订单生产，实现了企业的快速发展。

三、成功案例

（一）大型国际展会的卓越服务典范

汉诺威信息技术展作为全球信息技术领域的顶级盛会，一直以来都是会展商务服务的卓越典范，其在多个方面展现出的高质量服务，不仅为参展商和观众提供了无与伦比的体验，也对展会品牌的塑造和发展起到了至关重要的作用。

在交通服务方面，汉诺威信息技术展可谓是做到了极致。展会举办期间，汉诺威市的公共交通系统全力配合，增加了通往展会场馆的地铁、公交和轻轨的班次，确保参展人员能够快速、便捷地抵达会场。同时，展会主办方还与当地的租车公司合作，为有自驾需求的参展商和观众提供多样化的租车选择，并提供详细的交通指南和停车信息，方便他们规划行程。例如，在展会现场周边设置了多个大型停车场，配备了智能化的停车管理系统，实时显示车位信息，引导车辆快速找到停车位，大大减少了停车等待时间。

餐饮服务同样丰富多彩且品质卓越。展会场馆内分布着众多餐饮区域，汇聚了来自世界各地的美食。从德国传统的香肠、酸菜、啤酒，到意大利的比萨、意面，再到亚洲的寿司、拉面等，满足了不同参展人员的口味需求。餐饮供应商严格把控食品质量和卫生标准，确保每一位参展者都能吃得放心、吃得开心。此外，为了提高服务效率，展会还引入了先进的点餐和支付系统，参展人员可以通过手机应用程序提前预订餐食，到达餐饮区域后即可快速取餐，减少了排队等待时间。

在线预订服务的便捷性更是为参展商和观众带来了极大的便利。通过展会官方网站和手机应用程序，参展商可以轻松完成展位预订、展品运输预约、商务洽谈场地预订等一系列操作，还能实时查询预订状态和相关信息。观众则可以在线购买门票、预订酒店、规划参观行程，并获取展会的最新动态和活动安排。这种一站式的在线预订服务，大大节省了参展人员的时间和精力，提高了参展效率。

展会还设立了综合服务中心，为参展商和观众提供全方位的服务支持。综合服务中心的工作人员具备专业的知识和热情的服务态度，能够及时解答参展人员的各种问题，处理各类突发情况。无论是咨询展位位置、寻求翻译帮助，还是解决设备故障、处理紧急事务，综合服务中心都能提供高效、贴心的服务。例如，在一次展会上，一位参展商的展品在运输过程中出现了损坏，综合服务中心的工作人员得知情况后，立即协调相关部门和专业维修人员，在最短的时间内对展品进行了修复，确保了参展商能够顺利展示产品，避免了因展品问题带来的损失和影响。

汉诺威信息技术展通过在交通、餐饮、在线预订及综合服务中心等方面的卓越服务，树立了展会服务的标杆，吸引了来自全球各地的参展商和观众，进一步提升了展会的品牌知名度和影响力。其成功经验为其他展会提供了宝贵的借鉴，证明了高质量的会展商务服务是展会成功举办的关键因素之一，也是塑造展会品牌形象、增强展会竞争力的重要手段。

（二）“会展＋商务”模式助力企业出海

南宁片区积极探索创新的“会展＋商务”模式，为我国内陆企业开拓东盟市场提供了有力的支持和广阔的平台，成为会展商务服务助力企业发展的又一成功范例。

南宁作为中国—东盟博览会的永久举办地，凭借其独特的地理位置和政策优势，构建了一个集产品展示、商务洽谈、投资合作、文化交流等功能于一体的综合性平台。通过举办各类专业性、国际化的会展活动，吸引了众多东盟国家的企业和商家参与，同时也为我国内陆企业提供了与东盟市场直接对接的机会。

在这个“会展＋商务”模式下，南宁片区不仅为企业提供了展示产品和技术的舞台，更注重搭建全方位的服务体系。首先，在市场服务能级方面，南宁片区充分利用展会的集聚效应，整合各类资源，为企业提供市场调研、信息咨询、品牌推广等一站式服务。例如，在每次展会前，主办方会组织专业的市场调研团队，深入了解东盟市场的需求和趋势，为参展企业提供详细的市场分析报告，帮助企业精准定位目标客户，优化产品和营销策略。在展会期间，通过举办各类主题论坛、研讨会和商务对接活动，为企业搭建与东盟企业面对面交流的平台，促进双方的合作与交流。

公共服务水平的提升也是南宁片区“会展＋商务”模式的一大亮点。南宁片区加强了基础设施建设，完善了交通、物流、住宿、餐饮等配套服务，为参展企业和人员提供了便捷、舒适的参展环境。同时，还优化了政务服务流程，简化了行政审批手续，为企业提供高效、便捷的政务服务。例如，在办理参展相关手续时，实行“一站式”办理，减少了企业的办事时间和成本。此外，南宁片区还建立了知识产权保护中心，加强了对参展企业知识产权的保护，为企业营造了公平、公正的市场竞争环境。

服务数字化水平的不断提高，更是为“会展＋商务”模式注入了新的活力。南宁片区利用互联网、大数据、人工智能等先进技术，打造了数字化展会平台。通过线上展会，企业可以随时随地展示产品和技术，与全球客户进行交流和合作。同时，数字化平台还提供了智能匹配、在线洽谈、电子签约等功能，提高了商务合作的效率和成功率。例如，在一次线上展会上，一家内陆的电子企业通过数字化平台与多家东盟企业进行了在线洽谈，最终达成了合作意向，并成功签订了订单。这种数字化的服务模式，打破了时间和空间的限制，为企业开拓国际市场提供了更加便捷、高效的途径。

通过“会展＋商务”模式，我国许多内陆企业成功地打开了东盟市场，实现了业务的拓展和升级。例如，一家来自四川的机械制造企业，通过参加中国—东盟博览会，结识了多家东盟国家的采购商，成功将产品打入东盟市场，并在当地建立了销售网络和售后服务中心。如今，该企业的产品在东盟市场的份额不断扩大，企业的经济效益和品牌知名度也得到了显著提升。南宁片区的“会展＋商务”模式，不仅为我国内陆企业提供了出海的通道，也促进了中国与东盟国家之间的经贸合作和文化交流，为区域经济的发展做出了积极贡献。

第四节　会展项目团队设计

会展项目一旦确定，就需要采取一定的组织，以保障项目的计划制订、顺利实施和高效完成。会展项目团队管理主要包括团队规划与设计、会展项目经理的遴选、团队组建等问题。

团队规划与设计是会展项目成功的关键，它涉及明确团队的目标、职责、角色分工以及工作流程。一个高效的会展项目团队，需要有清晰的组织架构，确保每个成员都明确自己的职责和任务，以便在项目实施过程中能够迅速响应、协同合作。会展项目经理作为团队的领导者，其遴选至关重要。项目经理不仅需要具备丰富的会展项目管理经验，还需要有良好的组织协调能力、决策能力和应变能力。他们需要带领团队应对各种突发情况，确保项目按计划顺利推进。团队组建方面，应注重成员的专业技能和综合素质的搭配。团队成员应具备各自领域的专业知识，如市场营销、创意设计、施工管理、客户服务等，以确保项目在各个阶段都能得到专业的支持。同时，团队成员之间应有良好的沟通机制和协作精神，共同为项目的成功努力。

一、项目团队

（一）项目团队的定义

项目团队由全职或兼职人员组成，他们被分配负责项目的交付成果和目标。显然，项目团队的建立是为了达成项目的交付成果和目标。在项目经理的领导之下，团队负责制订和执行项目计划中的具体任务，确保在预算、时间框架和质量标准内完成任务。团队需在项目进行期间与所有利益相关者保持沟通和报告，积极更新项目状态，管理预期事件，评估风险，识别并解决各种问题，以实现预期的交付成果，达成项目目标。项目团队的成员可能仅来自一个部门或组织，亦可能由多个部门或组织的成员构成。

（二）项目团队的特征

1. 项目团队有一定的目标

这个目标通常是与会展项目的成功实施和完成相关的，它指引着团队成员的行动，并为团队提供方向和动力。团队成员都明确知道他们需要共同努力以实现这个目标，这个目标将团队凝聚在一起，确保每个人都朝着同一个方向前进。

2. 项目团队是临时组织

项目团队是在项目启动时被临时组建起来的，一旦项目完成，团队就会解散，是一个临时组织。这种临时性使得项目团队具有高度的灵活性和适应性，可以根据项目的需要快速组建和调整。同时，也要求团队成员在项目期间充分发挥他们的专业能力和团队协作精神，以确保项目的顺利进行和高效完成。

3. 项目经理是项目团队的领导

项目经理，是企业中确保项目在质量、安全、进度和成本方面得到有效管理的关键岗位。该职位旨在全面提升项目管理的水平。项目经理需处理各种事务性工作，有时也被称为“执行制作人”。作为项目的总负责人，项目经理领导项目团队，确保在预算内按时完成项目，并达到客户的满意度。项目经理必须在项目规划、组织和控制等环节中发挥领导作用，以实现项目既定目标。

4. 项目团队强调团队合作精神

项目组织采用协同作业的团队模式，这种模式要求团队成员之间必须具备团队精神和合作意识，因此，团队精神和合作是确保项目成功的关键。

5. 项目团队成员的变动具有灵活性

在项目执行过程中，可以根据项目需求对项目团队成员进行调整，确保团队规模和成员配置与项目进展同步变化。

6. 项目团队建设是项目成功的关键组织保障

项目团队建设是自我管理和有效沟通的关键途径，团队精神即为团结精神，相互协助。共同进步是团结的核心。正如俗语所说："一个篱笆三个桩，一个好汉三个帮。"只有团结一致，才能齐心协力，相互协作，不分彼此，步伐一致，才能赢得胜利。缺乏团结的组织如同散沙，无法成就大事，甚至可能影响公司发展。项目团队建设的重要性主要体现在以下几个方面。

(1)提升团队协作效率。

明确分工：通过团队建设活动，确立各成员的职责与任务，以避免职责不明确或工作重复。优化沟通：构建高效的沟通机制，确保信息在团队内部的迅速、准确传递，从而减少误解和信息滞后现象。协同合作：培养团队成员间的默契与协作能力，以提升整体工作效率。

(2)增强团队凝聚力。

共同目标：通过团队建设活动，促进成员对项目共同目标的理解，从而增强其归属感和责任感。信任与支持：团队成员间的信任与支持是高效合作的基础，团队建设活动有助于增进成员间的相互理解和信任。团队文化：构建积极的团队文化，以增强成员的认同感和凝聚力。

(3)提高问题解决能力。

多元化视角：团队成员来自不同专业领域，能够提供多元化的视角和解决方案。集体智慧：通过团队协作，集思广益，迅速找到问题的根源并制订有效的解决方案。应对挑战：团队建设能够增强成员的抗压能力和应变能力，帮助团队更好地应对项目中的挑战。

(4)促进创新与创造力。

激发创意：团队建设活动可以激发成员的创造力和创新思维，为项目带来新的思路和方法。知识共享：通过团队内部的交流与分享，促进知识和经验的传递，推动创新。包容性环境：建设开放、包容的团队环境，鼓励成员提出新想法并尝试新方法。

(5)降低项目风险。

风险识别：团队成员通过协作可以更早地识别潜在风险，并制订应对措施。分担压力：团队建设能够帮助成员分担工作压力，避免个人过度负荷导致的失误。快速响应：在遇到问题时，团队能够快速响应并采取行动，减少对项目进度和质量的影响。

(6)提升成员满意度与积极性。

个体发展：团队建设活动为成员提供了学习与成长的平台，促进了其职业发展动力的提升。认可与激励机制：通过开展团队建设活动，对成员的贡献予以认可，从而激发其维持积极的工作态度。工作环境氛围：优良的团队工作氛围有助于提高成员的工作满意度，并有效降低人员流动率。

(7)确保项目目标实现。

目标一致性:团队构建的核心在于确保所有团队成员对项目目标达成共识,并共同致力于实现既定目标。高效执行:通过团队间的协作与高效沟通机制,确保项目计划得以顺利实施。成果交付:高效的团队能够保证项目按时、高质量地完成,达到客户及利益相关者的期望。

(三)项目团队的发展阶段

项目团队从组建到解散,经历五个阶段:组建、磨合、规范、成效和解散,每个阶段都有其特征。

(1)组建阶段。

组建阶段是项目团队的初始阶段,此时团队成员刚刚聚集在一起,开始相互认识和了解。在这一阶段,成员们可能会对项目的目标、自己的角色和责任有所疑问,需要明确各自的任务和职责。

(2)磨合阶段。

磨合阶段是团队成员开始协同工作的时期。在这一阶段,成员们可能会遇到各种问题和冲突,需要通过有效的沟通和协作来解决。这也是团队凝聚力和信任建立的关键时期。

(3)规范阶段。

在这个阶段,团队成员之间的关系开始协调,他们开始形成凝聚力。成员们逐渐熟悉了工作流程,并开始遵守新的规范。项目经理在这个阶段会减少对团队的直接指导,转而提供更多的支持,鼓励团队成员发挥自己的个性,培育团队文化,以增强团队成员之间的认同感和归属感。

(4)成效阶段。

当团队进入成效阶段,团队结构已经功能化,成员们积极协作,沟通顺畅,能够共同解决问题。项目经理在这个阶段应该协助团队执行计划,同时关注成本、进度和范围。此外,项目经理还需要对团队成员进行培训,评价他们的绩效,并给予适当的激励。

(5)解散阶段。

这是团队生命周期的最后一个阶段。在这个阶段,项目已经完成,团队成员将各自回到原部门或开始新的项目。解散阶段并不意味着团队的失败,而是一个自然结束的过程。项目经理在这个阶段需要帮助团队成员做好心理准备,协助他们顺利过渡到新的工作环境。同时,项目经理还需要对团队的表现进行总结和评估,收集反馈意见,为未来的项目提供宝贵的经验教训。

二、会展项目团队

项目管理需在限定的时间、空间和预算内整合物资、设备、信息和人力,实现项目目标。为此,建立合适的项目团队至关重要。特别是对于会展项目,组建专业团队是保障会展项目顺利进行的基础。

(一)会展项目团队及其类型

1. 会展项目团队的定义和特点

传统的会展项目组织或组织机构包含两层含义:一是举办会展项目的组织(机构),二是具体负责实施会展项目的管理团队的组织(机构)。前者会影响具体负责会展项目团队和项目经理的工作,特别是项目经理调用组织内部资源的能力。例如北京奥运会,举办的组织机构是中国政府,而负责具体实施的组织机构是北京奥组委。本章阐述的会展项目组织主要是实施会展项目的管理团队。

会展项目团队作为会展活动的核心执行单元,其特点显著。首先,会展项目团队具有明确的目标导向性,所有成员都围绕着实现会展项目的成功这一目标而努力。团队成员之间分工明确,各司其职,通过高效的协作机制,确保项目的每个环节都能顺利进行。其次,会展项目团队具有高度的灵活性和应变能力。在会展活动的筹备和实施过程中,往往会遇到各种预料之外的情况和挑战。团队成员需要迅速调整策略,灵活应对,确保项目的顺利进行。同时,团队成员之间需要保持紧密的沟通和协作,及时分享信息,共同解决问题。此外,会展项目团队还具备强大的资源整合能力。为了实现会展项目的成功,团队成员需要整合各种资源,包括物资、设备、信息和人力等。他们需要与供应商、合作伙伴、参展商等多方进行沟通和协调,确保资源的及时到位和有效利用。最后,会展项目团队注重持续改进和创新。在完成会展项目后,团队成员会对项目的执行过程进行总结和反思,提炼经验教训,为未来的项目提供借鉴。同时,他们也会积极探索新的方法和技术,以不断提高会展项目的质量和效率。

(1)会展项目团队的定义。

会展项目团队是为了实现特定会展项目的目标,由来自不同领域、不同组织的人员,通过分工协作、相互配合而组成的临时性组织。以下从不同角度对其内涵进行解读:

从目标角度来看,一个成功的会展项目需要具备明确且特定的目标。这些目标是所有团队成员工作的核心和方向,确保每个人的努力都集中于实现既定目标。例如,目标可能是举办一场具有一定规模和影响力的商业展览、专业会议或大型活动。在项目启动之前,团队必须明确具体的目标,比如吸引一定数量的参展商和观众、达到特定的品牌宣传效果等。这些目标不仅为项目提供了方向,还为评估项目成功与否提供了标准。

从人员构成的角度来看,会展项目团队通常由来自不同背景和专业的成员组成。这些成员可能包括市场营销人员、产品经理、设计师、项目经理等,他们各自拥有不同的技能和专长。团队成员可能来自会展公司内部的不同部门,也可能来自外部合作机构的人员,例如供应商、服务商等。这种多元化的人员构成有助于团队在会展项目中发挥各自的专业优势,共同推动项目的成功。

从协作关系的角度来看,会展项目团队成员之间需要密切协作和相互配合。每个成员都应发挥自己的专业优势,共同完成项目中的各项任务。例如,市场营销人员负责进行市场调研和活动推广,以确保项目的吸引力和参与度;设计师则负责展台的设计工作,创造出吸引人的视觉效果;产品经理则需要规划产品展示,确保产品能够有效地呈现给目标受众;项目经理则负责整体的协调和管理,确保项目按计划顺利进行。这种团队协作是实现项目目标的关键。

从组织性质的角度来看,会展项目团队通常具有临时性和短暂性。这意味着一旦会展项目结束,团队即完成其使命,随后可能会解散。团队成员在项目结束后会回归到各自原来的单位,或者开始寻找新的工作任务。这种临时性质要求团队在有限的时间内高效运作,以确保项目目标的实现。

(2)会展项目团队的特点。

①自主性。会展项目团队专注于服务会展项目,贯穿于会展项目的规划和执行整个过程。尽管会展项目组织的具体职能、结构、人员构成及数量会因项目特性、复杂度、规模及持续时间等因素而异,但其服务目标的专一性和明确性是显而易见的,它独立地作用于会展项目,而非多个项目或其他管理事务,这一特点尤为显著。

②临时组建。会展项目团队随着会展项目的启动而成立,项目结束即解散,这赋予了会展项目团队临时性的本质。这种特性促使会展项目团队组织结构紧密且高效。缺乏这种短期的组织紧密性和效率,会展项目目标难以达成。因此,有效利用会展组织的这一特性,是一种卓越的组织艺术,尤其对于众多短期会议和中小型展览项目而言更是如此。

③资源流动的横向性。与传统职能型组织的纵向资源流动不同,会展项目团队的资源流动呈现出横向特征。各类资源,如资金、人力、信息在不同部门间横向分配,以支持会展项目的阶段性目标。

④强调沟通与协调。鉴于会展项目的不确定性和风险性,会展项目团队特别强调团队内外部的沟通与协调,以提升组织效率,充分发挥集体智慧,增强会展项目应对风险的能力,从而提高会展项目的成功率。

⑤工作内容的变动性。会展项目团队成员在会展项目周期的不同阶段面临较大的工作变动。

从项目策划、筹备到执行、收尾,每个阶段的任务和要求都有所不同。团队成员需要快速适应这些变化,调整工作重心,确保各阶段目标顺利实现。这种工作内容的频繁变动要求团队成员具备高度的灵活性和学习能力,能够迅速掌握新技能,应对新的挑战。同时,它也促使团队领导者在任务分配和资源配置上更加灵活,以适应不断变化的项目需求。

⑥管理权限的局限性。会展项目经理对团队成员的权力有限,有时项目团队成员的职位甚至高于项目经理。关于会展项目经理的权力问题,在其他章节中有详细讨论,这里不再赘述。

2. 会展项目团队建设的原则

会展项目团队建设,既要符合组织设置的基本规则,更要符合服务项目目标这一根本使命,还要适应市场变化以及原有组织关系的需要。

(1)管理幅度原则。

管理幅度,亦即管理跨度,指的是一个领导者直接管辖的下属数量。管理幅度较大时,领导者需处理的协调事务相应增多;而管理幅度较小时,则需协调的事务相对减少。同时,管理幅度的大小影响着组织的管理层次。管理层次指的是组织结构中纵向的管理层级数量。管理层次的多少受到组织规模和管理幅度的共同作用。在组织规模固定的情况下,管理层次与管理幅度成反比关系,即管理层次增加,则管理幅度减小;管理层次减少,则管理幅度增大。因此,必须根据会展项目经理及其团队成员的技能水平和项目规模来做出适当调整。

小贴士

扁平化管理

相对于传统的"等级式"线性组织结构管理模式,扁平化管理是一种新兴的管理模式。通过简化组织架构和缩短指令传递路径,扁平化管理旨在加快信息流动速度,提升决策效率,进而增强企业的运营效能。

扁平化管理的核心在于减少管理层次和增强指令传递与执行的效率。与传统的管理模式相比,后者通常层级较多,运行效率较低,呈现为金字塔式的组织结构。扁平化管理则有效解决了这些问题。

扁平化管理的主要特征:①简化组织架构,降低管理层次;②高级管理层直接与执行层(作业层)沟通,缩短指令路径,提升管理效率;③特定的下级职能能够直接获得高级管理层的特别关注。

扁平化管理的优势:扁平化管理有效克服了等级式管理(科层式管理)中的诸多问题,如层次过多、人员冗余、组织运转效率低下、指令传递路径过长和执行效率低等。它加快了信息流动,提升了决策效率。扁平化管理最显著的特点是简化了管理层次,其基本特征是节约资源和成本,更易于培养优秀人才。

扁平化管理的劣势:决策者面临一对多的工作量,压力巨大。各作业部门的数据和管理信息交流必须通过决策者中转,部门间的沟通、资源调配和对接也依赖于决策者,导致决策者工作负担过重,精力消耗大,错误风险提高。毕竟,个人精力是有限的。如何提升信息流管理效率、如何有效整合企业数据、如何合理分配资源,这些都是扁平化管理实施过程中的挑战。

(2)高效精干原则。

追求专业与多技能并重,一人承担多项职责,应重视利用具备多方面能力的人才。在执行会展项目时,由于不同专业和任务之间存在众多重叠,因此需要项目团队成为一个协调一致的整体,避免在职能分配、权限界定和信息交流等方面产生矛盾或重复。

(3)目标导向原则。

构建项目团队的核心目标是发挥组织效能以达成项目目标。基于此,应根据目标设定事务、根据事务设置岗位、根据职责确定权力。这种以目标为导向的团队构建方式,能够确保每个成员都明确自己的工作方向和期望成果。同时,为了保持团队的高效运转,必须建立有效的激励机制，以激发团队成员的积极性和创造力。此外，团队成员间的紧密协作和有效沟通也至关重要，这有助于及时发现问题、解决问题，并不断优化工作流程，从而确保项目目标的顺利实现。

(4)适时更新原则。

会展项目的临时性和独特性意味着任务量、资源配置的种类及其数量会有所变动，这要求组织结构能够及时调整和更新，以适应会展项目活动内容的转变。

适时更新原则强调了在会展项目执行过程中，团队结构应具备一定的灵活性和适应性。随着项目的推进，可能会遇到新的挑战、机遇或变化，这就要求项目团队能够迅速响应，对团队构成、职责分配等方面做出相应调整。这种动态管理的方式有助于确保团队始终保持高效运作，能够灵活应对各种变化，从而有效推动项目的顺利进行。同时，适时更新原则也体现了对团队持续优化的追求，通过不断调整和完善，使团队更加符合项目需求，提升整体执行效能。

(5)企业融合原则。

项目团队往往是企业的一个组成部分，通常由企业内部组建，团队成员主要来源于企业内部。项目团队解散后，成员将返回企业相关部门。因此，项目团队的形态与企业的组织形态紧密相连。即便项目团队本身是一个独立的组织，也会受到创建它的母体组织或多个母体组织的影响，带有其母体组织的特征，因此，在团队构建时应与项目母体组织相融合。

3. 会展项目团队的发展阶段

(1)组建阶段。

当一个会展项目确定后，便进入了团队组建阶段。此时，团队成员就像即将踏上冒险之旅的探险家，怀揣着好奇与期待，积极地加入到这个新集体中。他们渴望在这个项目中施展自己的才华，为项目贡献力量，每个人都对未来的工作充满了憧憬，内心涌动着大展身手的冲动。

然而，尽管成员们热情高涨，但他们对未来的工作方向还较为迷茫。团队规范尚未建立，成员们不清楚自己的职责以及其他成员的角色，相互关系也较为模糊。他们心中充满疑问，比如“我们这次会展的具体目标是什么?”“我在团队中到底负责哪一块工作?能和其他成员融洽相处吗?”这些疑问使他们在满怀希望的同时，也夹杂着一丝对未来的担忧。

在这个阶段，项目经理就如同航海中的灯塔，发挥着至关重要的引导作用。以筹备一场大型科技会展为例，项目经理首先要做的就是向团队成员清晰地阐述项目目标，比如本次科技会展要展示最新的科技成果，吸引全球知名科技企业参展，预计吸引数万名专业观众，成为行业内最具影响力的盛会之一。同时，为成员们描绘项目成功后的美好蓝图，如项目成功举办后，团队成员将在业内获得极高的知名度，为个人职业发展打下坚实基础，公司也将在市场中占据更有利的地位。

明确目标后，项目经理还需确定每个成员的角色和主要任务。比如安排经验丰富的成员负责与重要参展商沟通，邀请他们展示前沿科技产品；让擅长宣传推广的成员制订线上线下的宣传策略，利用社交媒体、行业网站、线下活动等多种渠道吸引观众；组织协调能力强的成员负责展会现场的布置和活动安排。此外，项目经理还应与成员共同探讨团队的工作方式、管理方式及一些方针政策，如规定每周定期召开项目进度会议，要求成员及时汇报工作进展；制订灵活的请假制度，确保成员在合理安排工作的同时，也能兼顾个人生活。这些举措，为后续工作的顺利开展奠定坚实基础。

(2)震荡阶段。

随着项目的逐步推进，会展项目团队进入了震荡阶段。这个阶段就像平静湖面下涌起的暗流，表面看似正常运转，实则内部矛盾开始逐渐浮现。在这一阶段，成员们发现项目的实际情况与最初的理想状态存在较大差距，任务的难度超出了预期，各种问题和挑战接踵而至。

例如在筹备一场国际文化艺术展览时，团队成员原以为凭借之前的经验和资源，能够轻松完成任务。但在实际工作中，他们遇到了许多意想不到的困难。国际参展商的展品运输因海关手续烦琐而延误，导致展览布置时间紧张；展览场地的租赁费用突然增加，超出了预算；团队成员之间对于展览的主题呈现和布局设计也产生了严重的分歧，有人主张突出传统文化元素，有人则认为应该融入更多现代艺术风格。这些问题让团队成员感受到巨大的压力，情绪也变得焦虑和烦躁。

团队成员之间的冲突也逐渐增多。由于工作任务繁重，资源分配紧张，成员们开始对彼此的工作方式和成果产生怀疑，甚至出现了互相指责的情况。负责宣传推广的成员抱怨负责场地布置的成员进度太慢，影响了宣传效果；而负责场地布置的成员则指责宣传推广的方案缺乏吸引力，没有吸引到足够的观众报名。成员之间的沟通变得不畅，工作效率大幅下降，团队氛围变得紧张压抑，士气也受到了严重的打击，大家对项目的信心开始动摇。

面对这些冲突，项目经理需要保持冷静，发挥出色的协调和沟通能力。项目经理要及时了解冲突的原因和各方的诉求，组织团队成员进行开诚布公的沟通。在上述国际文化艺术展览项目中，项目经理召集了所有成员，召开了一场专门的沟通会议。在会议上，他鼓励大家放下成见，坦诚地表达自己的想法和感受。负责展品运输的成员详细说明了海关手续办理过程中遇到的问题，以及可能的解决方案；负责场地布置和宣传推广的成员也各自阐述了自己的观点和理由。通过充分的沟通，成员们逐渐理解了彼此的困难和工作重点，消除了误解。

针对团队成员之间的分歧，项目经理可以引导大家进行讨论，共同寻找最佳解决方案。在讨论展览主题呈现和布局设计时，项目经理组织成员们对不同的方案进行了分析和比较，综合考虑了展览的目标、观众的喜好及资源的可行性等因素。最终，团队成员达成了共识，确定了一个融合传统文化与现代艺术风格的方案，既突出了展览的文化内涵，又展现了时代特色。

除了沟通和协调，项目经理还需要关注团队成员的情绪变化，及时给予支持和鼓励。他可以与成员进行一对一的交流，了解他们的压力来源，帮助他们解决实际问题。对于因工作压力而感到焦虑的成员，项目经理可以合理调整工作任务，给予他们更多的时间和资源；对于在工作中遇到困难的成员，项目经理可以提供指导和培训，帮助他们提升能力。通过这些措施，项目经理可以稳定团队成员的情绪，增强团队的凝聚力，使团队逐渐走出震荡阶段，迈向规范阶段。

（3）规范阶段。

经过震荡阶段的磨砺，团队成员逐渐学会了如何处理冲突，理解了彼此的工作方式和习惯，团队进入了规范阶段。在这个阶段，团队成员之间的关系得到了显著改善，凝聚力不断增强，新的行为规范和工作流程逐渐建立起来。

团队成员开始认同团队的目标和价值观，将个人的目标与团队目标紧密结合，积极主动地为实现团队目标而努力。在筹备一场大型汽车展览会时，团队成员深刻认识到这次展览对于公司和整个汽车行业的重要性，大家心往一处想，劲往一处使，全力以赴投入到工作中。负责招商的成员积极拓展客户资源，与各大汽车品牌沟通洽谈，争取更多优质参展商；负责宣传的成员精心策划宣传方案，利用各种媒体平台进行广泛宣传，吸引了大量观众的关注；负责现场布置的成员则精心设计展位布局，力求为参展商和观众打造一个舒适、高效的展示和交流环境。

随着沟通的不断深入，团队成员之间的理解和信任进一步加深，合作变得更加顺畅。大家能够相互支持、相互配合，主动分享信息和经验，共同解决工作中遇到的问题。在展会筹备过程中，当宣传部门需要了解参展商的最新展品信息时，招商部门能够及时提供准确的数据；当现场布置遇到技术难题时，技术人员会主动与其他成员沟通，共同探讨解决方案。这种良好的合作氛围大大提高了工作效率，使项目能够按照计划顺利推进。

在规范阶段，团队还会建立起一套完善的行为规范和工作流程，明确每个成员的职责和权限，使工作更加标准化、规范化。比如制订详细的项目进度表，明确每个阶段的任务和时间节点；建立严格的质量控制标准，确保各项工作的质量；规范沟通机制，规定每周定期召开项目例会，及时汇报工作进展和问题。这些规范和流程的建立，为团队的高效运作提供了有力保障，使团队成员在工作中有章可循，避免了混乱和重复劳动。

项目经理在规范阶段的作用也发生了变化，从之前的冲突协调者逐渐转变为团队的引导者和支持者。项目经理要继续关注团队的发展，鼓励成员提出创新的想法和建议，推动团队不断进步。同时，要为成员提供必要的资源和支持，帮助他们解决工作中遇到的困难。在大型汽车展览会项目中，项目经理鼓励宣传团队尝试新的宣传渠道和方式，如利用虚拟现实技术制作线上展厅，吸引更多年轻观众。当团队成员在实施过程中遇到技术难题时，项目经理积极协调资源，邀请专业技术人员进行指导，确保项目能够顺利进行。

（4）成效阶段。

经过前面几个阶段的磨合与发展，会展项目团队终于迎来了成效阶段，这是团队发展的巅峰时期，如同历经风雨的帆船，在广阔的海洋中乘风破浪，驶向成功的彼岸。在这一阶段，团队成员之间的协作达到了前所未有的高度，整个团队就像一台精密运转的机器，每个部件都发挥着最佳性能，相互配合，高效协同。

成员们的工作态度积极主动，充满热情和创造力。他们不再需要过多的监督和指导,能够自觉地按照计划完成工作任务,并且主动寻求解决问题的方法,不断追求卓越。在筹备一场国际知名的时尚展览时,负责展品采购的成员,为了确保展品的独特性和时尚感,不辞辛劳地奔波于世界各地的时尚之都,深入挖掘新兴设计师的作品,与众多品牌和设计师进行艰难的谈判,争取到了许多独家展品。负责展览布置的成员,充分发挥自己的创意和专业技能,精心设计每一个展位,从空间布局到灯光音响,都力求做到完美,为观众打造出一场震撼视觉和心灵的时尚盛宴。

团队的工作效率大幅提高,各项任务能够快速、高质量地完成。在展会宣传推广方面,团队利用多种渠道进行全方位的宣传,包括社交媒体、时尚杂志、线下活动等。宣传团队成员紧密合作,制订了精准的宣传策略,根据不同渠道的特点和受众需求,制作出富有吸引力的宣传内容。他们能够迅速响应市场变化,及时调整宣传方案,使得展会的知名度和影响力迅速提升,吸引了大量来自全球的时尚爱好者和专业人士。

在成效阶段,团队成员的满意度也很高,他们从工作中获得了成就感和满足感。团队内部形成了良好的氛围,成员之间相互信任、相互支持,彼此分享成功的喜悦。项目经理在这个阶段,主要负责宏观的协调和资源的调配,为团队提供必要的支持和保障。他会关注市场动态和行业趋势,及时为团队提供战略指导,确保项目始终朝着正确的方向前进。同时,项目经理也会积极为成员争取更多的资源和发展机会,鼓励他们不断提升自己的能力。

在国际时尚展览项目中,项目经理了解到团队成员对时尚行业的发展趋势非常关注,便积极联系行业专家,为成员们组织了多场专业的培训和讲座。这些活动不仅丰富了成员们的知识储备,也为他们提供了与行业精英交流的机会,进一步激发了他们的工作热情和创造力。在项目结束后,团队成员们都对自己在项目中的表现感到满意,他们不仅成功地举办了一场具有国际影响力的时尚展览,还在这个过程中收获了个人的成长和进步。

(5)解散阶段。

当会展项目圆满结束,团队便进入解散阶段。这是一个充满感慨和回忆的时刻,就像一场盛大演出落下帷幕,演员们在谢幕之后,即将各自回归生活,但这段共同奋斗的经历将永远铭刻在他们心中。

在项目结束后,团队会召开总结会议,对整个项目进行全面复盘。回顾项目的各个阶段,从最初的策划筹备,到执行过程中的种种挑战,再到最终的成功举办,成员们分享自己在项目中的收获和体会。通过总结经验教训,为未来的项目提供宝贵的经验。比如在一次大型教育展会项目中,团队总结出在与参展商沟通时,需提前明确双方的需求和期望,这样可以避免后期出现不必要的误解和纠纷;在宣传推广方面,社交媒体的精准投放效果显著,未来可以加大这方面的投入和优化。

在解散阶段,团队成员的角色也发生了转变。他们开始回归到各自的日常工作或寻找新的发展机会。有些成员可能会因为在项目中的出色表现,获得晋升或承担更重要的工作任务;有些成员则可能会将在项目中积累的经验和技能运用到新的项目中,开启新的职业篇章。

尽管团队解散了，但成员之间的情谊和合作关系并不会就此结束。他们在项目中建立了深厚的信任和友谊，这些关系将成为他们未来发展的宝贵资源。在未来的工作中，成员们可能会因为新的项目再次合作，延续之前的默契和协作精神。即使不再合作，他们也会在行业内保持联系，互相交流信息，共同成长进步。

4. 会展项目团队结构的类型

会展项目团队结构的类型主要分为纯项目型和职能型团队。纯项目型团队是一种专门为某个会展项目而组建的临时性组织，团队成员来自不同部门，具有不同的专业知识和技能，他们全职投入到项目中，直至项目完成。这种团队结构具有高度的灵活性和响应速度，能够快速适应项目需求的变化，确保项目按时、按质、按量完成。而职能型团队则是按照组织内部的职能部门来划分，团队成员通常属于某个固定的职能部门，他们的工作职责和范围相对固定。在会展项目中，职能型团队可能负责项目的某个具体环节，如策划、设计、执行等。这种团队结构有利于充分利用组织内部的资源，提高工作效率，但在项目跨部门协作和沟通方面可能存在一定的障碍。

(1)两种传统团队结构的比较。

①纯项目型团队结构。纯项目型团队结构的基本特征是：项目成员按照会展项目的需要分工，不存在固定的财务、人事、营销等职能部门。因为纯项目型团队是针对项目需要而设置的，因此这种结构的团队可以有效地对会展项目目标和客户需要做出反应。其不足之处是不同项目之间信息交流缺乏，资源不能共享，成本高。因此，这种结构类型适合于同时进行多个会展项目或大型市场化项目(图 2.1)。

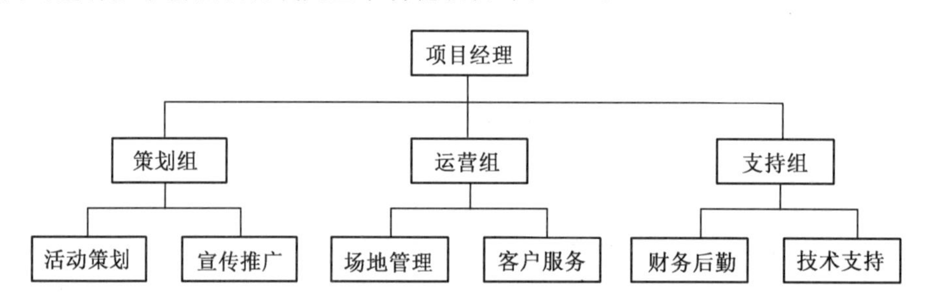

图 2.1 纯项目团队结构

②职能型团队结构。职能型团队结构的基本特征是：根据职能原则组建会展项目团队，把会展项目委托给某一职能部门，由职能部门主管负责，从本单位中选拔人员组成会展项目团队。由于其项目成员在从事项目时还受到原有组织控制，因此，容易协调人事关系，项目启动较为迅速；但双重管理约束，使之不适应大会展项目需要，而只适用于小型的、专业性较强、无须涉及众多部门的会展项目，主要是公司内部的项目，而不是公司服务外部客户的项目(图 2.2)。

(2)矩阵型团队结构。

这是一种更为适应会展项目的组织结构。为了吸收上述两种团队结构的优势，同时克服各自的不足，一种新的会展项目团队的结构形式产生了，那就是矩阵型团队结构。该结构充分考虑专业职能部门永久性及会展项目组织临时性，设立专门的项目责任部

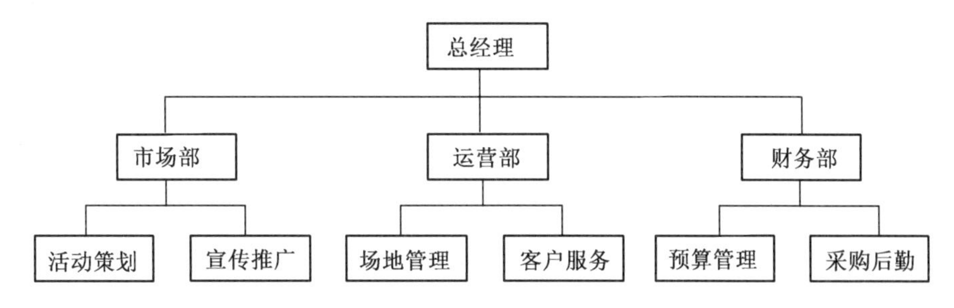

图 2.2 职能型团队结构

门,将纯项目组织叠加于职能型项目组织系统之上,借用各职能部门成员,实现包括人力资源在内的各个项目所需资源的跨部门整合(图 2.3)。

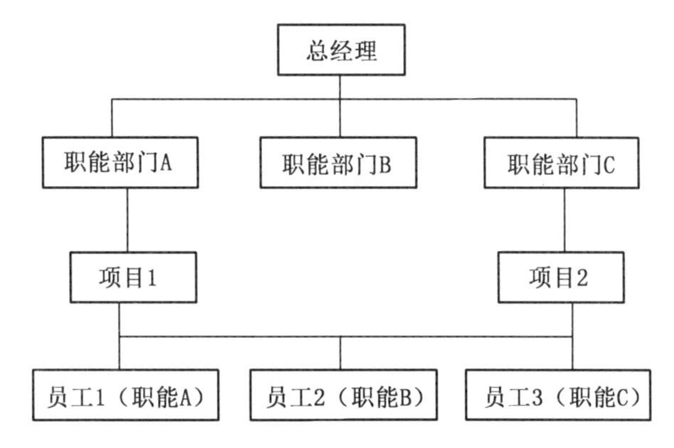

图 2.3 矩阵型团队结构

①矩阵型会展项目团队结构的特征。

a. 会展项目团队与职能部门并存,能够同时利用会展项目团队的横向优势和职能部门的纵向优势。

b. 职能部门的领导对参与会展项目团队的成员负有组织调配和业务指导的职责。会展项目经理则负责在横向上有效地整合会展项目团队中的职能人员。

c. 会展项目经理承担会展项目成果的责任,而职能经理则负责提供项目所需资源,他们相互协作,共同促进项目的发展。

②矩阵型团队的适用范围。由于矩阵型团队依赖系统来执行任务,这种组织结构适合那些同时进行多个会展项目以及大型复杂项目的企业。

此外,矩阵型团队也非常适合那些需要快速响应市场变化,以及在不同部门间进行频繁沟通和协作的企业。在这种组织结构下,企业能够更灵活地调配资源,适应不同的项目需求。同时,由于团队成员来自不同的职能部门,他们能够提供更全面的视角和专业知识,有助于提升项目的整体质量和效果。因此,矩阵型团队在会展项目管理领域具有广泛的应用前景。

③矩阵型团队的优点和缺点。矩阵型团队的优势包括:能够灵活地与现有组织结构对接,提升各职能部门对项目的贡献;同时,有效整合各部门资源,最大化地发挥人力和物力的潜力;将职能与任务有效融合,既满足了专业技术的需求,也确保了对每个会展项

目任务的迅速响应;充分利用企业内部的制度优势和隐性知识,促进知识共享和学习,从而提升项目执行的效率。

然而,尽管矩阵型团队结构在某些方面提供了灵活性和资源共享的优势,但其劣势也不容忽视。首先,这种结构往往伴随着双重汇报和多重领导的问题,这在实际工作中表现得尤为明显。团队成员可能需要同时向项目经理和职能经理汇报工作,这不仅可能导致信息传递的混乱,还可能引起责任归属的模糊。其次,职责划分不清晰是矩阵型团队面临的另一个重大挑战。由于团队成员可能同时参与多个项目,这使得会展项目之间,以及会展项目与职能部门之间的责任界限变得模糊,从而容易导致工作中的矛盾和冲突。此外,会展项目团队成员的管理也较为困难。由于成员可能需要在不同的项目和职能之间切换,这不仅增加了管理的复杂性,也对项目经理和职能经理的协调能力提出了更高的要求。因此,如何在矩阵型团队中有效地解决这些问题,成为组织管理中需要认真考虑和应对的挑战。

④矩阵型团队的分类。实际上,纯项目型团队结构和职能型团队的组合存在多种过渡情况。但是,一般地,根据各个职能主管部门分配的人数或其他资源的多少,将矩阵型团队结构分为强矩阵、平衡矩阵和弱矩阵三种类型。这种分类方式有助于我们更好地理解不同组织结构的特点和运作方式。强矩阵型团队结构通常意味着项目经理拥有较大的权力和影响力,而弱矩阵型团队结构则意味着项目经理的权力相对较小,甚至在某些情况下,项目经理的发言权和意见可能得不到足够的重视和认可。

强矩阵型团队结构:在这种结构中,项目经理拥有较大的权力,掌握着大部分项目资源的决策权,职能经理则主要提供技术支持和协调工作。项目经理就像是一个指挥官,对项目团队成员有着直接的领导权,能够高效地推动项目进展,快速做出决策,减少因沟通不畅导致的延误。例如在一些大型工程项目中,项目经理可以直接调配各专业技术人员,让他们全身心投入到项目任务中。

平衡矩阵型团队结构:项目经理和职能经理的权力相对平衡。项目经理负责项目的整体规划和协调,职能经理则负责管理团队成员的专业技术工作。这种结构需要双方密切协作,共同解决项目中的问题。例如在一个产品研发项目中,项目经理制订项目时间表和目标,职能经理安排技术人员完成具体的研发任务,双方相互配合,确保项目顺利进行。

弱矩阵型团队结构:职能经理拥有较大的权力,项目经理主要负责协调和沟通工作。项目团队成员大部分时间仍在职能部门工作,接受职能经理的领导,项目经理对他们的管理权限有限。这种结构下,项目经理更像是一个协调者,在项目推进过程中,需要花费更多精力与职能经理沟通,获取资源和支持。比如在小型企业的短期项目中,员工同时承担多个职能工作,项目经理主要起到信息传递和简单协调的作用。

必须指出的是,实际的矩阵型团队结构处于从强到弱的任意一点上,且在项目生命周期的不同阶段有所变化。相应地,三种矩阵型团队结构的负责人(项目经理)的产生及其权力亦不相同。项目经理的权力和影响力可能随着项目的进展和团队内部的动态调整而发生变化,因此,项目经理需要灵活应对,根据实际情况调整自己的管理策略和方法。

5. 会展项目团队的组建

（1）组建的原则。

组建有效的会展项目团队需要遵循特定原则，而非仅召集成员那么简单。团队协作失败通常是因为缺乏协作意识和知识，而非决心。以下是组建会展项目团队应遵循的几个原则。

①明确会展项目目标。明确的项目目标是建立有效会展项目团队的前提。团队成员必须从一开始就明确项目目标、工作范围、质量标准、预算和进度计划，从而对项目目标有共同期待。组建团队应从明确目标和角色责任开始。

②制订共同的行为准则。团队协作能力的提高和工作效率的提升需要共同的行为准则。明确每位成员的角色和职责，让团队成员参与计划制订，对工作有清晰认识，重视彼此知识技能，承担相应责任，有效协作以实现项目目标。

③营造高度互信与互助的氛围。有效的会展项目团队成员间应相互信任与帮助。团队氛围对于会展项目的成功至关重要。团队成员之间的高度互信能够减少误解和冲突，增强合作意愿。同时，互助精神能够确保在遇到困难时，团队成员能够相互支持，共同解决问题。为实现这一目标，项目经理应鼓励开放沟通，定期举行团队建设活动，以增强团队凝聚力。

（2）组建会展项目团队。

在会展项目中，团队应如何挑选和运用人才，以确保项目能以最高效率成功完成？首先，必须深入思考团队的目标与职责、基于目标达成的共识、各成员角色的定位及其协作；同时，也要充分顾及项目的利益相关者，确保在维护他们利益的前提下，明确团队的职责所在。另外，为了确保项目的成功，必须尽可能地排除妨碍项目进展的负面因素（即反向利益相关者），并且最大限度地推动项目与社区的合作。

①会展项目团队的组建方法。

a. 目标导向策略。此策略的核心在于“确定目标—分析所需技能—设定明确目标与工作流程—选拔团队成员”。

采用目标导向策略，会展项目负责人需首先明确项目目标及可能面临的挑战。接着，利用团队现有的知识，分析完成目标所需技能，进而确立具体目标和工作流程，并挑选适合的团队成员，确保目标达成。在卓越团队中，目标导向策略显得尤为重要。

b. 价值观念统一法。有观点指出，团队建设的核心在于团队成员间对某些价值观念达成一致，因此团队建设的主要目标是形成这种共识。价值观念统一法强调会展项目团队应具备统一的价值观和共同愿景，这将为团队成员提供明确的工作方向，即为了实现项目目标和共同愿景而共同努力。

在价值观念统一法的指导下，会展项目负责人需首先识别并确立项目团队的核心价值观。这些价值观可能包括客户至上、团队协作、追求卓越等。通过价值观的确立，团队成员能够明确自己的行为准则和决策依据，从而在日常工作中保持一致。

进一步地，会展项目团队应开展价值观教育和培训，确保每位成员都能深刻理解并认同这些价值观。这不仅有助于增强团队的凝聚力,还能促进成员间的相互理解和尊重,为团队合作打下坚实基础。

此外,价值观念统一法还鼓励团队成员在共同愿景的指引下,积极参与项目决策和问题解决。当团队成员在面对挑战时,能够基于共同的价值观进行沟通和协作,共同寻找最佳解决方案,推动项目向前发展。

c. 角色定位法。在 1981 年,被誉为"团队角色理论之父"的梅雷迪思·贝尔宾博士(Dr. Meredith Belbin)在其具有里程碑意义的著作《管理团队:成败启示录》中,详细阐述了团队角色理论。其核心理念是"个体无完美,团队可完美"。只要团队中每个成员扮演适当的角色,就能构建出结构合理的团队。他提出了八种团队角色类型:实干家 CW(后改为"执行者"Implementer)、协调员 CO(Coordinator)、推进者 SH(Shaper)、智多星 PL(Plant)、外交家 RI(Resource Investigator)、监督员 ME(Monitor Evaluator)、凝聚者 TW(Team Worker)及完成者 CF(Completer Finisher)。贝尔宾博士认为,成功的团队是由性格各异的人组成的。此外,成功的团队必须包含担任不同角色的成员。基于角色定位法组建会展项目团队,需要深入了解项目团队成员的行为特征及优缺点,结合会展项目目标,对项目团队成员的工作职责和角色进行适当调整,以最大化团队效能,推动团队成功。

d. 人际互动法。人际互动法的逻辑基础是"心理学实验—良好交流、沟通实验与培训—发展高程度的理解和尊重"。该方法主要基于心理学实验的依据,通过进行良好的交流、沟通实验与培训,在成员之间培养更高程度的理解与尊重,从而提升团队的工作效率。敏感性训练小组(Sensitivity Training Group,亦称"T 小组")是人际互动训练的一种,旨在帮助受训者提升和改善处理人际知觉和交往的能力,以便调整自己的行为方式,建立良好的人际关系和共同语言,进而提高工作效率。人际互动法有利于会展项目团队成员之间的协作配合,能够提升团队的工作效率,因此是组建会展项目团队的有效途径。

尽管上述四种方法各有侧重点,适用对象也略有差异,例如目标导向法适用于短期团队的培养,而价值观统一法更适合长期团队的培养,但它们的共同之处在于,都脱离了团队环境,孤立地研究团队建设。团队在运作时,总是处于一定的组织(或群体)之中,因此团队建设不仅要考虑团队本身,还要考虑组织(或群体),否则,建设的结果可能无法满足组织(群体)的需求,从而降低团队建设成功的概率。组建会展项目团队时,一个重要的环境因素是其广泛的利益相关者(这也是会展项目的特点),只有与利益相关者紧密合作,并形成利益共同体的会展项目团队,才能成为有成效的团队。因此,对会展项目团队的组建,还必须深入理解利益相关者的诉求与权利,同时掌握项目利益相关者管理的关键要素及其核心问题。

②利益相关者分析。会展项目涉及多方利益相关者,包括组展商、参展商、中介机构及产业支持系统等。项目团队需协调这些关系,以实现项目和各方利益的最大化。因此,利益相关者分析至关重要。

a. 会展项目利益相关者的界定。会展项目涉及众多利益相关者,如政府、组展公司、场馆企业、会展相关企业、酒店餐饮、交通旅游企业、会展行业协会、竞争对手、参展商、观众、举办城市、媒体、公众、环保组织、宗教团体和教育机构等。通过调研，确定了我国会展项目的核心利益相关者，包括政府、组展公司、会展相关企业、场馆企业、参展商和观众。

b. 项目利益相关者管理的关键要素。

辨识：在项目启动阶段，首要任务是辨识出项目所有利益相关者，包括直接参与项目的人员，以及那些可能受到项目结果影响的个人或团体。同时，需要明确他们在项目中的利益点，了解他们对项目的期望和需求。

参与程度：对于每一个利益相关者，项目团队需要评估并明确他们在会展项目中参与的深度和层次。这涉及他们对项目决策的影响力大小，以及他们参与项目活动的频率和程度。

主动调查：项目团队应主动调查利益相关者之间的利益相关性，以及可能存在的冲突根源。这一步骤有助于提前发现潜在问题，并为后续的冲突解决提供基础。

解决冲突：在项目执行过程中，一旦出现利益冲突，项目团队应迅速采取行动，以双方都能接受的方式处理利益和冲突问题。这不仅有助于维护项目进度，还能增强团队的凝聚力和解决问题的能力。

项目统筹引入：项目团队应确保项目在利益相关者和公众的完全认可下进行。这需要通过有效的沟通和协调，让所有相关方了解项目的进展和成果。这种主动的项目利益相关者管理不仅能够提升项目的成功率，而且对项目团队的成长和团队成员的职业发展大有裨益。

③利益相关者管理的关键问题。总的来说，会展项目涉及众多利益相关者，他们对项目团队的成长至关重要。因此，在组建团队时，必须主动地将利益相关者的视角纳入考虑。为了有效地管理这些利益相关者，以下四个关键方面需要特别关注。

识别利益相关者的主要成员——明确谁是主要的，谁是次要的。

明确利益相关者的权益——通过充分的准备和协商，建立会展项目的利益共享体。

明确项目团队的职责和义务——利用利益相关者的长处，充分展示会展项目团队的作用和贡献。

探讨项目团队如何与利益相关者协调——选择合适的协调方法、途径和机制。

总的来说，会展项目团队的构建标准并不仅仅是团队内部封闭式的组合问题，它还涉及团队成员的来源和构成，以及项目所处的利益相关者系统环境。会展项目团队的形成不是一个静态的、一次性的过程，而是一个随着项目任务的进展和与利益相关者关系的变化而不断调整的动态过程。因此，评估会展项目团队的构建标准时，不仅要考虑团队成员之间的关系，还要深入地综合考虑组织环境、市场环境，以及与会展项目利益相关者的关系协调等多方面因素。

三、项目经理

项目发起人、投资方和业主负责选择和决策项目可行性，设定目标和战略计划，任命项目经理。项目经理则全面领导项目实施，通过组织、策划、沟通和协调，确保项目按计划进行，控制资金、进度和质量，实现项目目标，满足各方要求。

（一）项目经理的定义

项目经理是指在项目实施过程中，负责领导、组织、协调和控制项目的专业人员。他们是项目团队的核心人物，对项目的成功交付负总责。从项目的启动到收尾，项目经理都扮演着至关重要的角色，是项目与各相关方沟通的桥梁。

（二）项目经理的主要工作职责

项目规划：制订详细的项目计划，明确项目目标、范围、时间表、预算等。比如确定一个软件开发项目在未来半年内完成各个功能模块的开发时间节点，以及整体预算分配。

团队组建与管理：挑选合适的团队成员，根据成员的技能和特长分配任务，定期组织团队会议，解决团队内部的矛盾和问题，激励团队成员，提高团队的工作效率和凝聚力。

资源协调：确保项目所需的人力、物力、财力等资源得到合理分配和有效利用。例如在建筑项目中，及时调配施工材料、施工设备及施工人员。

风险管理：识别项目可能面临的风险，如技术难题、市场变化、人员流动等，制订应对措施。如在电商促销活动筹备项目中，提前考虑到服务器可能出现的压力问题，并准备好应急预案。

沟通协调：与项目的各个相关方保持密切沟通，包括客户、上级领导、团队成员、供应商等。及时了解各方需求和期望，传达项目进展情况，确保项目按照既定方向推进。

项目监控与评估：定期检查项目进度，对比实际进度与计划进度，及时发现偏差并采取纠正措施。在项目结束后，对项目的成果进行评估，总结经验教训。

（三）项目经理的任职要求

首先，项目经理需对项目相关的各类专业知识有全面且深入的认识。这是所有工作的根基和先决条件。项目经理虽不必在每个专业领域都成为专家，但缺乏专业知识会导致外行指挥内行的局面。这也是为何项目经理的工作看似相似，却难以跨越巨大行业鸿沟。例如，软件项目经理通常无法胜任建筑工程的项目管理工作，反之亦然。

其次，项目经理应具备出色的统筹规划技巧。通过全面分析项目任务，制订出科学且周密的工作计划，并合理配置及整合资源，确保项目顺利进行，实现项目目标。

再次，项目经理需拥有卓越的沟通与协调技能。由于项目经理日常工作中涉及的沟通协调任务远超大多数职能经理和部门经理，且管理的参与者间往往不存在行政上的上下级关系，这就要求项目经理的沟通协调能力远超一般管理者，必须具备强大的领导力才能胜任。

最后，项目经理应掌握成本管理和风险管理的基础知识。项目成功与否的评估，除了最终成果外，是否出现意外、是否在预算内完成，也是关键指标。这考验项目经理在成本管理和风险管理方面的能力。

四、会展项目经理

作为会展项目团队的核心，会展项目经理位于会展项目管理的枢纽，其作用对项目的成败至关重要。除了领导会展项目的规划、组织、执行和监控外，会展项目经理还必须掌握多种技能，特别是优秀的人际交往能力、主动的沟通技巧及高效的时间管理能力，致力于激发团队成员完成各自任务。

(一)会展项目经理的职责

信息技术的飞速进步和现代项目管理系统的日益完善，使得会展项目经理面临更多挑战和压力，要求他们具备更全面的业务技能。这包括参与会展项目的可行性分析、建立会展项目管理流程和制度，以及维护参与者关系等。因此，现代会展项目经理的角色愈发重要。

1. 制订会展项目计划

良好的计划是成功项目的基石。会展项目经理应将制订周密的会展项目计划视为其核心职责。

会展项目计划的制订应涵盖项目的各个方面，从初步的概念设计到最终的执行和评估。首先，会展项目经理需要明确会展项目的目标，这包括确定会展的主题、目标受众、预期成果及时间表和预算。明确的目标不仅为项目团队提供了清晰的方向，还帮助所有参与者理解他们在项目中的角色和责任。

在制订计划时，会展项目经理还需考虑项目的资源需求，如人力、物资和财务资源。合理分配这些资源是确保项目顺利进行的关键。此外，会展项目经理应制订风险应对策略，以应对可能出现的挑战和问题。这些策略应包括预防措施、应急计划和恢复计划，以最大限度地减少项目风险对项目成功的影响。

会展项目经理在制订计划时，还需考虑会展项目的流程和活动安排。从会展的筹备阶段到开展阶段，再到结束后的总结阶段，每个阶段都应有详细的活动计划和时间表。这有助于团队成员了解项目的整体进度，确保各项任务按时完成。同时，会展项目经理还应考虑项目的质量管理和控制，确保会展项目的质量和效果符合预期标准。

为了确保会展项目的成功，会展项目经理在制订计划时还需注重与项目相关方的沟通和协调。与参展商、观众、场地提供商及合作伙伴等关键相关方的有效沟通，有助于确保项目的顺利进行和各方利益的平衡。会展项目经理应建立有效的沟通机制和渠道，及时收集和处理各方反馈，以便在项目执行过程中及时调整计划和策略。

总之，会展项目经理在制订会展项目计划时，应全面考虑项目的各个方面，确保计划的周密性和可行性。通过明确项目目标、合理分配资源、制订风险应对策略及注重与项目相关方的沟通和协调，会展项目经理可以为项目的成功奠定坚实基础。

2. 组建会展项目团队

会展项目经理的执行力在很大程度上取决于其组织能力，而会展项目团队的组建正是会展项目经理展现组织能力的主要舞台。会展项目经理的组织职责，即组建会展项目团队，具体职责可细分为以下几个方面。

首先，会展项目经理需要根据项目的规模、性质和需求，确定所需的专业技能和岗位设置，招募具备相应能力和经验的团队成员。这要求项目经理对市场动态和人才资源有深入的了解,以便挑选出最适合项目需求的团队成员。

其次,会展项目经理还需负责团队成员的培训及其能力的提升。通过定期组织内部培训和交流活动,项目经理可以提升团队成员的专业技能和综合素质,增强团队的凝聚力和战斗力。同时,项目经理还应鼓励团队成员自主学习和创新,为团队的持续发展注入活力。

此外,会展项目经理还需建立有效的团队管理机制,明确团队成员的职责和分工,确保团队成员之间能够高效协作,共同推动项目的顺利进行。通过制订科学合理的绩效考核制度,项目经理可以激励团队成员积极投入工作,提高工作效率和质量。

同时,会展项目经理在项目团队中扮演着协调者和沟通者的角色。他们需要确保团队成员之间的信息流通顺畅,及时解决团队中出现的矛盾和冲突,维护团队的和谐氛围。项目经理还应与项目相关的外部合作伙伴和利益相关者保持良好的沟通和合作关系,为项目的顺利实施创造有利的外部环境。

会展项目经理还需关注团队成员的心理健康和工作状态,及时给予关怀和支持,帮助团队成员解决工作和生活中的困难,提高团队成员的归属感和忠诚度。一支团结、积极、高效的会展项目团队,将为项目的成功提供坚实的保障。

3. 指导会展项目活动

会展项目经理是会展项目团队的最高决策者,需要把握项目方向,指引团队成员有效完成项目目标,因此,会展现场或场外的及时决策是会展项目经理的重要职责。会展项目经理需要亲自决策的问题包括实施方案、人事任免及奖惩、进度计划安排,计划调整、合作伙伴选择、合同签订和执行等,要根据会展项目的规模、性质和特点及时做出决策,但是,相对于采购等确定性决策而言,发生在会展项目的组织和实施过程中的问题决策与矛盾决策显然更加重要。这决定了会展项目经理对会展项目及会展项目团队的指导十分必要。

会展项目经理在面对这些复杂多变的决策时,必须具备高度的应变能力和丰富的项目管理经验。他们需要迅速分析问题的本质,权衡各种利弊因素,并制订出科学合理的解决方案。同时,会展项目经理还要善于倾听团队成员的意见和建议,鼓励团队成员积极参与决策过程,增强团队的凝聚力和执行力。通过有效的决策指导,会展项目经理能够确保会展项目在预定的时间、成本和质量要求下顺利推进。

4. 控制会展项目过程

会展项目经理的核心职责之一是有效控制项目的费用、进度和质量。项目经理需同步跟踪项目实施过程,收集反馈并进行动态调整。特别是展前招展和招商工作,需要长时间的管理。项目经理必须根据内外部信息不断调整计划,并有效控制项目,以满足各方和组织的预期目标。具体控制职能包括以下内容。

(1)费用控制。

确保项目预算的合理分配和使用,避免超支,同时保证项目所需资源的充足供应。通过对各项费用的严格监控和适时调整,实现成本效益最大化。

(2)进度控制。

根据会展项目的时间表和里程碑,定期跟踪项目进展情况,及时发现并解决延误问题。通过调整资源配置和工作计划,确保项目按计划顺利推进。

(3)质量控制。

确保会展项目的各个环节符合既定的质量标准和要求。通过对项目成果的定期检查和评估,及时发现质量缺陷并采取纠正措施,以保证最终交付物的质量满足各方期望。

(二)会展项目经理的权力

赋予会展项目经理适当权限是确保其承担责任和项目成功的关键。必须通过制度和合同明确其职责和权限。

1. 职位权力

职位权力是会展项目经理在岗位上行使的权力。然而,由于多种限制,项目经理对团队成员的雇佣、解雇等影响有限。尽管如此,项目经理在职位上仍拥有一定的权威,可以对团队成员进行工作安排、监督和考核。职位权力为项目经理在项目执行过程中提供了必要的指挥和协调能力,确保团队成员能够按照既定的计划和目标进行工作。

(1)资源管理权。

会展项目经理通过控制预算和项目费用,实现最有效的管理。在财务制度允许的框架内,项目经理负责费用的分配,并制订团队成员的薪酬及激励机制。此外,会展项目经理还需管理项目所需的各种资源,包括人力资源、物质资源和信息资源。他们需确保资源的合理分配和高效利用,以支持项目的顺利进行。在资源管理方面,项目经理还需与相关部门紧密合作,如财务部门、采购部门及人力资源部门,以确保资源的及时到位和有效利用。通过有效的资源管理,会展项目经理能够提升项目的整体效益,确保项目目标的顺利实现。

(2)决策权。

项目经理根据项目目标拥有决策权,例如会议的组织和任务的分配。然而,改变会展的规模和内容则需要主办方的批准,显示了权力的局限性。决策权是会展项目经理权力体系中的核心,它贯穿于项目的全生命周期,是决定项目成败的关键因素。在会展项目的起始阶段,精准把握市场动态、客户需求及自身资源状况,是项目经理做出科学决策的基础。

(3)工作评估权。

项目经理可以独立地评估团队成员的工作表现,但这种评估的影响力取决于是否与成员的薪资和职业发展直接相关。如果评估结果与成员的薪资调整和晋升机会紧密相连,那么项目经理的评估将具有更大的说服力,促使团队成员更加努力地工作,以提升个人绩效。反之,如果评估结果与成员的切身利益关系不大,那么评估的激励效果可能会大打折扣。因此,为了确保工作评估权的有效实施,项目经理需要与人力资源部门紧密合作,确保评估结果与成员的薪酬及职业发展体系相衔接。

2. 非职位权力

非职位权力源于个人品质、知识、能力等,影响力强于职位权力,有时甚至超过职位权力。这种权力是项目经理通过长期的学习和实践积累而来的,能够激发团队成员的尊重和信任。拥有非职位权力的项目经理更容易获得团队成员的支持和配合,推动项目的顺利进行。

(1)专业技能与知识的影响力。

项目经理在专业技能和知识领域的专长能够对决策产生影响,通过市场洞察力和项目管理的专业经验,项目经理能够树立权威。他们的专业见解和解决方案往往能够引导团队走向正确的方向,减少决策失误。在复杂多变的市场环境中,项目经理的专业技能成为项目稳定前行的压舱石。此外,他们的知识储备还能为团队提供持续的学习动力,促进团队整体素质的提升。

(2)个人魅力的权力。

个人魅力的权力源于个人特质,项目经理的敬业、激情、诚信和责任感等品质能够产生深远且持续的影响力。这种影响力不仅仅局限于项目内部,还能够延伸到项目外部,吸引更多的合作伙伴和客户。一个拥有强大个人魅力的项目经理,能够带领团队共同面对挑战,激发团队成员的积极性和创造力。他们的言行举止往往能够成为团队成员的榜样,推动团队向着更高的目标前进。同时,个人魅力的权力还能够增强项目经理的谈判能力和说服力,使他们在与外界沟通时更加自信。

(三)会展项目经理的素质

现代管理学之父彼得·德鲁克(Peter F. Drucker,1909—2005)认为,在会展业务中,项目经理“是充满活力的、带来生命力的元素”,他们是会展项目的核心人物,也是项目成功的关键。要成为合格的会展项目经理,取得会展项目管理的成功,会展项目经理必须在德、新、能、知和体五个方面不断地修炼。

1. 品德素质

会展项目经理首先应品德素质高,这主要表现为以下三个方面。

一是责任感强。会展项目经理必须具备高度的责任心,对项目负责,对团队成员负责,对客户负责。他们应当承担起领导者的角色,确保项目的顺利进行,并在遇到问题时勇于担当,积极寻求解决方案。

二是工作作风好。优秀的会展项目经理应当以身作则,树立良好的工作作风。他们应当勤奋、严谨、务实,对待工作一丝不苟,注重细节,确保每个环节都能够达到最佳状态。同时,他们还应当具备良好的沟通能力和团队协作精神,能够与团队成员、客户及合作伙伴建立良好的关系。

三是诚信意识强。在会展行业中,诚信是项目经理最宝贵的品质之一。他们应当坚守职业道德,保持公正、公平的态度,对待所有合作伙伴和客户都以诚相待。在项目执行过程中,项目经理要信守承诺,确保项目按时、按质、按量完成,树立良好的行业口碑。同时,他们还应当注重保护客户的隐私和商业秘密,赢得客户的信任和尊重。

2. 创新素质

会展项目的创新性是其生命所在。成功的展会,无不以其鲜明的创新之处给人留下深刻的印象。这就要求会展项目具备良好的创新素质，即敏捷的见识和创新的胆识。具体要求包括以下三个方面。

一是识别新生事物。会展项目经理需要具备敏锐的市场洞察力，能够及时发现并识别新的市场趋势、技术和商业模式。他们应当保持对行业动态的高度关注，不断学习和吸收新知识，以便在项目中融入最新的元素，提升项目的吸引力和竞争力。

二是具备果断决策的勇气。在会展项目中，创新往往伴随着风险。项目经理需要有足够的勇气和决心，在充分评估风险的基础上，果断地做出决策，推动项目的创新进程。他们应当敢于尝试新的方法和策略，不畏失败，勇于承担创新带来的责任和挑战。

三是具有革新现状的胆识。勇于接受现实挑战，敢于大胆创新工作流程和工作方法，坚韧不拔地克服各种困难，以实现项目目标。

通过这些方面的努力，会展项目经理可以不断提升自身的创新素质，为项目的成功实施注入源源不断的活力。

3. 能力素质

会展项目经理是项目的管理者，其成功依赖于能力。他们需要具备管理技能，包括组织管理能力、应对风险能力和社会活动能力。

组织管理能力涉及熟悉会展结构、团队配备、项目计划制订、内外部关系处理及激励与约束制度的实施。应对风险危机能力要求项目经理在信息不完整时做出决策，进行风险识别和应对计划制订，以正确处理危机。社会活动能力要求项目经理在会展市场中积极活动，获取项目信息，争取社会资源。

4. 知识素质

知识素质涵盖知识水平和结构。现代会展项目管理复杂、动态、系统，因此项目经理需提升知识水平和结构以掌握管理主动权。知识素质要求有宽广的知识面和合理的知识结构，专业知识广度比深度更重要，以有效沟通和正确决策。知识领域主要有以下五个方面。

一是项目管理学知识。该知识涵盖项目策划、执行、监控和收尾全过程的理论和实践，为会展项目的顺利推进提供科学依据。

二是信息技术与外语知识。信息技术在会展项目中的应用日益广泛，项目经理需掌握信息技术以提升项目效率；同时，外语知识有助于项目经理在国际会展市场中获取信息和资源。

三是市场营销知识。了解市场需求、消费者心理和营销策略，有助于项目经理更好地推广会展项目，吸引参展商和观众。

四是法律知识。熟悉会展行业相关的法律法规，确保项目在合法合规的框架内运行，避免法律风险。

五是财务管理知识。掌握基本的财务知识和技能，有助于项目经理合理规划项目预算，控制成本，提高经济效益。

5. 身体素质

会展项目管理要求在约束条件下达成目标，项目经理需具备强健身体和充沛精力。

这些是发挥领导力和适应快节奏工作的基础。身体素质包括生理和心理两方面。会展项目通常需要密集的现场布置和搭建工作,这对项目经理的身心都是考验。

因此,项目经理不仅要保持良好的体能,以应对高强度的工作压力,还要具备强大的心理素质,在面对项目中的突发情况和各种挑战时,能够保持冷静、乐观的态度,迅速做出决策,确保项目的顺利进行。良好的身体素质,是会展项目经理不可或缺的素质之一。

(四)会展项目经理的技能

在实际工作中,技能展现了个人的素质。因此,对于会展项目管理的实战来说,会展项目经理在提升个人素质的同时,也必须重视提升技能。

1. 项目管理技能

会展项目经理必须精通项目管理技能,这是确保项目顺利进行的关键。项目管理技能涵盖多个方面,其中掌握五大管理过程是基础。这五大过程包括项目启动、规划、执行、监控和控制、项目收尾。项目经理需清晰理解每个阶段的目标、任务和风险,以确保项目能够按时、按质、按量完成。同时,精通八大管理内容也是项目管理技能的重要组成部分。这八大管理内容通常包括范围管理、时间管理、成本管理、质量管理、人力资源管理、沟通管理、风险管理和采购管理。项目经理需灵活运用这些管理内容,以应对项目中可能出现的各种挑战和问题。此外,还要学会使用相关管理软件。相关管理软件主要包括项目管理软件、办公软件等,例如 Office、Project 及会展信息系统管理软件等。

2. 人际关系技能

会展项目经理的工作主要涉及与人沟通,包括项目政府官员、上级主管、客户(参展商、采购商)、职能部门经理及项目组成员等。因此,会展项目经理应发展良好的人际关系技能,将人际关系作为会展项目管理的社会基础。会展项目经理需要具备的人际关系技能主要包括以下三个方面。

首先,会展项目经理需要深入了解项目的人际关系网络。这要求项目经理不仅要清晰掌握项目内部的人员构成和角色关系,还要对项目外部的合作伙伴、利益相关者等有全面的了解。通过有效的信息收集和分析,项目经理可以更好地预测和应对人际关系中可能出现的冲突和问题,为项目的顺利进行创造有利条件。

其次,项目经理需要致力于增进项目团队成员间的信任与沟通。一个高效的团队离不开成员之间的紧密合作和良好沟通。项目经理应通过组织团队建设活动、定期召开项目会议等方式,增强团队成员之间的信任感,促进信息的有效传递和共享。同时,项目经理还应鼓励团队成员积极表达意见和建议,及时发现并解决团队内部的问题,确保团队始终保持高昂的斗志和良好的工作氛围。

最后,项目经理还需要在与客户、合作伙伴等外部人员沟通时展现出卓越的人际关系技能。这要求项目经理不仅要具备良好的沟通能力和谈判技巧,还要能够准确理解对方的需求和期望,以寻求双方都能接受的解决方案。通过有效的沟通和协调,项目经理可以建立和维护良好的外部关系,为项目的成功实施提供有力保障。

3. 谈判和沟通技能

会展项目经理需要具备出色的演讲和沟通技巧,及时向高层管理者、客户、职能经理和项目成员通报项目进展，并运用这些技能及时处理和解决项目的风险与危机。通过有效的沟通与谈判，有助于获得主办方、发起人等高层的充分认可和支持。

4. 战略决策技能

会展项目经理的战略决策技能至关重要。在项目管理和执行过程中，他们需要展现出高度的战略眼光和决策能力。这要求项目经理不仅要具备全面的项目管理知识，还要能够洞察行业趋势，预测未来走向，以制订符合项目目标和公司战略的计划。通过精准的判断和果断的决策，项目经理可以带领团队克服各种挑战，确保项目的顺利进行和最终成功。

(1)策划与布局。

会展项目经理应具备远见卓识，能够超越项目的边界，深刻理解会展项目与公司战略、客户目标之间的内在联系。不被众多复杂的具体问题所限制，擅长从更高层面进行思考与解决问题，合理运用各种资源，协调组织关系，进行全局规划与布局。

(2)全面审视。

全面审视是战略决策和战略思维的核心要素。会展项目经理需始终从整体角度出发，进行客观准确的分析与判断，进而制订计划。项目经理应擅长平衡会展项目中的各种利益冲突，处理好整体与部分的关系、眼前与未来的关系、传统与创新的关系、经验与革新的关系、显性与隐性的关系、不作为与主动作为的关系、需求与可能性的关系。

(3)提升前瞻性。

前瞻性同样是战略决策和战略思维的关键要素。会展项目经理只有对会展项目发展的整个过程、不同阶段和最终成果进行预测与评估，才能为设定阶段性目标和总体目标提供依据。必须致力于掌握事物发展的客观规律，深入学习会展项目相关的专业知识，努力全面搜集相关的信息，预测项目的发展趋势和阶段，设定相应的战略目标和应对策略。培养超前的思维能力，在预测和展望会展真实趋势上领先一步，做出科学的决策。

(五)会展项目经理的选择与发展

会展项目经理不只是权力的行使者、相关资源的分配者，更重要的是他们可以激发项目团队精神，提高团队战斗力，带领会展项目团队攻坚克难，化解风险与危机事件，顺利完成项目目标。因此，会展项目经理对于会展项目的成功至关重要，选择会展项目经理需十分慎重。

1. 会展项目经理的选择

(1)选择的原则。

在选择会展项目经理时，应遵循以下原则。

首先，需考虑会展项目的特征。不同的会展项目有着不同的规模、复杂度和目标，项目经理的选择应基于项目的具体需求。例如，大型国际性的会展项目可能需要项目经理具备跨文化沟通和协调的能力，以及对国际会展市场的深入了解；而小型、专业性的会展项目则可能更注重项目经理的专业知识和对特定行业的熟悉程度。

其次，候选人的能力、素质和经验也是选择的关键。项目经理应具备出色的组织协调能力、决策能力和应变能力，能够在压力下保持冷静，迅速做出正确的决策。同时，良好的沟通能力和团队合作精神也是必不可少的。在经验方面，拥有丰富会展项目管理经验的项目经理更能够预见潜在的问题，并提前制订应对策略，从而降低项目风险。

(2)选择的程序。

在选择会展项目经理的程序上，应遵循科学、公正、透明的原则。

首先，应明确项目经理的职责与岗位要求，这包括对项目规模、性质、复杂程度及预期目标的深入理解。基于这些要求，制订详细的选拔标准，涵盖候选人的专业能力、管理经验、团队合作精神、沟通协调能力及应对突发事件的应变能力等方面。

接着，通过广泛发布招聘信息或内部推荐等渠道，吸引符合条件的候选人参与选拔。在收集到足够数量的简历后，进行初步筛选，排除明显不符合要求的候选人。随后，组织面试和笔试，对候选人的专业知识、管理能力、创新思维及实际操作能力进行全面考察。在面试过程中，可以采用结构化面试、行为事件访谈等方法，深入了解候选人的真实能力和个性特点。

最后，根据考察结果，结合会展项目的实际情况，综合考虑候选人的优势与不足，选择最适合担任项目经理的人选。同时，应建立选拔过程的记录和反馈机制，以便不断改进和完善选拔程序，提高选拔的准确性和有效性。

2. 会展项目经理的发展

广义地说，会展项目经理的发展，其对象不仅包括那些借助偶然机会或者某种外部力量接受了会展项目经理工作的人，还包括新提拔和新录用的项目经理，以及那些有意愿与潜力成为项目经理的人。会展项目经理的发展并非指其职业发展，而是指其会展项目管理业务能力的提高与发展。会展项目经理采取的发展途径通常包括以下四种。

(1)实践经验积累。

通过参与多个会展项目，不断积累实战经验，从实际操作中学习和掌握会展项目管理的精髓。

(2)行业交流学习。

积极参加行业内的研讨会、交流会等活动，与同行交流心得，了解最新的行业动态和管理方法，拓宽视野。

(3)专业认证提升。

通过参加会展项目管理相关的专业认证考试，获取认证证书，证明自己的专业能力和水平，同时也为职业发展增添竞争力。

(4)导师指导与自我反思。

寻找行业内的资深专家或成功项目经理作为导师，虚心请教，接受指导；同时，定期进行自我反思，总结经验教训，不断提升自己的业务能力和管理水平。

第三章　会展项目启动

在本章节中，我们将深入探讨会展项目的识别与选择过程中的关键方法，详细阐述如何有效地撰写会展项目需求建议书，以及会展项目可行性研究的重要性与实施步骤。

第一节　会展项目的识别与选择

尽管会展项目的核心开支出现在执行与管理阶段，然而，项目识别与启动阶段对其整体成本的影响也不容小觑。因为在启动阶段结束时，项目约90%的费用已经明确可见。因此，识别与启动阶段对会展项目的成功至关重要。

一、会展项目的提出

通常情况下，会展项目源自会展市场的需求和特定行业的实际问题，需要通过会展平台来解决。会展项目的发起基于以下几点原因。

（一）实物商品的展示与销售需求

涵盖各种行业的商品，特别是制造业产品，从日常用品到大型机械设备、汽车等，这些商品在市场经济中无一例外地成为展示对象。它们在人们的生产和生活中扮演着重要角色，构成了会展项目的主要来源。

通过会展，制造商可以展示其最新产品和技术，吸引潜在客户和合作伙伴，从而促进销售和业务拓展。实物商品的展示不仅限于静态展览，还包括现场演示、互动体验等形式，使观众能够更直观地了解产品的功能和特点。

（二）服务产品的展示与营销需求

随着产业结构的持续优化和升级，现代服务产品的展示与营销变得越来越重要，例如旅游线路、留学交流、教育服务、科技咨询等。这类服务产品的展示在会展项目中的比重逐渐增加，正逐渐成为会展市场的新趋势。

服务产品的无形性使得传统的营销方式难以直观地展现其特点和优势。而通过会展平台，服务产品提供者可以采用多样化的展示手段，如现场体验、互动讲解、虚拟演示等，让观众更直观地了解服务产品的内涵和价值。这不仅增强了服务产品的吸引力，还促进了服务产品提供者与潜在客户之间的深入交流与合作。

（三）各级政府宣传的需求

各级政府组织的公益、纪念、福利及其他展示政府导向的活动等，这些会展项目更注重社会效益而非经济效益，体现了政府的政策导向和服务宗旨，同时也作为各级政府的宣传渠道。根据会展项目的组织来源，会展项目需求及其项目可以分为公共需求与公共项目,以及个体需求与个体项目。

公共需求与公共项目通常由政府机构或公共组织发起,旨在推广公共信息、增进公众福利或纪念特定事件。这类项目往往具有广泛的社会影响力,能够吸引大量公众关注,从而提升政府形象,增强社会凝聚力。例如,各种公益展览、纪念日庆典等活动,都属于公共需求与公共项目的范畴。个体需求与个体项目则更多地由私人企业、社会组织或个人发起,旨在满足特定群体的利益或需求。虽然这类项目可能更侧重于经济效益,但在某些情况下,它们也能产生积极的社会效益,如促进文化交流、提升地区知名度等。在会展市场中,个体需求与个体项目同样扮演着重要角色,为会展业的多元化发展提供了有力支撑。

二、会展项目的识别与分类

1. 会展项目的识别

根据人们的生产和生活需要以及各级组织的需求,发现和研究其间潜在的会展项目机会和空间的过程,就是会展项目的识别过程。会展项目的识别也可以说是会展项目市场的识别,它起始于需求、问题或机会的产生,而结束于项目说明书的发布。所谓项目识别也就是面对需求(自己识别或由承约商进一步明晰化),承约商从备选的项目方案中选出几种可能的项目方案来满足这种需求的判别过程。需要特别指出的是,清晰的需求是承约商规划与实施项目的基础。然而,项目识别与需求识别本质不同。需求识别是客户的一种行为,而项目识别是在需求识别的基础上,承约商的行为。

会展项目的识别过程往往伴随着市场调研、竞争分析、目标客户群确定等一系列活动。承约商需要通过这些活动来深入了解市场现状、预测未来趋势,以及评估项目的可行性和潜在收益。在这个过程中,承约商不仅要关注客户的需求,还要结合自身的资源、能力和战略目标,来筛选出最适合自己的会展项目。同时,承约商还需要与潜在客户进行深入的沟通和交流,确保双方对项目目标、预期成果和合作方式等方面达成共识。只有这样,才能确保会展项目的顺利实施和最终成功。

2. 会展项目立项的分类

线下的会展项目,也被广泛地称为实体会展活动,它们通常是在实际的场所或地点举行,允许来自不同行业和领域的参与者近距离地参与其中,进行面对面的交流和互动。这些会展活动为参展商和观众提供了一个直接接触和沟通的平台,使得信息的传递更加直观和高效。通过实体会展活动,参展商能够展示他们的产品和服务,同时也能直接从潜在客户那里获得反馈和建议。此外,实体会展活动还为行业内的专业人士提供了一个交流最新行业趋势、分享知识和经验的绝佳机会。

(1)线下会展活动项目立项

在线下,新设立的会展活动项目一般分为以下四种类型。

①创立新项目,即主办方选择新的主题而创立的新会展活动项目。例如,北京居然之家投资控股集团有限公司与中国国际展览中心集团公司及所属企业于 2017 年联合创立的北京国际家居用品展览会暨中国生活节(家居用品是展览主题)。此前,北京居然之

家投资控股集团有限公司从未涉足展览业，中国国际展览中心集团公司虽办有建材展会，但从未办过家居用品主题的展会。该项目不仅填补了家居用品展览市场的空白，还成功吸引了众多家居品牌参展，为观众提供了丰富的家居用品选择。通过此次合作，两家企业实现了资源共享、优势互补，进一步提升了各自的品牌影响力和市场竞争力。这一新项目的创立，不仅促进了家居行业的发展，也为会展业带来了新的活力。

②异地复制老项目，即主办方将自己长期举办的会展活动(老项目)移植到另一举办地而设立的项目(新项目)。例如，德国慕尼黑展览公司于 2000 年将其在慕尼黑举办的工程机械展览会移植中国上海，并不断扩充展览范围，成为中国国际工程机械、建材机械、矿山机械、工程车辆及设备博览会。2018 年，其展览面积达 30 万 m^2，是亚太地区同主题展会中规模最大的展览会。

该异地复制的老项目不仅成功地将德国的会展经验和技术引入中国，还结合了中国的市场需求，进行了本土化创新。通过这一项目，德国慕尼黑展览公司不仅扩大了其在全球的影响力，也为中国观众和参展商提供了一个国际化的交流平台。同时，该项目的成功也促进了中德两国在工程机械、建材机械等领域的交流与合作，推动了相关行业的发展。此外，异地复制老项目还能够利用原有项目的品牌效应和成熟的运营模式，快速在新的举办地建立起知名度和影响力，为会展业的持续发展注入了新的动力。

③从老项目中剥离项目，即主办方将自己既有会展活动中的某一专业板块(指活动中的某一范围)剥离出来而创立新的项目。例如，深圳市安全防范行业协会、深圳安博会展有限公司将其举办的深圳国际安防产品博览会中的无人机展览板块剥离出来，于 2016 年创立了深圳国际无人机博览会。这一剥离创新的方式不仅丰富了会展市场的多样性，也为特定行业提供了一个更为专业和聚焦的展示平台。通过剥离原有展会中的某一板块，主办方能够更深入地挖掘该板块的市场潜力，满足参展商和观众对于专业化和精细化服务的需求。同时，新创立的展会项目也能够借助原有展会的品牌影响力和资源积累，快速建立起自身的知名度和影响力，实现会展项目的可持续发展。这种从老项目中剥离并创新的方式，为会展业的发展带来了新的活力和机遇。

④合并整合老项目，即主办方通过把原有的老项目通过合并整合的方式组成新项目。例如中国(黑龙江)国际绿色食品产业博览会(简称国际绿博会)。国际绿博会前身是连续成功举办 3 年的黑龙江绿色食品展销周。2013 年，黑龙江省政府主办首届绿博会，黑龙江省国际博览发展促进中心承办。2014 年起，绿博会先后整合“黑龙江金秋粮食交易合作洽谈会”“哈尔滨世界农业博览会”“中国黑龙江北大荒国际农业机械博览会”等重点展会平台，为业界提供“从田间地头到百姓餐桌”的全产业链专业化服务。2021 年 6 月，经请示党中央、国务院同意，由全国清理和规范庆典研讨会论坛工作领导小组正式批复，将绿博会升级并更名为“国际绿博会”，增加中国贸促会作为主办单位。合并整合老项目的方式，不仅有助于优化会展资源配置，减少重复办展造成的资源浪费，还能通过整合资源，提升新项目的规模和影响力。以国际绿博会为例，通过整合多个相关展会平台，绿博会得以提供全产业链的专业化服务，覆盖了从农产品生产到餐桌的各个环节。这种全方位的展示和服务，不仅满足了参展商和观众的需求，也推动了绿色食品产业的交流

与合作。此外,绿博会的升级和更名,进一步提升了其品牌影响力和国际地位,为绿色食品产业的国际化发展提供了有力支持。合并整合老项目的方式,为会展业的发展注入了新的动力,推动了会展项目的创新和升级。

(2)线上会展活动项目立项。

线上会展活动项目,是指那些通过互联网的虚拟空间来组织和参与的会展活动,这类活动通常也被称为虚拟活动或数字会展活动。与传统的线下会展活动相比,线上会展活动的一个显著特点是其虚拟性,这意味着参与者们虽然并不共处于同一个物理空间,却可以在同一个网络空间内进行在线交流和互动。这种交流方式打破了地理界限,允许来自不同地点的人们参与到同一个活动中来。线上会展活动通过网络平台提供了一个全新的交流和展示的环境,它利用各种数字技术,如视频会议、实时聊天、虚拟现实等,来模拟和增强现实世界中的会展体验,使得参与者即使身处远方,也能感受到仿佛亲临现场的互动效果。

2020 年 4 月 14 日,中国贸促会举办了"中国—拉美(墨西哥)国际贸易数字展览会"。这是我国首个在线举办的大型国际性展会。该展会持续至 2020 年 4 月 28 日闭幕。开幕当天,国内超过 2 000 家外贸企业与拉美地区 12 739 位买家同时在线。展会由中国贸促会主办,浙江米奥兰特国际商务会展股份有限公司运用"网展贸"数字展览技术平台承办。此后,国内多个知名展会转战线上,由此形成网上办展热潮。到 2020 年下半年,欧美国家许多知名展会的主办方宣布开办线上展会。

就国内的案例看,2020 年以来的线上展会,可分为"多对多"和"少对多"两种。所谓"多对多",指参加线上展会的参展商(卖家)和观众(买家)都很多,如网上广交会;所谓"少对多",指参加线上展会的参展商(卖家)很少而观众(买家)较多。

举办线上展会必须搭建网络平台。其中"多对多"的平台一般具有产品图文展示、视频展示、参展商/展品分类查询、在线交流、直播、在线会议等功能。由于多数主办方不具备搭建网络平台的技术能力,故而委托互联网公司提供技术服务。例如,网上广交会由腾讯公司接受委托而搭建。原定于 2020 年 4 月 15 日线下举办的 127 届广交会,改为 6 月 15 日至 24 日在线上举行。网上广交会按 16 大类商品,划分为 50 个展区,设有展商展品、供采对接、展商直播、新闻与活动、大会服务、跨境电商等栏目。全国 2.6 万余家参展商免费上线参展。广交会的境外观众以远程方式登录网上广交会,在线上与中国参展商展开贸易交流。许多主办方在使用"少对多"的平台时,有的采用包括"腾讯会议"在内的软件,也有专门为此开发应用软件的。

基于上述情况,从设立项目的角度分析,线上会展活动可分为关联创办和独立创办两种类型。

关联创办的线上展会,是指主办方在已有的线下展会基础上,进一步拓展和延伸,通过互联网平台设立的线上版本。这种类型的线上展会通常会利用线下展会的品牌效应和客户资源,例如网上广交会、线上杜塞尔乡夫国际医院及医疗设备用品展览会等,都是在原有线下展会的基础上发展起来的。而独立创办的线上展会,则是在此之前并没有线下展会的先例,主办方直接针对互联网环境和市场需求,单独设立的线上展会,例如,中国—拉美(墨西哥)国际贸易数字展览会。从目前国内外线上展会的权威性和影响力来看,关联创办的线上展会项目占了较大比例。

3. 会展活动项目识别方法

(1)市场调研法。

对会展市场展开调研是会展项目识别的最基本和最直接的方法。组织专门的会展市场的调研活动,获得第一手市场信息,是会展项目识别的基本途径。

通过市场调研,可以了解当前会展市场的需求和趋势,分析潜在参展商和观众的需求和行为模式,从而确定会展项目的主题、规模和定位。此外,市场调研还可以帮助主办方了解竞争对手的情况,发现市场的空白点和机会,为会展项目的创新提供思路。因此,在会展项目识别的初期阶段,市场调研法具有不可替代的作用。

(2)头脑风暴法。

头脑风暴法也是构思会展项目的好方法。不少新颖的会展项目往往借助集体的头脑风暴获取项目构思,并可能填补市场需求的空白,例如近年火爆的房展、户外用品展。这些展会项目最初可能就是由某个团队在头脑风暴中提出的。通过集思广益,团队成员可以充分发挥自己的想象力和创造力,提出各种可能的会展项目构思。在头脑风暴的过程中,不受任何限制和约束,鼓励大胆设想和创新,往往能够激发出一些极具潜力和市场价值的会展项目。而这些项目在经过进一步的调研和论证后,有可能成为市场上新的热点和亮点。因此,头脑风暴法在会展项目识别中同样具有重要意义。

小贴士

头脑风暴(Brain—storming)这一术语,最初源自精神病理学领域,它原本是用来描述精神病患者所经历的一种精神错乱状态。然而,随着时间的推移,这一概念已经演变为一种鼓励参与者进行无限制自由联想和讨论的活动,其核心目的是激发新观念的产生或促进创新思维的涌现。头脑风暴法,也被称作智力激励法、BS法、自由思考法,是由美国的创造学家亚历克斯·奥斯本(A. F. Osborn)在1939年首次提出,并在1953年正式对外发表的一种旨在激发创造性思维的方法。自从奥斯本提出这一概念以来,头脑风暴法经过了全球各地创造学研究者的不断实践和深入发展,已经演变成了一系列的发明技法,其中包括了奥斯本智力激励法、默写式智力激励法、卡片式智力激励法等多种形式,这些技法共同构成了一个庞大而丰富的发明技法群。

(3)经验借鉴法

经验借鉴法日益成为兼顾市场风险和项目利益的会展项目识别与构思方法。经验可以源于本土既往项目库,也可以源自国外先进项目库。鉴于当下我国会展项目及其管理依然相对滞后,更多地借鉴欧美市场会展项目的经验就成为会展项目识别和构思的重要方法。

通过学习和借鉴欧美市场的会展项目经验,我们不仅可以了解到国际会展业的最新趋势和发展方向,还能掌握一些先进的会展项目管理技巧和方法。这些经验包括但不限于会展项目的策划、组织、运营和推广等方面,能够为我国会展项目提供宝贵的参考和启示。同时，在借鉴过程中，我们还需要结合本土市场的实际情况，灵活运用所学经验，以确保会展项目的顺利实施和成功开展。

三、会展项目的选择

(一)会展项目选择的定义

会展项目的选择过程涉及深入的分析与比较，目的是挑选出那些投入成本相对较低，同时又能带来较高收益的项目进行深入研究。这一过程对于项目的启动至关重要，因为它涉及为项目启动做好充分的经济准备。在这一阶段，会展项目策划者的主要任务是仔细筛选并淘汰那些成功率较低或者预期效益不高的项目设想。通过这种方式，可以有效地避免资源的浪费，确保有限的资源能够被投入最有可能带来积极回报的项目中。

(二)会展项目选择的原则

1. 符合市场需求

在市场经济环境下，会展项目能否存活并获得发展，关键要看有没有市场需求。所谓市场需求，就是主要的利益相关者是否需要这个会展项目。以展览会为例，检验展览会是否符合市场需求的标准，主要看到场参观的观众是否符合参展商的需求，并且到场参观的观众需要达到参展商所预期的数量和质量。一般而言，在“北上广”举办的专业展会，每1万 m^2 展览面积的专业观众应达到0.5万人以上；在其他城市举办的专业展会，每1万 m^2 展览面积的专业观众应达到0.3万人以上。

2. 符合产业政策

不符合产业政策、不受政府支持的会展项目，也难以立足市场。在中国，产业政策是国家或地方政府制定中长期发展规划时，针对经济社会发展的需要，提出的支持重点产业发展的措施。产业政策一般由产业结构政策、产业组织政策、产业技术政策和产业布局政策组成。例如，中共中央、国务院在2019年2月印发实施的《粤港澳大湾区发展规划纲要》，提出了促进粤港澳大湾区2020—2035年经济社会发展的系列产业政策。主办方如果在大湾区新设会展项目，就应与该规划对接，着眼于服务国家政策所支持的产业。

小贴士

黑龙江省重点发展的产业

在中国共产党黑龙江省第十三次代表大会胜利闭幕之后，黑龙江省明确提出了构建“4567”现代产业体系的战略新路径。这一路径着重强调了将数字经济、生物经济、冰雪经济及创意设计作为推动黑龙江经济发展的四大新兴动力引擎。特别是数字经济领域，它被赋予了全面推动龙江产业发展的重任，旨在通过数字化转型，为各行各业注入新的活力，从而实现产业的升级和经济的持续健康发展。这一战略新路径的提出，不仅体现了黑龙江省对当前经济发展趋势的深刻理解和准确把握，也展示了该省对未来经济发展的坚定信心和明确规划。通过构建“4567”现代产业体系，黑龙江省将能够更好地利用自身资源优势，推动经济结构的优化升级，实现经济的高质量发展。

3. 符合主办方发展战略

主办方设立新的会展项目,不能脱离或违背自身的发展战略。例如,2017 年 6 月在北京举办的首届北京国际家居展览会,由北京居然之家投资控股集团有限公司与中国国际展览中心集团公司等公司联合主办。这些企业之所以联合创办展览,是因为家居主题的展览会符合各自发展战略。居然之家以经营家居专业市场为业,举办展会是其服务客户并营销自己的延伸。中国国际展览中心集团公司经营展览场馆,加之主办展会,引入居然之家办展,可以壮大自身业务。由于新项目切合各方发展战略需要,资源互补,强强联合,这促使首届展览面积达 12 万 m^2,一举跨越特大型展会门槛。

4. 明确项目属性

设立新的会展项目,必须确认项目的性质,尤其要明确:新项目是企业主办、社团主办还是政府主办,是综合性还是行业性,是国际性、全国性、区域性还是地方性,是 B2B(business to business 商家对商家)、B2C(business to customers 商家对顾客),还是 B2C2C(business to channel to customers 商家—渠道—顾客)展览。属性不同的项目,在操作上区别明显。若项目属性模糊或定性不准确,则不应提交立项。

小贴士

B2C2C,即商家至渠道至顾客的模式,其中文名称为:商家—渠道—顾客。该模式为企业构建了网络直销的渠道,其中网店店主作为消费者,从平台采购商品,而终端消费者购买后,由商家直接进行发货。对于网店店主而言,由于无须持有库存,且在商品售出后才需支付款项,因此几乎不存在风险。对于供货商而言,B2C2C 提供了一个无须传统烦琐渠道的网上直销平台。传统 B2C 模式的优势在于商家的公信力和号召力,而 C2C 模式的优势则在于让“白手起家”变得切实可行。然而,B2C 和 C2C 模式共有的缺陷在于商品只能通过图片和客服介绍来感知,消费者无法实际触摸产品,这导致了基于互联网的感知可能与实物存在偏差,进而可能引发退货和投诉。

通过将消费者纳入个人推荐、分享和销售等环节,这种模式构建了一个闭环的流量运营体系。品牌能够与消费者直接互动,并激励消费者成为品牌的代言人和销售推广者。

此外,B2C2C 模式还具备强大的供应链整合能力。它使得商家能够有效管理库存,优化供应链流程,降低成本,提高效率。同时,通过数据分析,商家可以精准掌握消费者需求,进行个性化推荐,提升用户满意度和忠诚度。对于消费者而言,B2C2C 模式提供了更多样化的选择和更便捷的购物体验。他们可以通过渠道商直接获取商品信息,享受更快速的物流服务,并在购物过程中获得更多的互动和社交体验。

5. 符合投入产出预期

新的会展项目若要设立,其成本投入和收益产出需要符合主办方的预期。即便拟设项目符合市场需求和产业政策,但如果测算的投入产出效果不能满足主办方的预期,那么这个项目仍难以获准立项。测算项目的投入产出,主要是测算项目需要投入多少钱,可以赚回多少钱。即使是政府主办、使用财政资金作为成本投入的会展项目,同样需要考虑投入产出比,政府也不能承受超预算的经营亏损。

6. 具备资源配置条件

主办方所需的资源，可分为内外两方面：在内部，主要是资金、人力、自媒体及办公设施等；在外部，主要是关键合作方、客户、会展场馆场地及配套服务机构等。资源的充足与否，直接关系到会展项目的执行能力和效果。例如，资金短缺可能导致项目规模受限、宣传不足或服务质量下降；人力资源匮乏则可能影响项目进展，导致计划延期或执行不力。此外，若缺乏与关键合作方的稳固关系，可能导致项目在供应链、技术支持或市场推广等方面遭遇瓶颈。因此，主办方在筹备会展项目时，必须全面评估自身资源的实际情况，确保项目能够顺利推进。

7. 具备可操作性

会展项目能否实施，既取决于举办项目的客观条件尤其是市场条件是否具备，也取决于主办方的操作能力是否具备，两者缺一不可。在项目符合市场需求、产业政策、投入产出预期和资源配置条件的前提下，主办方的操作能力就成为决定性因素。

主办方的操作能力主要体现在项目策划、组织协调、宣传推广、现场管理及应急处理等多个方面。项目策划能力决定了会展项目的定位、主题和内容是否吸引人；组织协调能力则关乎能否高效整合内外部资源，确保项目各环节的顺畅衔接；宣传推广能力直接影响到项目的知名度和参与度；现场管理能力决定了会展活动的秩序和氛围；而应急处理能力则是在面对突发情况时，主办方能否迅速响应并妥善处理的关键。因此，主办方在筹备会展项目时，必须注重提升自身的操作能力，以确保项目的顺利实施和成功举办。

8. 评估与规避风险

在开展任何新的会展项目时，都不可避免地会遇到各种风险因素，这些风险因素可能会对项目的成功实施产生影响。因此，主办方在进行决策时，必须全面考虑并评估这些潜在的风险。这些风险主要可以分为四个大类：竞争性风险、经营性风险、组织性风险及突发性事件风险。竞争性风险涉及与其他会展活动的竞争，包括市场定位、目标受众的争夺及品牌影响力的竞争等方面。经营性风险关注于项目的财务状况、成本控制、收益预测及投资回报率等经济因素。组织性风险涵盖了项目管理、团队协作、资源分配及时间规划等内部组织管理问题。突发性事件风险包括了不可预见的外部因素，如自然灾害、经济危机等，这些都可能对会展项目的顺利进行造成干扰。主办方需要对这些风险进行细致的分析和评估，制订相应的应对策略，以确保会展项目的顺利实施。

（三）会展项目选择的过程

1. 会展项目构思的产生与选择

会展项目的构思可能源自行业产业平台对产品展示和发布的期待，或是由各级政府或组织的特定需求所驱动，抑或是为了迅速获得产品的市场效益。在会展项目市场日益多样化，特别是会展项目功能和目标的多样性背景下，构思和选择可以通过多种途径和方法来实现。构思和选择过程必须紧密围绕综合效益，并获得权力部门的批准，以便进行深入研究。

可以认为，优秀的会展项目构思源自实际市场需求或上级的特别指示，而最终的选择则融入了项目专业组织的综合评估。以当前流行的婚博会项目为例，该项目不断满足现代年轻人对个性化婚礼的追求。其展示的产品和服务远远超出了传统婚礼用品的范围，涵盖了婚礼策划、摄影、饰品、化妆、场地布置等全方位服务，为到场的准新人们提供了一站式的婚礼解决方案。这种构思不仅视野宽广，而且增强了其综合效益。此外，婚博会项目在选择过程中充分考虑了市场需求和消费者心理。通过市场调研，项目团队了解到现代年轻人对婚礼的期望已经远远超越了简单的仪式，他们更加注重婚礼的个性化和独特性。因此，婚博会项目在构思阶段就明确了以全方位服务为核心，力求为新人提供与众不同的婚礼体验。这种精准的目标定位使得婚博会在众多会展项目中脱颖而出，迅速获得了市场的认可和好评。

2. 会展项目的目标设计及其定义

项目的目标及其定义构成了项目选择过程中的核心要素。为了确保项目的成功，必须深入研究专业市场，识别并提出会展项目的关键目标因素，从而构建一个全面的项目目标体系。这一过程需要通过书面形式明确地确定项目的目标和定义。主要工作内容涉及以下几个关键方面：

进行市场分析和问题研究是至关重要的。通过系统地进行市场调研，可以识别出需求的空白领域，从而确定问题的根源和关键点。这一过程有助于发现会展项目潜在的市场机会，为项目的成功奠定基础。

项目目标的设计是基于上述问题研究的结果。针对识别出的问题，提出一系列目标因素，并构建一个全面的项目目标体系。这个体系包括通过新项目解决一系列实际问题，如填补会展需求的空白、提供产品展示的平台、实现现场体验营销、提升会展企业的业绩，以及传播新的政府管理理念等。

项目定义的制订是项目规划的重要组成部分。它涵盖了项目的组成要素和界限划分，确保项目的每个部分都有明确的职责和范围。此外，项目定义还包括对项目的详细说明，为项目的实施提供清晰的指导。

项目审查是确保项目目标体系合理性和可行性的关键步骤。这一过程包括对项目目标体系的全面评估、目标决策的制订，以及提出项目建议书。项目建议书将为项目的进一步发展和实施提供重要的参考依据。

第二节　会展项目需求建议书及可行性研究

一、会展项目需求建议书

会展项目需求建议书是由项目发起方编制，详细阐述举办会展项目的目标、需求、期望成果及各项要求的正式书面文件。它全面且系统地梳理了会展项目从筹备到结束各个环节的要点，为项目后续的策划、执行、监督及评估提供了清晰的指导框架。通过这份建议书，项目发起方能够与潜在合作方在项目的核心内容上达成共识，明确各方的责任与义务，确保会展项目按照预期顺利推进。

(一)会展项目需求建议书的目的

会展项目需求建议书的主要目的不仅在于明确项目的具体目标和需求,还在于确保项目的成功实施和最终效益。首先,通过详细阐述会展项目的概念、背景和意义,它能够引导项目关系人(包括项目发起方、执行方、赞助方及参与者等)对项目的全面理解和支持。其次,需求建议书作为项目筹备阶段的重要文件,能够确保各方在项目核心内容上达成共识,为后续的合作奠定坚实的基础。通过明确项目的期望成果和各项要求,需求建议书还能有效指导项目的策划、执行、监督及评估工作,确保项目按照预定的目标和时间表顺利推进,最终实现项目的经济效益和社会效益。

(二)会展项目需求建议书的内容

会展项目需求建议书的内容通常涵盖以下几个方面:第一,项目概述部分简要介绍会展项目的基本情况,包括项目名称、背景、目标、时间表和预期成果等,为读者提供项目的整体概览;第二,市场分析部分深入分析目标市场的现状、趋势、竞争态势及潜在需求,为项目的定位和策划提供依据;第三,项目策划部分详细阐述会展项目的主题、形式、规模、日程安排、宣传推广计划等,确保项目的创意和实施具有吸引力和可行性;第四,财务预算部分列出项目的各项开支预算,包括场地租赁、设备购置、人员费用、宣传推广等,为项目的成本控制和资金管理提供参考;第五,风险评估部分识别项目可能面临的风险和挑战,并提出相应的应对措施,确保项目的稳健实施。这些内容共同构成了会展项目需求建议书的核心,为项目的成功实施提供有力支持。

二、会展项目可行性研究

(一)项目可行性和会展项目可行性研究概念

项目可行性分析是一个全面而深入的过程,它涉及对项目核心要素及其相关条件的详尽研究。这个过程包括但不限于市场需求数量的调查、资源可用性的评估、项目规模的确定、技术流程的规划、设备选择的决策、环境效应的考量、资金筹集的策略及盈利潜力的分析。该分析从技术、经济、工程等多个角度出发,进行详尽的调查、评估和对比。此外,它还预测项目完成后可能产生的财务收益、经济效益和社会环境影响,最终提供是否投资该项目的建议及建设方案。项目可行性分析的目的是为项目决策提供全面的参考依据,帮助决策者理解项目的潜在价值和风险,从而做出明智的投资决策。

会展项目可行性研究是指在会展项目投资决策前,通过对经济、社会、技术等条件的综合分析研究,形成多种可能的操作方案,并对这些方案进行比较论证,借此说明各个方案的优势和劣势,最后确定会展项目方案的科学分析方法。会展项目可行性研究,解决会展项目是否需要发展,如何发展的问题,为投资方提供决策依据。可见,可行性研究是会展项目前期工作最重要的内容。它不仅涉及对市场趋势的预测和分析,还包括对潜在风险的评估,以及对项目实施的资源需求和成本效益的详细考量。通过这样的研究,可以确保会展项目在启动之前,已经充分考虑了所有可能影响项目成功的因素,从而提高项目的成功率,降低不必要的投资风险。

(二)会展项目可行性研究的作用

会展项目可行性研究不仅为投资决策提供了科学依据,同时也是会展项目设计的基石。在项目进入实质性设计阶段之前,可行性研究中所揭示的市场需求、技术可行性、资源条件及潜在风险等信息,都是项目设计团队必须充分考虑的因素。通过可行性研究,设计团队可以更加精准地定位项目的目标受众、规模、功能布局及展示内容,确保项目设计既符合市场需求,又具备可操作性和经济性。此外,可行性研究中对项目实施过程中可能出现的风险和挑战的预测,也可以引导设计团队提前制订应对策略,增强项目的抗风险能力。因此,会展项目可行性研究在指导项目设计方面发挥着不可替代的作用。

(三)会展项目可行性研究的内容

完整的会展项目可行性研究,其内容主要包括会展项目的背景分析、会展项目的市场调查与分析、项目建设条件及其发展分析、项目风险识别评估与管理以及会展项目发展建议五大部分。

1. 会展项目的背景分析

会展项目的背景分析重点包括三大部分内容,一是会展项目可行性研究的范围,包括项目大小、类别、地域等;二是会展项目的立项意义和必要性;三是宏观环境的背景分析,包括区域经济环境、政治安全环境及政府和社会对会展的关注程度。

宏观环境的背景分析中,经济环境分析的重点是经济结构、经济水平、经济体制、经济政策等的分析,特别是会展项目举办地的产业结构分析,经济规模与经济发展速度等。政治安全环境分析的重点是根据政治安全环境对会展项目影响的直接性、不可预测性和不可抗拒性,研究近期世界性和局部密切相关的重大政治安全事件及其对即将举办的会展项目的不利或有利的影响。政府和社会对会展项目的关注程度分析的重点是分析公益性会展项目的社会反响、公益性项目涉及的社会领域及未来潜在公益性会展的发展方向等,以公益性会展带动会展项目的市场化。

2. 会展项目的市场调查与分析

会展项目的市场调查与分析包括市场环境、竞争环境、举办地的条件分析、自身因素的分析等。

其中市场环境分析包括市场化规模的调研分析、市场前景的预判、市场进入壁垒等。竞争环境分析主要包括同类竞争、别类竞争分析,现实竞争、隐性竞争分析等。举办地的条件分析即地域会展条件分析,主要是其经济水平和产业体系分析、基础设施和社会服务系统分析、会展中心的规模和服务水平分析等。自身因素的分析主要是项目管理团队、项目财务约束条件、既往自办的同类项目情况经验分析等。

3. 项目建设条件及其发展分析

项目建设条件及其发展分析包括资源分析、财务分析、项目进度安排分析、经济效益及社会效益分析等。

资源包括预期参展商确定的展览地点及规模,战略合作伙伴,项目组织,团队成员,平面、网络等媒体营销渠道等。财务分析包括预算估计、预期利润及收益、资金筹措计划、投资使用计划等。项目实施进度包括项目实施的各阶段的进度表和阶段费用分配等。

4. 项目风险识别评估与管理

会展项目作为一种临时性活动，需要在可行性研究中尽可能多地考虑其风险问题，以保证其实施安全，获得应有的经济效益。

风险识别首先是风险来源分析，包括项目自身来源，例如技术风险，战略风险、意外风险，例如事故、火灾、蓄意破坏等；政治风险，对项目不利的政治因素等；项目结果风险，包括工期超时，项目质量不达标、费用超支等。各风险均要一一考虑，深入分析，科学识别。香港研究人员通过对引起工期延长和费用增加原因的研究，发现了从"不充分的、错误的设计信息"，到"各分包商之间缺乏良好的协调"等一系列根本的问题。

其次是采取科学的风险识别技术，包括历史信息研究技术、检查点列表、事后审查技术、项目模拟、头脑风暴等。

风险评估工作包括分析可能存在的风险的特点，风险发生的可能性，风险造成的后果，以及识别与降低风险的方法、成本和后果等。

相比将风险留在项目实施阶段处理，在筹划阶段处理风险的成本更低。风险管理中应先处理严重风险、通过计划降低较小的风险、严格监控小风险、预估外部风险。

5. 会展项目发展建议

会展项目发展建议是针对会展项目发展的几种方案，根据对这些方案的优势和劣势的分析比较，对项目发展提出最优方案，并对项目发展提出合理的对策与措施。

会展项目的发展方案可能包括扩大展览规模、提升服务质量、引入先进技术等。每种方案都有其独特的优势。例如，扩大展览规模可以吸引更多的参展商和观众，提升项目的知名度和影响力；提升服务质量可以增强参展商和观众的满意度，促进项目的长期发展；引入先进技术可以提高项目的效率和竞争力。

然而，这些方案也存在各自的劣势。扩大展览规模可能需要更多的资金和资源投入，同时管理难度也会增加；提升服务质量需要培训更多的专业人员，提高人力成本；引入先进技术可能面临技术更新迅速、投资回报不确定等风险。

在综合比较各种方案的优势和劣势后，我们可以提出最优方案。这个方案应该结合项目的实际情况和发展目标，充分考虑资金、资源、技术和管理等方面的因素。同时，我们还需要针对项目发展中可能出现的问题和挑战，提出合理的对策与措施。这些对策与措施应该具有针对性和可操作性，能够有效地解决项目发展中遇到的问题，确保项目的顺利进行和长期发展。

（四）会展项目可行性研究的步骤

1. 研究的起始阶段

明确研究范围，涵盖会展项目的规模、类型、地区等；对会展项目的宏观背景进行分析；弄清楚主办方的需求和目标。

接下来，需要组建一个专业的研究团队，团队成员应具备丰富的会展行业经验和专业知识，以确保研究的准确性和可靠性。团队成立后，要明确各成员的职责和任务，确保研究工作的有序进行。在研究起始阶段，还需制订详细的研究计划，包括研究的时间安排、阶段性目标、所需资源等，为后续的研究工作提供清晰的指导。

2. 调研阶段

主要涵盖市场环境、竞争环境、会展地点条件以及自身条件的分析等。

市场环境分析需要研究目标市场的现状、发展趋势及潜在的市场需求。竞争环境分析则是对同行业的竞争态势、竞争对手的优势和劣势进行深入研究，以便为会展项目定位提供参考。会展地点条件分析包括地理位置、交通状况、基础设施、场地面积和可容纳人数等因素的考量，确保会展地点能够满足项目的需求。自身条件分析则是评估主办方自身的资源、能力和经验，以便合理规划和配置资源，确保项目的顺利实施。

3. 方案筛选阶段

基于项目关键要素，对会展项目的市场、资源、成本和效益等方面进行整合，构思多个可选方案，随后对这些方案进行深入讨论和比较，结合定性和定量分析，最终推荐一至两个方案，并详细列出每个方案的优势和劣势，供决策者挑选。这相当于机会分析和初步可行性分析阶段。通常采用的方法是会展项目的 SWOT 分析。

小贴士

SWOT 分析

SWOT 分析法是一种非常实用的工具，它通过将研究对象的内部条件和外部环境进行综合评估，帮助我们识别出研究对象的“优势”(Strengths)、“劣势”(Weaknesses)、“机会”(Opportunities)和“威胁”(Threats)。这种方法要求我们深入研究对象所处的内外部竞争环境和条件，从而进行态势分析。通过详尽的调查和研究，SWOT 分析法能够列出与研究对象紧密相关的所有主要内部优势和劣势，以及外部的机会和威胁，并将这些因素以矩阵形式进行组织，以便于更直观地进行分析。

在 SWOT 分析法中，通过系统分析的方法，将这些优势、劣势、机会和威胁相互结合进行深入分析，以得出一系列具有决策意义的结论。这些结论能够帮助决策者全面、系统和精确地评估研究对象的当前状况，从而基于评估结果制订出相应的发展战略、规划和应对措施。依据企业竞争战略的全面定义，战略应是企业“能够做的”(即组织的优势和劣势)与“可能做的”(即环境中的机会和威胁)之间的有效结合。通过这种方式，企业能够更好地定位自身，识别出潜在的机遇，并制订出有效的策略来应对可能的威胁，最终实现可持续发展。

4. 深入研究阶段

此阶段为可行性研究的关键环节。必须对最佳方案展开深入的分析与研究，明确项目的具体范围，并对项目的经济和财务状况进行评估。深入分析目标市场定位在此阶段至关重要。在定位时，应考虑会展种类、产业规范、地理划分、行为细分等要素，并进行风险评估，阐述不确定因素变化对会展项目经济效益的影响。此阶段的成果必须证明项目在技术上的可行性、条件上的可达性、进度上的可保障性、资金上的可筹措性及风险的可化解性，这等同于详尽的可行性分析阶段。

5. 撰写可行性研究报告阶段

国家对特定项目的可行性研究报告编制有明确的规定，例如工业项目、技术改造项目、技术引进与设备进口项目、利用外资项目、新技术产品开发项目等，因此这些项目的可行性研究报告应遵循国家的一般规定进行编制。

至于会展项目的可行性研究报告，国家目前尚无统一规定，因此会展项目的可行性研究报告应参考其他类型项目可行性研究报告的结构和格式，并结合自身特点进行撰写。

6. 资金筹集计划阶段

虽然在项目方案的优选过程中已经对会展项目的资金筹集进行了研究，但随着项目实施情况的变动，资金使用情况也可能发生变化，因此需要制订相应的资金筹集计划。同时，优选方案的资金计划应更加详尽和实际可行。

资金筹集计划应涵盖会展项目的全部资金需求，包括启动资金、运营成本、宣传费用等，并明确每一笔资金的来源，如自有资金、银行贷款、合作伙伴投资等。此外，资金筹集计划还应考虑到项目的风险管理和应急资金安排，以确保项目在面临突发情况时能够有足够的资金支持。在制订资金筹集计划时，应充分考虑项目的经济效益和回报周期，确保资金的有效利用和回报。

第三节　会展项目的报批与审批

经过可行性研究的会展项目，还需向政府主管部门提交立项申请，经备案或审批方能真正启动。通常来说，大型的、具有创新性或需要大量资源投入的会展项目往往需要立项申请。

立项申请的内容通常包括项目的名称、目标、规模、预期效益、实施方案及资金筹集计划等。政府主管部门在收到立项申请后，会依据相关政策法规、城市发展规划及会展业发展导向等因素，对申请进行审查。审查过程中，主管部门可能会要求项目方提供补充材料或进行现场调研，以确保项目的可行性和合规性。经过审查，若项目符合相关要求，政府主管部门将予以备案或审批，项目方可正式启动会展项目的筹备工作。

一、会展项目报批

（一）确立目标与内容

在会展项目报批流程启动前，首要任务是清晰地确立会展的目标与内容，这一步骤至关重要，犹如为建筑绘制蓝图。明确会展目的，无论是为了推广新产品、拓展市场、促进学术交流，还是加强行业合作，都将直接影响后续的决策方向。例如，以推广新能源汽车为主题的会展，其展品选择、活动安排和宣传策略都将围绕新能源汽车的技术特点和市场优势展开。

主题的确定为会展赋予了独特的灵魂，它是贯穿整个活动的核心线索。以“绿色科技，引领未来”为主题的环保科技会展，将聚焦于环保创新技术和可持续发展理念，吸引相关领域的企业和专业人士参与。

选择合适的时间和地点同样重要。时间的确定需考虑行业的季节性、市场需求，以及避免与其他重要活动冲突。例如，服装行业的展会通常在季节交替前举办，以便展示下一季的新款服装。地点的选择则需综合考虑交通便利性、场地设施、周边配套等因素。如德国汉诺威工业博览会之所以选择在汉诺威举办，是因为其具备先进的展览场馆和便捷的交通网络，能吸引全球的参展商和观众。

规模的设定也至关重要，它关系到参展商数量、预计观众人数、展览面积等多个方面。合理的规模规划既能确保会展的影响力，又能保障活动的顺利进行。规模过大可能导致资源浪费和管理混乱；规模过小则可能无法达到预期效果。

（二）制订筹备方案

筹备方案是会展项目的详细规划图，包括从场地规划到人员安排的各个方面。场地规划需根据会展类型和规模合理划分展览区、展示区、洽谈区、休息区等功能区域。以大型工业设备展览为例，展览区需有足够的空间展示大型设备，展示区需设计精美的展示台突出产品特点；洽谈区需营造舒适私密环境便于商务洽谈；休息区则需提供充足的休息设施和餐饮服务，便利观众和参展人员。

活动流程设计是筹备方案的核心，需合理安排开幕式、主题演讲、展览展示、互动体验、闭幕式等环节，确保活动节奏紧凑、内容丰富。例如，在科技会展中，开幕式可邀请行业专家和企业代表致辞，营造热烈氛围；主题演讲环节可邀请权威人士分享最新科技趋势，吸引观众关注；展览展示环节让参展商展示产品和技术，设置互动体验区让观众体验科技魅力；闭幕式则对活动进行总结和回顾，表彰优秀参展商和合作伙伴。

人员安排是筹备方案的重要部分，需明确各岗位职责和分工，确保每个环节都有专人负责。人员包括项目经理、策划人员、招商人员、现场管理人员、安保人员、志愿者等。项目经理负责项目策划、组织和协调；策划人员设计活动方案和宣传策略；招商人员拓展参展商资源，吸引优质企业；现场管理人员维护活动现场秩序和服务保障；安保人员确保活动安全有序；志愿者协助工作人员提供服务，帮助观众。

（三）提交申请材料

在明确目标与内容、制订筹备方案后，接下来需准备提交申请材料，这些材料是开启会展项目报批大门的必备“敲门砖”。常见的申请材料包括营业执照，证明主办方具备合法经营资格。场地租赁协议明确会展活动的举办场地和租赁期限，确保场地合法可用。例如，在上海举办国际商业展会时，主办方需与展览场馆签订详细场地租赁协议，明确使用时间、租金、场地设施使用等条款。

安全保障方案至关重要，关系到参展人员的生命财产安全和活动顺利进行。安全保障方案需包括消防安全措施，如配备足够消防器材、设置消防通道、进行消防安全培训等；治安保障措施，如安排安保人员、设置监控设备、制订应急预案等。在大型会展活动中，还会与当地公安机关和消防部门合作，共同确保安全。

此外，可能还需提交活动策划书、宣传推广方案、参展商名单等其他相关材料。活动策划书需详细阐述会展的目标、内容、流程、组织架构等信息；宣传推广方案需说明如何进行活动宣传和推广，吸引更多参展商和观众；参展商名单展示会展项目的吸引力和影响力，让审批部门了解活动规模和质量。这些申请材料需真实、准确、完整，确保顺利通过审批。

二、会展项目审批

（一）部门职责

会展项目的审批过程犹如一场精心编排的交响乐，各个审批部门扮演着不同乐器的角色，共同确保项目的顺利进行。商务部门主要负责经济技术类会展项目的审批。依据法规，商务部对境内涉外经济技术展览会进行审批，严格审视展会规模、参展商资质及经济影响力等，以促进贸易合作和经济交流。

文化部门主要负责文化艺术展览和文化交流活动的审批。以国际艺术展览为例，文化部门从文化价值、艺术水准和文化交流意义等多方面进行评估，确保展览能够推动文化传承与创新，促进不同文化间的交流融合，使文化类会展项目成为传播文化、弘扬艺术的重要平台。

公安部门主要负责会展项目的安全审批，包括治安和消防等方面的评估。他们检查安全设施、疏散通道和消防设备，制订安保方案，安排警力维持秩序，以保障展会期间的安全。在大型展会中，公安部门会提前制订详细的安全措施。

消防部门专注于会展场地的消防安全审核，细致检查消防设施、通道和电气线路，确保无安全隐患。只有通过消防部门的严格审核，展会才能获得举办的安全条件。例如，在大型商业展会前，消防部门会对场馆的消防设施进行全面检查，确保符合安全标准。

（二）审批流程

会展项目的审批流程是一系列严谨细致的步骤，如同一场严格的考试，只有通过层层考验，才能获得最终的“通行证”。审批部门受理申请后，首先进行初步审核，核对申请材料的完整性和准确性。若发现材料有缺失或错误，会及时通知申请方进行补充或更正。

初步审核通过后，审批部门会进行现场考察，评估展会场地的实际情况。考察人员会检查场地布局、设施设备的完善程度，以及安全设施是否符合要求，确保场地能满足展会需求。

根据初步审核和现场考察的结果，审批部门做出最终审批决定。如果申请符合所有条件，会展项目将获得批准并颁发相关文件；若不符合要求，审批部门会说明原因，并要求申请方整改后重新提交。

（三）审批时间与结果

审批时间受项目类型、规模和审批部门工作效率等因素影响。一般情况下，普通会展项目审批可能需数天至数周；大型或涉外项目审批时间更长，如境内涉外经济技术展览会，非首次申请在20个工作日内办结，首次申请冠名“中国”或外国机构参与的展会项目在45个工作日内办结。贵阳贵安的“会展一次办”业务将审批时限缩短至3个工作日，实现了高效审批。

审批结果出来后，审批部门会通过书面通知单、电话或电子邮件等方式告知申请方。若申请获批，申请方需遵守审批要求，确保会展顺利举办；若未通过，申请方应分析原因，积极整改，并在条件满足后重新提交申请。例如，某企业因安全保障方案不完善，科技展会审批未通过。企业收到通知后，对方案进行了全面修改和完善，增加了应急预案和安全培训计划，最终通过了审批。

成功案例剖析：借鉴经验

以中国国际进口博览会(简称进博会)为例，这一盛会在报批与审批过程中展现出了诸多值得借鉴的经验。在筹备进博会时，主办方对会展目标有着清晰且明确的定位，旨在坚定支持贸易自由化和经济全球化、主动向世界开放市场。围绕这一目标，在内容策划上精心布局，汇聚了全球众多优质企业和前沿产品，涵盖了多个重要领域。

在报批环节，主办方提前组建了专业且高效的筹备团队，团队成员分工明确，包括负责与审批部门沟通协调的专员、精通各类审批政策法规的专家及熟悉会展筹备细节的工作人员。他们对审批所需的各项材料进行了细致入微的准备，确保每一份材料都真实、准确、完整。在编制筹备方案时，充分考虑了场地规划、活动流程、人员安排等各个方面。例如，在场地规划上，根据不同的展品类别和展示需求，合理划分了多个展区，每个展区都配备了完善的基础设施和服务设施；活动流程设计得紧凑而富有吸引力，不仅安排了精彩的开幕式和高端的论坛活动，还设置了丰富多样的互动体验环节，让参展商和观众都能充分参与其中；人员安排上，从现场管理人员到志愿者，都经过了严格的选拔和培训，确保能够为展会提供优质的服务。

在与审批部门的沟通协作方面，进博会的主办方始终保持着积极主动的态度。他们定期与商务、公安、消防等多个审批部门进行沟通，及时了解审批进展和要求，对于审批部门提出的意见和建议，能够迅速做出回应并加以整改。正是由于这些充分的准备和积极的沟通，进博会在报批与审批过程中进展顺利，为展会的成功举办奠定了坚实的基础。

失败案例警示：吸取教训

曾经有一个小型的动漫展会，由于主办方对审批流程的忽视和准备不足，导致展会延期举办，给参展商和观众都带来了极大的不便，也对主办方的声誉造成了严重的损害。该动漫展会的主办方在筹备过程中，没有充分认识到报批与审批环节的重要性，对审批所需的材料准备不充分，提交的申请材料中存在诸多错误和遗漏。例如，安全保障方案过于简单，没有详细说明应对突发安全事件的具体措施；场地租赁协议也存在一些条款不清晰的问题。

在审批部门要求补充材料和整改时，主办方又未能及时有效地回应，导致审批进度一再拖延。最终，距离原定的展会举办时间仅剩几天时，主办方才收到审批未通过的通知，不得不宣布展会延期。这一事件不仅让参展商前期投入的时间和精力付诸东流，还需要重新调整行程和安排，造成了经济上的损失；对于观众来说，也打乱了他们的观展计划，降低了对主办方的信任度。

为了避免类似的情况发生，会展项目的主办方在筹备过程中，一定要高度重视报批与审批环节。提前了解审批流程和要求，组建专业的团队负责审批相关事宜，认真准备申请材料，确保材料的质量和完整性。在与审批部门沟通时，要保持积极的态度，及时回应审批部门的意见和建议，按照要求进行整改。只有这样，才能确保会展项目能够顺利通过审批，按时举办。

第四节　会展项目的启动

项目启动(initiation)是正式授权开始一个新项目或一个已存在项目可以进入下一阶段的过程。这个过程通常涉及一系列的步骤和活动，旨在确保项目能够顺利地从概念阶段过渡到实际执行阶段。在会展行业中，项目启动尤为重要，因为它标志着会展项目获得必要的批复，正式进入运作的最初过程(阶段)。在这个阶段，会展项目团队需要集中精力明确会展项目内外部环境和会展项目目标，这是该阶段性的主要工作内容。从广义上讲，会展项目启动不仅包括整个项目的开始阶段，也涵盖了各阶段的开始环节。换句话说，各阶段性的启动，包括进入项目的最初启动，都可以被视作广义的项目启动。

项目启动过程在不同的阶段有着不同的目标和任务，主要包括以下四项：

1. 定义项目内外部环境、项目目的和目标

在项目启动阶段，首先需要进行的是对项目内外部环境的深入分析，明确项目的目的和目标。这一过程的目的是确保所有项目参与者对项目有一个清晰和一致的理解，从而形成团队的共识。这种共识对于确保项目能够沿着正确的方向发展至关重要。

2. 定义项目的工作范围、项目组织及其边界

在明确项目目的和目标之后，接下来需要定义项目的工作范围，包括项目的具体任务和活动。同时，还需要建立项目组织结构，明确各个团队成员的职责和边界。这有助于项目组织形成对项目的高度集体认同，增强团队成员的责任意识和合作意识，为项目的顺利进行打下坚实的基础。

3. 采取合适的操作方式、建立良好的沟通渠道

为了达成项目团队高效协同工作的效果，项目启动阶段还需要采取合适的操作方式，并建立良好的沟通渠道。良好的沟通机制能够确保信息的及时传递和反馈，有助于解决项目过程中可能出现的问题，提高团队协作的效率。

4. 更新项目目标认识和理解

项目启动阶段的最后一个重要任务是更新项目目标的认识和理解。这包括对实现项目目标的途径和方法进行深入探讨和规划。通过这种方式，项目团队能够确保对项目目标有清晰的认识，并且能够采取正确的策略和方法来实现这些目标。

第四章　会展项目计划管理

在本章节中，我们将深入探讨会展项目计划的核心概念，详细阐述其内涵、编制内容及整个编制过程的步骤。此外，本章的重点在于会展项目范围计划管理和进度计划管理，我们将对这些领域的相关理论进行细致的讲解，并介绍各种实用的方法和技巧，以帮助读者更好地理解和掌握会展项目管理的关键环节。

案例引入：

某展览会日程安排表

日期	时间	工作安排	地点	备注
5月12日（星期一）	08:30—17:30	展台搭建、展品运输	××会议中心1、2、3号馆	—
5月12日（星期一）	08:30—17:30	参展商报到、领取胸卡和有关资料等	××会议中心展览区展商报到处	凭《参展确认函》等参展文件报到
5月13日（星期二）	08:30—17:30	展台搭建、展品运输	××会议中心1、2、3号馆	—
	08:30—17:30	参展商报到，领取胸卡和有关资料等	××会议中心展览区展商报到处	凭《参展确认函》等参展文件报到
	17:30—21:00	全场加班（免费）	××会议中心1、2、3号馆	超过21:00需办理加班付费手续
5月14日（星期三）	08:30	参展商及工作人员等入馆	××会议中心1、2、3号馆	凭工作胸卡入馆
	09:30—10:00	开幕典礼	××会议中心E1入口前广场	凭工作胸卡或开幕式入场券出席
	10:00—16:30	专业观众入馆参观	××会议中心1、2、3号馆	—
	14:00—16:00	技术交流会	国家会议中心E231会议室	凭入场券出席
	17:00	闭馆	××会议中心1、2、3号馆	—

续表

日期	时间	工作安排	地点	备注
5月15日（星期四）	08:30	参展商及工作人员等入馆	××会议中心1、2、3号馆	凭工作胸卡入馆
	09:00—16:30	专业观众及普通观众入馆参观	××会议中心1、2、3号馆	中午不闭馆，16:00观众停止入馆
	17:00	闭馆	××会议中心1、2、3号馆	—
5月16日（星期五）	08:30	参展商及工作人员等入馆	××会议中心1、2、3号馆	凭工作胸卡入馆
	09:00—14:00	专业观众及普通观众入馆参观	××会议中心1、2、3号馆	中午不闭馆，14:00观众停止入馆
	14:00—19:00	撤馆	××会议中心1、2、3号馆	当日必须撤完

案例分析：

在会展项目计划管理的过程中，日程安排表起着至关重要的作用。它不仅是活动的时间规划或时间表，更是会展项目管理者在组织和执行过程中不可或缺的工具。在本案例中，日程表详细地涵盖了日期、时刻、地点等核心元素，并通过“工作安排”部分进一步明确具体的工作事项。会展项目的工作流程对时间点的要求极为严格，因此在“备注”栏中，对工作细节进行了详尽的说明。例如，它会明确指出：“参与者需携带《参展确认函》等文件报到”“如果工作时间超过晚上9点，则必须办理加班付费”“只有持有工作胸卡或开幕式入场券的人员方可入场”“进入场馆时必须出示工作胸卡”“中午不休息，下午2点停止接待观众”“活动当天必须完成撤展工作”等。这些明确的规范提示有助于相关利益方提前做好准备，确保各项工作能够顺利进行，防止因疏忽或误解而影响工作进度。因此，日程安排表必须内容详尽且表述精确，以确保会展项目的成功执行。

第一节　会展项目计划概述

一、会展项目计划内涵

会展活动构成了一个庞大而复杂的系统，据会展领域的专家统计，一场展览会由超过3600个不同的事件组成。无论是规模较小的会展活动还是规模宏大的世界博览会，尽管它们在人力、物力和财力投入上有所差异，但都需要考虑众多细节问题。为了确保活动能够按计划顺利进行，必须在活动启动前制订出详尽的执行计划。这个计划将指导和规范团队的工作流程，并通过检查和监督各部门及个人的工作，确保会展活动能够按预定时间成功完成，实现既定的项目目标。

会展项目计划为会展活动的未来发展描绘了既定的路径。它是基于项目策划阶段选定的主题，明确会展项目的目标，并为实现这些目标而制订的进度和预算计划。会展项目本身是一个系统工程，会展项目目标和会展项目计划工作具有层次性。会展项目计划位于项目批准之后、实施之前，并经历一个逐步细化的过程。作为项目管理的一个重要组成部分，会展项目计划贯穿于会展项目的整个生命周期。

计划作为一种管理手段，其本质在于提供一个清晰的行动框架，它在执行过程中是灵活的，可以根据实际情况进行必要的调整和修改。特别是在会展项目管理中，一个详尽的计划能够帮助项目团队高效地推进工作，确保项目目标的顺利实现。会展项目计划需要详细回答以下关键问题。

何事(what)：明确会展项目的核心目标。项目经理和项目小组成员在项目开展的整个过程中，必须对项目要实现的具体目标有清晰的认识。这包括了项目经理和项目团队需要完成的各项工作任务，确保每个成员都明白自己的职责所在。

如何(how)：在明确项目目标之后，接下来需要解决的问题是如何达成这些目标。为了有效地解决这一问题，可以借助工作分解结构(work breakdown structure，WBS)，它是一个详细列出项目必须完成的各项工作的清单。通过 WBS，项目团队可以将复杂的项目任务分解为更小、更易管理的部分，从而更清晰地规划每一步骤。

何人(who)：在项目计划中，需要明确每项工作的具体负责人。这有助于确保责任到人，每个团队成员都清楚自己需要完成的工作内容，以及对结果负责。通过明确责任分配，可以提高团队的工作效率和项目执行的透明度。

何时(when)：项目计划还需要确定各项工作的时间安排，包括每项任务的开始时间和结束时间。这有助于项目团队合理安排工作进度，确保项目按时完成。同时，计划中还应明确每项工作所需的资源，包括人力、物资等，以便及时调配，避免因资源不足而影响项目进度。

多少(how much)：在会展项目中，经费预算是一个不可忽视的方面。通过确定 WBS 中每项工作所需的经费预算，项目团队可以更好地控制成本，确保项目的经济效益。这要求项目经理和财务团队密切合作，对预算进行精确的计算和合理的分配。

何地(where)：最后，项目计划还应明确各项工作将在何处进行。这不仅包括物理位置的确定，还可能涉及虚拟空间的安排，如线上会议、远程协作等。明确工作地点有助于项目团队高效地组织资源，确保各项工作能够顺利进行。

会展项目规划按照时间跨度的不同，可以划分为战略规划、战术规划和作业规划。

战略规划通常涵盖 5 年或更久的时间范围，例如 2008 年北京奥运会规划和 2010 年上海世界博览会规划均属于此类。这些战略规划旨在以长远的眼光考虑会展项目的发展，包括确定项目的长远目标、制订实施策略、预测市场趋势以及资源分配等。它们为会展项目的长期发展提供了方向和指导，确保项目能够在不断变化的市场环境中保持竞争力。

战术规划的时间跨度一般在 1～5 年，涉及一些需要较长时间筹备的组织或会议，例如周期较长的会议。在展览行业中，通常认为至少 18 个月的准备期能带来最佳效果。这些战术规划详细规划了会展项目的中期目标和关键步骤，确保项目团队在战略规划的框架下，能够有序地推进各项任务。它们为会展项目的实施提供了具体的路径和时间表，帮助项目团队合理分配资源，优化工作流程，以应对市场的短期波动和竞争压力。

对于会展项目的作业规划，通常情况下，时间跨度会被设定在 6 个月到 1 年。这一时间跨度适用于大多数的会展活动，涵盖了各种类型的会议和展览。例如，不同行业协会的年度大会、企业的年度会议，以及规模较大的展览项目规划，往往都遵循这一时间限制。在这些会展项目中，我们可以看到一些具有代表性的大型活动，比如博鳌亚洲论坛的年度大会，以及在上海举办的国际汽车展览会。这些活动虽然规模庞大、内容丰富，但它们的规划时间都不会超过一年，以确保活动的高效组织和顺利进行。

二、会展项目计划的编制内容

编制会展项目计划时，应涵盖范围计划、进度计划、团队管理计划、资源调配计划、进度汇报计划、成本计划、质量计划、变更控制计划、文件控制计划、风险应对计划和支持计划等多个方面。其中，范围计划、资源调配计划和进度汇报计划是核心要素，本模块将重点讨论这些内容。

范围计划在会展项目计划中扮演着至关重要的角色。它不仅定义了项目必须完成的所有工作和活动的界限，而且在明确项目限制和假设的基础上，进一步细化了项目目标和主要交付成果。范围计划有助于撰写出详尽的项目说明书。项目说明书详细阐述了实施项目的理由，并构建了项目的基本框架。它为项目所有者或管理者提供了一个系统化、逻辑化的分析工具，帮助他们分析项目的关键问题和相互作用的要素。通过项目说明书，项目相关利益人在项目实施前或相关文件编写前，能够对项目的基本内容和结构达成一致意见，并形成项目成果核对清单。此外，项目说明书作为项目评估工具，在项目结束或最终报告完成前使用，可以作为评价项目成败的依据。它还可以作为项目整个生命周期中监督和评价项目实施情况的背景文件，为相关项目计划提供坚实的基础。项目说明书的内容通常包括项目背景、目标、范围、关键里程碑、预期成果、风险评估、资源需求以及项目利益相关者等关键信息。这些信息不仅为项目团队提供了明确的方向和指引，也为项目外部利益相关者提供了对项目整体情况的深入了解。在项目实施过程中，项目说明书可以作为项目团队与利益相关者之间沟通的桥梁，确保各方对项目目标和期望有共同的理解。

进度计划是在确保合同工期和主要里程碑的前提下，根据工程量和工期要求，对各项工作的起止时间及其相互衔接协调关系进行规划，并对完成工作所需的劳动力、材料、设备供应及营销资金进行具体安排，旨在合理利用资源、降低费用和减少施工干扰。进度计划是项目控制和管理的主要依据，以时间安排为主导，资源分配为辅助。进度计划的实质是将各项工作的时间估计值反映在逻辑关系图上，并通过调整，确保整个项目在工期和预算范围内尽可能高效地完成。同时，它也是编制物资和技术资源供应计划的基础。若进度计划不合理，可能导致人力和物力使用不均衡，影响经济效益。

团队管理计划详细地阐述了会展项目团队成员各自应承担的工作任务及他们之间的相互关系，同时，该计划还制订了团队成员工作绩效的评估标准和激励机制，以确保每个成员都能在项目中发挥最大的潜力并保持高效的工作状态。

资源调配计划明确了会展项目实施过程中所需的各种机器设备、原材料的供应和采购安排。资源包括自然资源和人造资源、内部资源和外部资源、有形资源和无形资源，如人力、材料、机械、资金、信息科学技术、市场等。资源调配计划包括确定在每个项目任务执行过程中将使用哪些资源（人、设备、材料）以及使用多少资源，因此它与费用预算密切相关。

进度汇报计划是会展项目管理中不可或缺的一部分，它主要涵盖了两个核心内容：进度安排和状态汇报计划。进度安排部分详细地展示了会展项目中各项工作的执行顺序，明确了每项工作的开始时间和预计结束时间，同时指出了这些工作之间的相互依赖关系，确保项目能够按照既定的流程顺利推进。而状态汇报计划则规定了会展项目当前进展的描述方式，包括状态汇报的内容、形式以及汇报的具体时间点，这样可以确保项目团队和利益相关者能够及时了解项目的最新动态，从而做出相应的决策和调整。

成本计划是会展项目成功的关键因素之一，它详细确定了完成整个会展项目所需的总成本和各项费用。通过将成本计划与进度安排相结合，可以构建出项目费用基准，这个基准清晰地描述了成本与时间之间的关系。费用基准不仅作为衡量和监控项目执行过程中费用支出的主要依据和标准，而且有助于项目团队在保证项目质量的前提下，以最低的成本实现项目目标，从而达到经济效益的最大化。

质量计划是根据客户的需求和期望而制订的，它明确了会展项目需要达到的质量标准和目标。为了实现这些质量目标，质量计划还详细阐述了实施和管理过程，包括质量控制、质量保证和质量改进的具体措施。通过这样的计划，项目团队可以确保会展项目在满足客户需求的同时，也能够达到预定的质量要求。

变更控制计划是针对会展项目在执行过程中可能出现的偏差而制订的。它规定了处理项目变更的步骤和程序，确保任何变更请求都经过严格的审查和批准流程。此外，变更控制计划还确定了实施变更的具体准则，包括变更的评估、批准、实施和记录等环节，以确保项目变更不会对项目的整体进度和质量造成负面影响。

文件控制计划是确保会展项目文件得到妥善管理和维护的重要计划。它规定了项目文件的创建、分发、存档和更新等流程，确保项目成员能够及时、准确地获取到所需文件，从而支持项目的顺利进行。文件控制计划还包括了文件版本控制和访问权限管理，以防止信息的误用和泄露。

风险应对计划是针对会展项目中可能出现的各种不确定因素而制订的。它包括了对项目中潜在风险的识别、评估和优先级排序，以及针对这些风险制订的预防和应对措施。风险应对计划还涵盖了应急行动方案，确保在意外突发情况发生时，项目团队能够迅速有效地采取行动，最小化风险对项目的影响。

支持计划是为项目管理提供必要支持的计划，它包括了软件支持计划、培训支持计划和行政支持计划等多个方面。软件支持计划确保项目团队能够使用到合适的软件工具来提高工作效率和项目管理的效能。培训支持计划则针对项目团队成员的技能提升和知识更新，提供必要的培训和指导。行政支持计划则涉及项目日常行政事务的处理，确保项目运行的顺畅和高效。

三、会展项目计划的编制程序

(1)明确会展项目的目标。

项目目标不仅涵盖最终目标，还包括实现最终目标所必需的各个阶段目标。最终目标细分为初期、中期和晚期目标。确立会展项目目标是项目规划的首要步骤。首先需澄清几个问题：为何要举办展览？是否需寻找合适的市场和新客户？是否意在推介新产品或提供新服务？是否需要挑选代理商或批发商？是否对成立合资企业感兴趣？或者是否打算通过展览来研究和开发市场？

会展项目目标是会展组织者依据营销战略、市场状况和会展环境设定的清晰、具体的会展目的及企业通过会展所期望达成的目标。由于会展涉及的主体包括政府、会展公司、参展商、服务分包商、观众等，因此，制订会展项目计划时应全面考虑各利益相关方的需求。

会展项目目标具有多目标性、优先性、层次性等特性，描述项目目标通常遵循几个原则，首字母缩写为“SMART”。

具体(Specific)。项目目标应有明确的界定，期望的结果或产品。项目目标通常依据工作范围、进度计划和成本来定义。

可测量(Measurable)。项目目标的结果应基于可测量的数据来限定，例如，2010年上海世博会门票收入目标定为60亿元。

可实现(Achievable)。项目的结果或产品应通过努力可以实现和完成。

相关(Relevant)。项目的执行需通过完成一系列相互关联的任务，即许多非重复性的任务按一定顺序完成，以实现项目目标。

可追踪(Traceable)。项目的过程可通过文档和信息系统来监控和追踪。

因此，项目目标必须明确、具体，尽可能使用定量化的语言描述，确保项目内容易于沟通和理解，使每个项目团队成员相信项目目标是可达成的，并能根据项目目标设定个人的具体目标，实现责任到人。

(2)执行任务分解和排序。

确定实现项目目标所需完成的各项工作，通常利用WBS将整个会展项目拆分为便于管理的具体活动(工作)。例如，对于一个展览活动，其基本工作从最初的项目策划和启动开始，到前期的计划制订工作，再到前期的招商招展等准备工作，然后是现场管理，最后是展后评估工作的开展。前期的计划制订工作可以拆分为制订项目目标，运用WBS进行工作分解，制订进度计划、财务计划、人力资源计划等。在各项计划中，有些工作必须按顺序执行，有些则可以并行。如制订前期的项目计划首先应做的是制订项目目标，其次是进行工作分解,最后才是制订各种计划。这一顺序不可更改,但确定参展商和制订营销计划二者可以同时进行。

将工作细分后,需在各项具体活动之间建立逻辑关系。建立逻辑关系是基于资源独立的假设,确定各项任务之间的相互依赖关系。逻辑关系是项目计划安排各项目之间前后关系的基础。

(3)为各项任务确定时间。

可以依据个人经验,或询问具体工作的负责人,以了解完成每项任务所需的时间。对完成各项任务所需的时间进行预估,预先规划各项具体任务的时间。

(4)确定各项任务逻辑关系。

通过网络图的形式,详细描绘出各项活动之间的顺序以及它们之间的相互依赖关系,以便于更好地理解整个项目流程和各环节之间的逻辑联系。

(5)进行成本估算。

对会展项目中涉及的各项活动进行细致的成本估算,确保预算的准确性和项目的经济可行性,为后续的财务规划和控制提供坚实的基础。

(6)编制进度计划和成本计划。

在充分理解活动顺序和成本估算的基础上,编制会展项目的进度计划和成本计划,确保项目按照既定的时间表和预算范围内顺利进行。

(7)资源分配。

在进行项目管理时,为确保每项工作的顺利进行,必须对人力、物力和财力进行合理分配。在分配资源的过程中,需要全面考虑每项工作的具体性质,评估工作量的大小,以及所需人员应具备的基本素质。同时,也要评估完成工作所需的物力和财力资源,包括但不限于必要的设备、技术、原材料等。通过这样的评估,可以确定完成各项工作所需的人员数量、资金预算、设备需求、技术要求,以及原材料的种类和数量。这样的资源分配计划将有助于提高工作效率,确保项目目标的实现。

(8)进行汇总整理。

在完成上述各项工作后,需要将所有的成果和计划进行汇总整理。这一过程包括收集和整理所有相关的数据、分析结果,以及制订的策略和措施。汇总工作完成后,将这些信息编制成一份详尽的计划文档。这份文档应该清晰地展示项目的目标、策略、资源分配、时间表和预期的成果。编制计划文档是一个系统化的过程,它不仅有助于团队成员之间的沟通和协作,而且对于项目管理的透明度和可追踪性也至关重要。最终,这份计划文档将成为项目执行和监控的基石。

第二节 会展项目范围计划管理

项目范围的明确界定了项目的边界,即确定了项目应当涵盖的方面和避免涉及的方面。这相当于确定了项目产品所需的所有工作以及形成这些产品所涉及的过程步骤。显然,任何展览项目都需要明确其任务,若缺少了某些关键任务则不能称之为一个完整的项目。同时,也必须明确不包括哪些内容,否则可能会与其他项目混淆。制订项目范围计划涉及对各种情况和数据的综合考量,目的是编制出一份书面的项目范围计划文件,作为项目后续各阶段决策的基石和参考。

一、会展项目范围计划的含义

会展项目范围计划,是整个会展项目管理体系中的关键环节,它以项目实施动机为基石,通过严谨的分析与规划,确定项目的范围,并精心编制项目范围说明书。这一过程犹如为一座宏伟的建筑绘制精确的蓝图,明确了会展项目的边界、涵盖的具体内容及要达成的目标,是项目后续各项工作得以顺利开展的重要依据。

在确定项目范围时,需要综合考量多方面因素。从目标层面来看,要明确会展项目期望达成的成果,例如吸引特定数量的参展商和专业观众,提升品牌在行业内的知名度,促进某类产品的销售或技术的交流等。以世界移动通信大会为例,其核心目标是展示全球移动通信领域的最新技术和产品,促进产业合作与发展。基于此目标,其项目范围就会围绕移动通信技术、产品的展示与发布、行业专家的交流研讨等方面展开,包括设置各类主题展区、举办高端论坛和研讨会等活动。

从内容角度而言,会展项目范围涵盖了从筹备到结束的一系列工作。筹备阶段涉及市场调研,了解行业动态、潜在参展商和观众的需求,以便精准定位项目方向;策划活动方案,确定会展的主题、形式、规模等关键要素;进行场地选址与预订,根据项目规模和定位选择合适的场馆;开展招商、招展工作,吸引优质参展商和观众参与。在展会举办期间,要负责现场的运营管理,包括展位搭建、设备调试、人员服务、安全保障等工作的协调与监督。展会结束后,还需进行总结评估,收集参展商和观众的反馈意见,为后续项目提供经验参考。

项目边界的界定也是会展项目范围计划的重要内容。这包括时间边界,明确会展项目的筹备起始时间、开展时间及结束时间,确保各项工作在规定时间内有序推进。例如中国进出口商品交易会,每年分春秋两季举办,每届展会的筹备、开展和撤展时间都有明确的安排。同时,还涉及资源边界,确定项目可调配的人力、物力和财力资源。人力方面,明确项目团队各成员的职责和分工,以及所需的专业人才类型和数量;物力上,确定场地、设备、物资等的需求和供应来源;财力上,制订详细的预算计划,包括各项费用的支出明细和资金的筹集渠道。

二、会展项目范围计划的工具

(一)工作分解结构(WBS)

1. WBS 的构建方法

在构建会展项目的 WBS 时,首先要确定项目的主要可交付成果。以一场大型国际科技展会为例,主要可交付成果可能包括展会的整体策划方案、场地的租赁与布置、参展商的招募与服务、观众的组织与接待、展会期间的活动组织与执行,以及展会后的总结与评估等。

对于展会的整体策划方案这一可交付成果，可进一步细化为市场调研、主题确定、展会流程设计等小任务。市场调研任务又可细分为收集行业信息、分析竞争对手展会情况、了解潜在参展商和观众需求等具体工作。

将所有这些任务按照层级关系排列，就形成了一个树形结构的 WBS 图。最顶层是会展项目本身，下一层是各个主要可交付成果，再下一层是对主要可交付成果细化后的小任务，以此类推，逐渐形成一个详细的、层次分明的工作分解体系，如图 4.1 所示。在这个过程中，需要确保每个任务都有明确的定义和责任人，任务之间的逻辑关系清晰，避免出现任务重叠或遗漏的情况。

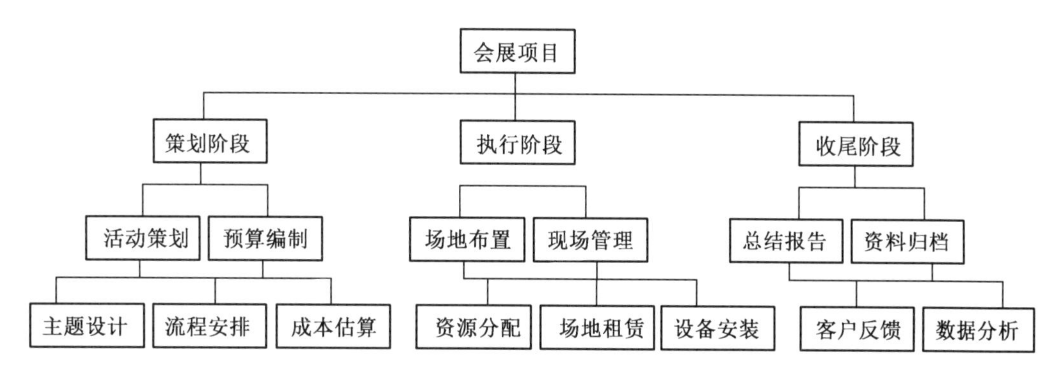

图 4.1　一个简单的会展项目 WBS 图

2. WBS 对范围计划的价值

WBS 为项目团队提供了一个全面且直观的项目工作框架，使团队成员能够清晰地了解项目的全貌以及各自的工作职责。通过 WBS，团队成员可以清楚地看到项目从开始到结束需要完成的所有任务，以及这些任务之间的先后顺序和依赖关系，从而避免工作的遗漏和重复。

以展位搭建工作为例，在 WBS 中，它被明确为一个具体的任务，并进一步细分为设计展位图纸、采购搭建材料、安排施工人员、现场搭建与调试等子任务。每个子任务都有明确的时间节点和责任人，这使得项目团队能够有条不紊地进行展位搭建工作，确保按时完成任务，避免因工作安排不合理而导致的延误。

在制订进度计划时，WBS 为确定各项任务的时间顺序和持续时间提供了依据。通过对每个任务的分析和评估，可以合理安排任务的先后顺序，制订出详细的项目进度表。在制订成本计划时，WBS 有助于准确估算每个任务所需的资源和成本，从而制订出合理的项目预算。同时，根据 WBS 进行责任分配，明确每个团队成员在项目中的职责和任务，能够提高团队的工作效率和协作能力，确保项目的顺利进行。

(二)责任分配矩阵

在项目管理领域，责任分配矩阵堪称基石般的存在，有着不可替代的重要性。它将项目任务与人员责任进行精细切割与匹配，为项目的顺利推进铺就坚实道路。其首要意义在于明确责任，让团队成员从项目启动之初，就对自己的工作职责了如指掌，避免了因责任模糊导致的任务拖延、相互推诿等乱象。

以一场大型的新品发布会项目为例，若没有责任分配矩阵，可能会出现舞台搭建和设备调试环节无人牵头负责，导致进度滞后，而宣传推广方面又多人重复工作的混乱局面。有了责任分配矩阵后，就能清晰地规定市场部员工 A 负责宣传物料设计，市场部经理 B 对宣传方案和物料进行最终批准，广告公司作为外部合作方提供专业设计建议，而公司高层领导则只需及时知晓宣传工作进展，责任清晰，分工明确，如表 4.1 所示。

表 4.1　新品发布会责任分配矩阵

任务	市场部员工 A	市场部经理 B	广告公司	公司高层领导	舞台搭建团队	设备调试团队
宣传物料设计	A	A	C	I	—	—
宣传方案批准	—	A	C	I	—	—
广告设计建议	C	C	R	I	—	—
宣传进展汇报	—	—	—	I	—	—
舞台搭建	—	—	—	I	R	C
设备调试	—	—	—	I	C	R

注：R(Responsible)表示负责执行任务的人；A(Accountable)表示对任务最终结果负责的人(通常只有一人)；C(Consulted)表示需要咨询或提供意见的人；I(Informed)表示需要知悉任务进展的人；—表示不参与该任务。

责任分配矩阵还能有效管理权限，明确界定每个成员在项目中的决策范围和批准权限，防止权力的滥用和决策的混乱。在涉及重要决策时，如项目预算的调整、关键合作方的选择等，通过矩阵能迅速确定有权拍板的责任人，避免不必要的讨论和延误。它也极大地促进了团队成员之间的沟通与协作。当每个成员都清楚知晓其他成员的工作内容和职责时，沟通就变得更加顺畅高效，信息传递更加及时准确，团队协作也更加默契无间，从而大幅提升项目的执行效率。在项目绩效评估方面，责任分配矩阵同样发挥着关键作用，为管理者提供了客观、公正的评估依据，通过对比成员实际完成的任务与矩阵中的职责要求，就能准确衡量成员的工作表现，进而进行合理的奖惩，充分激发团队成员的积极性和创造力。同时，借助责任分配矩阵，还能敏锐地发现项目中潜在的风险和问题，如某个关键任务责任人能力不足或资源分配短缺等，以便及时采取调整措施，将风险扼杀在摇篮之中，降低项目失败的概率。

会展项目作为一种综合性强、涉及面广、流程复杂的项目类型，从前期的策划筹备、招商招展，到中期的现场运营、活动组织，再到后期的撤展收尾、效果评估，每个环节都需要众多人员和部门的协同合作。在这一过程中，责任分配矩阵的应用就显得尤为重要。它就像一根无形的指挥棒，协调着会展项目中各个环节和各方人员的行动，确保整个项目有条不紊地进行，为会展项目的成功举办提供坚实保障。

第三节　会展项目进度计划管理

一、会展项目进度计划的含义

会展项目进度计划是在会展项目工作分解结构的基础上，对项目活动做出的一系列时间安排，用来表明项目预计开始和完成的时间。它是会展项目管理的重要组成部分，如同建筑施工的蓝图，详细规划了从项目筹备到结束的每一个步骤的先后顺序、时间跨度及它们之间的衔接关系。

通过进度计划，项目团队能够清晰地了解在不同阶段需要完成的任务，明确各项工作的时间节点，从而有条不紊地推进项目。例如，在筹备一场大型国际车展时，进度计划会明确从前期的场地预订、参展商邀请，到中期的展位搭建、展品运输，再到后期的展会开幕、现场运营等各个环节的具体时间安排，确保整个车展能够顺利举办。

二、会展项目进度计划的构成要素

工作排序：工作排序是确定项目各项工作开展先后顺序的过程。它依据任务的性质、逻辑关系及依赖关系来确定，是保障项目流程顺畅的关键。在会展项目中，场地布置工作通常需要在展品运输之前完成，因为只有先搭建好展位，才能为展品的摆放提供合适的空间。再如，宣传推广活动需要在展会基本信息确定之后展开，这样才能准确地向目标受众传递展会的时间、地点、主题等关键信息。合理的工作排序能够避免任务之间的冲突和混乱，提高项目的执行效率。

时间安排：时间安排是为每项工作确定起止时间的过程。在确定时间时，需要综合考虑多种因素，如工作的复杂程度、所需资源的可得性、可能出现的风险等。对于一些需要专业技术人员参与的工作，如展位的设计与搭建，由于其技术要求高、工艺复杂，所需时间相对较长，就需要在进度计划中预留足够的时间。同时，还需要考虑到可能出现的突发情况，如恶劣天气、供应商延迟交货等，适当预留一定的缓冲时间，以确保项目整体进度不受影响。精确的时间安排能够使项目团队合理分配时间资源，按时完成各项任务。

资源分配：资源分配是根据工作的需求，将人力、物力、财力等资源合理分配到各个项目活动中的过程。在会展项目中，人力资源包括策划人员、设计人员、施工人员、营销人员、现场服务人员等，需要根据不同阶段的工作任务，合理安排各类人员的工作时间和工作量。物力资源如展位搭建材料、展示设备、宣传资料等，要确保在需要时能够及时供应。财力资源则涉及项目的各项费用支出，如场地租赁费用、参展商费用、营销费用等，需要进行合理的预算和分配。有效的资源分配能够确保每个任务都有足够的资源支持，避免资源的浪费和短缺，提高资源的利用效率。

三、会展项目进度计划表现形式

(一)甘特图

甘特图,也叫横道图,是一种以时间为横轴,任务为纵轴,用水平条形图展示任务名称、开始时间和结束时间的图表。它于1900年由亨利·甘特发明,是用于展示项目进度或者定义完成目标所需要的具体工作的最普遍方式。在会展项目中,通过甘特图可以清晰地看到每个任务的开始和结束时间,以及任务之间的时间关系,能够直观地呈现项目的进度情况,如图4.2所示。例如,在筹备一场艺术展览时,使用甘特图可以将展品征集、展览策划、场地布置、宣传推广、开幕式等各项任务的时间安排一目了然地展示出来,项目团队成员可以通过甘特图快速了解项目的整体进度和自己负责的任务的时间节点,便于协调工作。甘特图的优点是简单、明了、直观,易于理解和编制,即使是非专业人员也能轻松看懂。

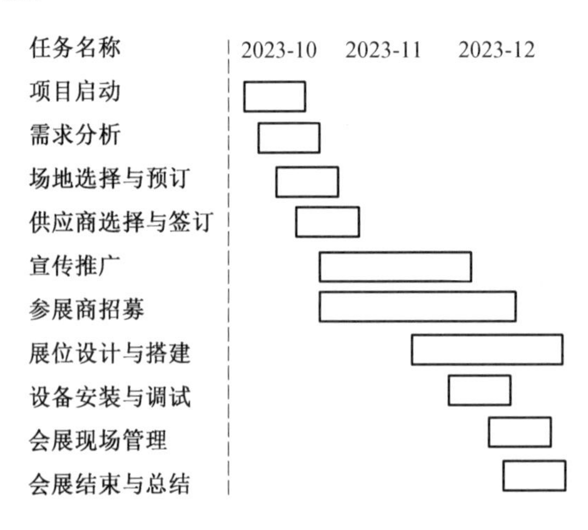

图4.2 甘特图示例

(二)网络图

网络图是一种用节点和箭线表示项目工作及工作之间逻辑关系的图形工具。节点代表事件,即流入节点表示任务的结束,流出节点表示任务的开始;箭线表示活动,即任务之间的依赖关系或逻辑关系,箭头的方向表示任务的先后顺序。

在会展项目中,网络图能够清晰地展示各项工作之间的复杂逻辑关系,帮助项目团队更好地理解项目的整体流程和关键路径。例如,在举办一场大型会议时,从会议主题确定、嘉宾邀请、会议资料准备、场地布置到会议现场服务等各项工作之间存在着紧密的逻辑联系,通过网络图可以准确地呈现这些关系,便于项目团队进行分析和优化。

网络图的优点是精确度高,能够精确地表示任务之间的依赖关系和持续时间,通过对网络图的分析,可以确定项目的关键路径,即决定项目完成时间的最长路径,从而帮助项目团队集中精力管理关键任务,优化项目进度计划。

四、会展项目进度计划的目的

(一)确保按时完成

设定明确期限:明确的期限是项目按时完成的基础。在制订会展项目进度计划时,需要精确设定项目各阶段的开始和结束时间,以及整体完工时间。这就如同为项目绘制了一张精确的时间地图,项目团队成员能够清晰地了解在不同时间节点需要完成的任务。以一场国际服装展览会为例,从前期筹备到展会正式开幕,进度计划会明确规定场地预订在某个具体日期前完成,参展商邀请在特定时间段内结束,展位搭建从某一天开始到某一天结束等。这样,每个参与项目的人员都有了明确的时间参照,能够有条不紊地推进工作,避免因时间模糊而导致的拖延和混乱,确保展会能够按时开幕,为参展商和观众提供良好的体验。

应对突发情况:会展项目在实施过程中,难免会遇到各种突发情况,如恶劣天气影响场地布置、供应商延迟交付物资、技术故障导致设备无法正常运行等。为了应对这些意外情况,进度计划中需要预留一定的缓冲时间。例如,在制订展会搭建进度计划时,考虑到可能遇到的恶劣天气,预留2～3天的缓冲时间,以便在天气不佳时能够有足够的时间调整施工计划,确保搭建工作能够按时完成。缓冲时间的设置就像为项目安装了一个“安全阀”,当遇到突发情况时,能够有效地缓解时间压力,保证项目整体进度不受太大影响,最终按时交付。

(二)成本控制

避免延误成本:会展项目一旦出现延误,往往会带来一系列额外的成本支出。例如,场地租赁费用可能会因为延期而增加,工作人员的加班费用也会相应上升,同时,参展商可能会因为展会延误而要求赔偿,这些都会导致项目成本大幅增加。以一场大型汽车展览会为例,如果展会开幕时间延误一天,场地租赁费用可能会增加数万元,工作人员的加班费用也可能达到数万元,再加上可能的参展商赔偿费用,总成本可能会增加数十万元。因此,通过合理的进度计划确保项目按时完工,能够有效避免这些延误成本的产生,对项目的成本控制至关重要。

合理资源利用:合理的进度计划能够根据项目的实际需求,在不同阶段合理安排资源的投入,避免资源的闲置和浪费。例如,在会展项目筹备前期,对于人力资源的需求相对较少,主要集中在策划、招商等工作上;而在展会搭建阶段,对于施工人员、材料等资源的需求则会大幅增加。通过进度计划的合理安排,可以在筹备前期合理配置少量的人力资源,避免人员闲置造成的成本浪费;在搭建阶段,根据搭建进度的需求,及时调配足够的施工人员和材料,确保搭建工作顺利进行,避免因资源不足导致的工期延误和成本增加。同时,合理安排物资设备的使用时间,避免设备长时间闲置造成的租赁成本增加,从而降低项目的整体成本。

(三)协调资源

人力资源调配:会展项目涉及多个环节和众多工作人员,如策划人员、设计人员、施工人员、营销人员、现场服务人员等。进度计划能够根据项目各阶段的任务需求,合理安排不同人员的工作时间和工作量,实现人力资源的高效调配。例如,在展会筹备初期,策划人员和营销人员需要投入大量时间进行展会策划和宣传推广工作;而在展会搭建阶段,施工人员则成为工作的主力。通过进度计划的明确安排,项目团队可以提前做好人员的调配和准备工作,确保每个阶段都有足够的、合适的人员参与工作,避免出现人员短缺或过剩的情况,提高人力资源的利用效率,降低人力成本。

物资设备管理:会展项目需要大量的物资设备,如展位搭建材料、展示设备、音响灯光设备等。进度计划可以依据项目的进度安排,精确调配物资设备的采购、运输和使用时间,确保物资设备在需要的时候能够及时到位,避免因物资设备供应不及时而影响项目进度。例如,在展位搭建前,根据进度计划提前安排搭建材料的采购和运输,确保材料按时到达施工现场;在展会开展前,合理安排展示设备和音响灯光设备的安装调试时间,确保设备能够正常运行。同时,通过进度计划的协调,还可以合理安排物资设备的使用顺序,提高设备的利用率,减少设备闲置时间,降低设备租赁成本,保障项目的顺利进行。

(四)提升项目质量

按计划推进,保障质量:有序的进度计划能够保证项目工作按照合理的节奏稳步推进,避免因赶工而忽视质量问题。在会展项目中,每个环节都有其特定的质量要求和工艺流程,只有按照进度计划有条不紊地进行,才能确保各项工作达到质量标准。例如,在展位搭建过程中,如果为了赶进度而缩短施工时间,可能会导致搭建质量不达标,出现安全隐患,影响展会的正常进行。而合理的进度计划能够为搭建工作提供充足的时间,施工人员可以按照规范的工艺流程进行施工,确保展位搭建牢固、美观,符合质量要求。同时,有序的进度推进还能够让项目团队有足够的时间进行质量检查和整改,进一步保障项目质量。

及时发现并解决问题:进度计划不仅是项目推进的指南,也是项目质量监控的重要工具。通过对进度计划执行情况的监控,项目团队可以及时发现项目中存在的问题。例如,如果发现某个任务的进度滞后,可能是因为技术难题、资源不足或其他原因导致的,项目团队可以及时介入,分析问题产生的原因,并采取相应的措施加以解决。在解决问题的过程中,项目团队可以对工作流程和质量标准进行重新审视和优化,从而避免类似问题再次发生,提升项目的整体质量。例如,在展会筹备过程中,通过进度监控发现宣传推广工作效果不佳,项目团队可以及时调整宣传策略,增加宣传渠道,提高宣传质量,确保展会能够吸引足够的参展商和观众,提升展会的影响力和质量。

案例分析:

以“2022中国(昌乐)国际宝石博览会”这一著名的会展活动为例,其在规划和执行进度方面有许多值得学习的地方。昌乐县,作为著名的“中国宝石之乡”,每年举办的宝石节规模庞大,吸引了众多国内外的参展商和参观者,已经成为促进当地宝石产业和经济增长的关键平台。

在项目筹备前期，组委会便依据宝石节的目标和规模，精心制订了详细的进度计划。从时间规划来看，整个项目周期被清晰划分为前期准备、现场策划和活动结束三个主要阶段。在前期准备阶段(2022 年 1 月 1 日—2022 年 4 月 30 日)，首要任务是组建专业的策划组委会，明确各成员职责，确保项目有强有力的组织领导核心。随后，确定活动时间和地点，为后续工作奠定基础。撰写极具吸引力的宣传方案并及时展开宣传，吸引了众多潜在参展商和观众的关注。同时，确定活动预算并积极开展筹资工作，保障了项目的资金来源。通过严格的审核筛选，确定了优质的入场商家，为展会的品质提供了保障。

进入现场策划阶段(2022 年 5 月 1 日—2022 年 6 月 30 日)，按照进度计划，迅速签约场地并马不停蹄地开始场地布置。在布置过程中，严格遵循设计方案，合理规划展位布局，确保场地既美观又实用，避免出现狭窄和拥堵的现象，保障了客户的浏览体验和安全。同时，完成展品布置，对展品的数量和质量进行严格把控，保证展品能够充分展示昌乐县宝石资源的魅力。各项文化活动的策划和安排也有序推进，丰富了展会的内容。此外，制订了完善的安保计划、卫生计划和食品安全计划等，为展会的顺利进行提供全方位的保障。

在整个项目实施过程中，进度计划发挥了关键作用。一方面，通过合理的日程安排，明确了各项任务的时间节点，使得所有工作人员都能清楚知晓自己在不同阶段的工作任务和时间要求，从而有条不紊地开展工作。例如，参展商按照指定时间完成展位的布置和入驻，确保了展会能够按时开幕。另一方面，有效的人员分配和资源调配，使人力资源、物资设备资源等得到了充分合理的利用。志愿者和工作人员各司其职，展示设备、宣传材料等物质也能按时到位，避免了资源的浪费和短缺。在遇到突发情况时，如场地布置过程中遇到恶劣天气，由于进度计划中预留了一定的缓冲时间，项目团队能够及时调整施工计划，保证了场地布置工作按时完成，未对整体进度造成影响。

从最终成果来看，该届宝石节取得了巨大成功。展会期间，吸引了超过 50 家商家参展，参观观众突破 60 000 人次，为昌乐县带来了约 1 200 万元的旅游收入，远超预期目标。通过展会的宣传，进一步提升了昌乐县宝石资源的知名度和文化价值，有力地推动了当地宝石产业和旅游业的发展。这一案例充分证明，科学合理的会展项目进度计划是项目成功的重要保障，它能够确保项目按时完成，有效控制成本，合理协调资源，提升项目质量，为会展项目的顺利开展提供坚实的支撑。

第五章　会展项目品牌塑造与宣传管理

本章节将深入探讨会展项目品牌的相关概念，包括会展项目品牌的定义、独特特征，以及如何进行有效的品牌定位。此外，本章还将详细阐述会展项目宣传与推广的策略和技巧，旨在帮助读者掌握如何高效地将会展项目推向市场。特别地，本章会重点分析新媒体在会展项目推广和营销中的关键作用，探讨如何利用新媒体平台提升会展项目的知名度和参与度。

第一节　会展项目品牌塑造

一、品牌概述

（一）品牌的定义

品牌（brand）一词来源于古挪威文字“brandr”，意思是“烙印”。当代世界已进入品牌时代，企业对品牌的理解已不再仅仅是一个“烙印或标记”，而是一个含义更广泛、更抽象的概念。它不仅仅是一个名称、标志或符号，而是消费者对某个产品、服务或企业的整体认知和情感联结。

品牌通过独特的标识、价值观、承诺和体验，在消费者心中形成差异化的印象，从而在市场竞争中脱颖而出。

根据美国市场营销协会的定义：品牌是一个名称、术语、设计、符号或其他特征，用于识别一个卖家的产品或服务，并将其与竞争对手区分开来。

简而言之，品牌是消费者对某个企业或产品的感知总和，包括功能性价值（如产品质量）和情感性价值（如信任、归属感）。品牌的力量在于它能够影响消费者的购买决策，甚至超越价格因素，成为消费者选择的首要考量。一个强大的品牌能够建立消费者的忠诚度，促使消费者在面对众多选择时，更倾向于选择该品牌的产品或服务。

（二）品牌的特征

品牌的特征是品牌在市场中区别于其他竞争对手的核心属性。以下是品牌的主要特征。

1. 独特性

品牌需要具有独特的个性、形象和价值观，以在消费者心中形成鲜明的印象。例如，苹果（Apple）以其创新、简约和高端的设计风格区别于其他科技品牌。

这种独特性不仅体现在产品的外观设计上，还贯穿于品牌的营销策略、客户服务等各个方面。正是这种独特的品牌个性，使得苹果能够在竞争激烈的科技市场中独树一帜，吸引了大批忠实的粉丝和消费者。

2. 识别性

品牌通过名称、标志、颜色、标语等视觉和语言元素，让消费者能够快速识别。例如，耐克(Nike)的标志和“Just Do It”标语具有极高的辨识度。

这些元素不仅帮助消费者在众多商品中迅速找到耐克的产品，还加深了消费者对品牌的记忆。每当人们看到耐克的标志或听到其标语时，都会立刻联想到品牌及其所代表的运动精神。这种强烈的识别性，为耐克在全球范围内建立了广泛的品牌认知度，是其成功的关键因素之一。

3. 一致性

品牌在所有接触点(如产品、服务、广告、社交媒体等)传递的信息和体验需要保持一致。例如，可口可乐(Coca－Cola)在全球范围内始终保持其“快乐”的品牌形象。

无论是其独特的瓶身设计、红色包装，还是那句经典的“Share a Coke with...”营销活动，可口可乐都成功地将“快乐”这一品牌理念传递给全球消费者。这种一致性不仅增强了消费者对品牌的信任感，还使得可口可乐能够在不同文化和市场中保持其独特的品牌魅力。当消费者在任何接解点遇到可口可乐时，都能立即感受到品牌所传递的熟悉和快乐，这种体验的一致性对于建立品牌忠诚度和口碑至关重要。

4. 情感联结

品牌通过与消费者建立情感联系，赢得他们的忠诚和信任。例如，迪士尼(Disney)通过创造“魔法”和“梦想”的情感体验，成为全球家庭娱乐的代名词。

无论是其经典的卡通角色，如米老鼠和唐老鸭，还是其精心设计的主题公园和度假村，迪士尼都成功地营造了一种充满奇幻和梦想的氛围。消费者在进入迪士尼的世界时，仿佛置身于一个远离现实烦恼的仙境，这种情感上的共鸣使得迪士尼成为无数人心中的美好回忆。通过创造这些独特的情感体验，迪士尼不仅赢得了消费者的喜爱和忠诚，还成功地将其品牌理念深入人心，成为了家庭娱乐领域中的佼佼者。当消费者提到迪士尼时，往往会联想到无尽的欢乐和美好的时光，这种情感联结正是迪士尼品牌成功的关键所在。

5. 价值承诺

品牌需要明确其核心价值，并向消费者承诺其产品或服务能够满足他们的需求。例如，特斯拉(Tesla)承诺提供高性能、环保的电动汽车，吸引了注重科技和可持续发展的消费者。

特斯拉的价值承诺不仅仅停留在口号上，而是通过实际行动不断兑现。他们投入大量资源进行技术创新，确保每一辆电动汽车都拥有卓越的性能和高效的能源利用。同时，特斯拉还致力于推动电动汽车的普及，通过建设充电站网络、提供购车补贴等方式，降低消费者使用电动汽车的成本和门槛。这种明确且持续的价值承诺，让特斯拉在消费者心中树立了独特的品牌形象，成为电动汽车领域的领头羊。

6. 信任与可靠性

品牌通过持续提供高质量的产品和服务，赢得消费者的信任。例如，丰田(Toyota)

以其可靠性和耐用性在全球汽车市场中建立了良好的声誉。

丰田不仅注重汽车的性能和品质，还致力于提供卓越的售后服务。他们遍布全球的服务网络，为消费者提供了及时、专业的维修和保养服务。无论是面对复杂的机械故障，还是日常的小问题，丰田的服务团队都能迅速响应，为消费者排忧解难。这种对消费者需求的细致关怀和高效解决，进一步增强了消费者对丰田品牌的信任感。此外，丰田还不断通过技术创新，提升产品的可靠性和耐用性，确保每一辆汽车都能经受住时间的考验。这种对品质的执着追求，让丰田在全球消费者心中树立了值得信赖的品牌形象。

7. 文化象征

品牌可以成为某种文化或生活方式的象征，反映消费者的价值观和身份认同。例如，星巴克（Starbucks）不仅是咖啡品牌，还代表了都市生活和小资文化。

它的门店设计、咖啡品质及提供的舒适环境，都与都市白领追求高品质生活的理念相契合。消费者在选择星巴克时，不仅是在品尝咖啡，更是在表达自己对生活品质的追求和对小资文化的认同。此外，星巴克还通过举办各类文化活动和社会责任项目，进一步强化了其作为文化象征的品牌形象，加深了与消费者的情感联结。

8. 可扩展性

品牌需要具备适应不同市场、产品和消费者的能力，以支持其长期发展。例如，亚马逊（Amazon）从最初的在线书店扩展到全球电商巨头，覆盖了多个行业。

其云计算服务 AWS、智能助手 Alexa。流媒体平台 Prime Video 等业务的拓展，不仅丰富了亚马逊的产品线，也进一步巩固了其在全球市场的领先地位。这种可扩展性使得亚马逊能够不断适应市场变化，满足消费者日益多样化的需求，从而保持其竞争优势和持续增长的动力。

9. 溢价能力

强大的品牌可以让消费者愿意为其支付更高的价格，从而提升企业的利润率。例如，奢侈品牌路易威登（Louis Vuitton）凭借其品牌价值，能够以高价销售其产品。

这种溢价能力不仅源于品牌的历史积淀和品质保证，更在于它为消费者带来的独特体验和身份象征。消费者在购买路易威登的产品时，不仅仅是购买了一件商品，更是购买了一种生活方式和社交资本。这种心理层面的价值认同，使得路易威登能够在市场上保持其高端定位，即使价格高昂，也依然拥有稳定的消费群体和市场份额。

10. 长期性

品牌需要具备长期的生命力，能够随着市场变化和消费者需求的变化而不断进化。例如，百年品牌可口可乐和奔驰（Mercedes－Benz）通过不断创新，保持了其市场地位。

它们不仅坚守传统工艺和品质，同时积极引入新技术、新产品线，以适应现代消费者的口味和偏好。可口可乐不断推出新口味和营销活动，与年轻消费者保持紧密联系，而奔驰则致力于研发环保节能的新能源汽车，以应对全球对可持续发展的重视。这种长期性的保持，不仅让品牌在历史长河中屹立不倒，更为它们赢得了未来市场的先机。

（三）品牌的核心价值

品牌的核心价值是品牌特征的集中体现，它通常包括以下三个方面。

功能性价值：这是品牌提供的实际利益，涵盖了产品的多个方面，比如产品质量、性能、价格等。这些因素是消费者在选择产品时会直接考虑的硬性指标，它们决定了产品是否能满足消费者的基本需求。

情感性价值：这是品牌与消费者之间建立的情感联系，它包括了信任、归属感、自豪感等情感因素。这种价值体现了消费者对品牌的忠诚度和情感依赖，是品牌与消费者之间长期关系的基石。

象征性价值：这是品牌所代表的文化、身份或生活方式，它往往体现在品牌的形象和传播中。例如，奢侈品牌往往象征着地位和成功，它们通过独特的品牌形象和营销策略，传达出一种高雅、尊贵的生活态度和价值观。

二、会展项目品牌形象概述

（一）会展项目品牌的内涵与特征

1. 会展项目品牌的内涵

会展项目品牌指使一个会展活动与其他活动区分开来的独特标志，它通常包括名称、图形、符号、识别标记或这些元素的组合。会展活动品牌主要由三个核心部分构成：商标、品牌名称和品牌标识。它不仅展现了参与者对会展活动的物质感受，更深层次地触及了心理和精神层面的体验，引领参与者进入一种全新的生活模式。而价值、文化和个性则是会展活动品牌持续吸引人的核心要素。

2. 会展项目品牌的特征

(1)无形性。

品牌具有价值，其所有者能通过品牌持续赚取利润。会展项目品牌效应的价值无法触摸，必须借助品牌元素这一直接载体，以及品牌知名度和美誉度这些间接载体来展现。品牌的价值体现在其无形资产上，它能够为所有者带来长期且稳定的收益。这种价值并非实体存在，而是通过一系列品牌元素，如标志、口号、设计等，以及通过公众对品牌的认知度和评价来体现。这些元素和认知度共同作用，使得品牌能够产生经济效应，从而为会展项目的所有者带来利润。

(2)排他性。

会展项目品牌排他性意味着一旦某个会展项目被举办者注册或申请专利，其他会展项目便无法使用该标志品牌或类似名称进行商业活动。这种排他性是品牌法律保护的一部分，确保了品牌的独特性和唯一性。通过注册或专利申请，品牌所有者获得了在特定领域内独家使用该品牌名称和相关标志的权利。这不仅防止了市场上的混淆，也保护了品牌所有者的投资和品牌价值，确保了其在商业活动中的独特地位。

(3)风险性。

会展项目品牌面临的风险可能源于客观或主观因素，若无法保持品牌质量，将增加品牌维护的难度。品牌风险可能来自市场环境的变化、消费者偏好的转移、竞争对手的策略调整，或是品牌自身管理不善等问题。保持品牌质量是降低这些风险的关键。品牌所有者需要持续监控市场动态，了解消费者需求，并通过创新和改进来维持品牌的吸引力。同时，有效的品牌管理策略和危机应对机制也是确保品牌长期稳定发展的必要条件。

(二)会展项目品牌的意义

(1)会展项目品牌往往成为国家、地区乃至城市的象征。

这些项目是经济发展的高级阶段所孕育的成果，特别是对于大型会展项目而言，它们需要强大的经济基础作为支撑。一个国家或地区所拥有的国际知名会展项目品牌数量，直接体现了其形象或经济实力。同时，国家或地区也会持续地支持和加强这些会展项目品牌的国际影响力。在某种程度上，知名的会展项目品牌就像是一个国家(地区)或城市的名片，例如在上海举办的中国国际进口博览会、在北京举办的中国国际服务贸易交易会、在广州举办的中国进出口商品交易会等。

(2)会展项目品牌是确保服务与产品质量获得参展者信任的关键途径。

只要会展项目品牌能够保证产品质量，并满足参展商的心理预期，就能够赢得他们的信任和认可。此外，会展项目品牌还能够提升参展者的忠诚度，使他们更愿意在未来的展会中继续参与。品牌的声誉和口碑在会展行业中至关重要，它能够吸引更多的参展商和观众，从而推动会展项目持续发展。同时，会展项目品牌也是会展企业竞争力的重要体现，能够帮助企业在激烈的市场竞争中脱颖而出，获得更多的市场份额。

(3)具有品牌效应的会展项目有助于推动会展营销的沟通，促进销售并增加利润。

品牌会展项目更容易获得购买者的信任，促使顾客形成品牌忠诚度，愿意重复购买甚至支付更高的价格，这有助于稳定和扩大展会产品的销售，并且能够获得比普通产品更高的利润。

三、会展项目品牌定位

会展项目的品牌定位是确定项目在目标市场中的独特形象和价值主张，以吸引参展商、观众和其他利益相关者。品牌定位的核心是通过差异化的策略，将会展项目与竞争对手区分开来，并在目标受众心中建立清晰的认知和情感联结。以下是会展项目品牌定位的关键步骤和策略：

1. 会展项目品牌定位的核心要素

(1)目标市场。

明确会展项目的目标受众，这包括参展商、观众、赞助商、媒体等各方利益相关者。例如，目标市场可以是特定行业(如科技、医疗、教育)的专业领域，或特定人群(如企业高管、创业者、消费者)的广泛群体。

(2)核心价值主张。

确定会展项目能够为目标受众提供的独特价值，这将作为项目的核心竞争力。例如，提供行业前沿信息、促成商业合作、展示创新产品等，这些都能够吸引并保持目标受众的兴趣和参与。

(3)差异化优势。

找出会展项目与竞争对手相比的独特优势,这将有助于项目在市场中获得竞争优势。例如,独特的主题、高质量的嘉宾阵容、创新的活动形式等,这些元素可以显著提升项目的吸引力和影响力。

(4)品牌个性。

为会展项目赋予独特的个性和风格,使其在市场中脱颖而出,成为具有辨识度的品牌。例如,专业性、创新性、高端性、亲民性等,这些品牌个性能够帮助项目在目标受众中建立特定的形象。

(5)情感联结。

通过品牌故事、视觉设计和互动体验,与目标受众建立情感联系,这有助于提升受众的忠诚度和参与度。例如,强调会展项目对行业发展的推动作用,或对参与者个人成长的帮助,这些都能够激发受众的共鸣和情感投入。

2. 会展项目品牌定位的步骤

(1)市场调研与分析。

深入分析行业趋势、竞争对手和目标受众需求,以确保会展项目能够紧跟市场脉动。通过细致的市场研究,识别市场中的空白点或那些尚未被充分满足的需求。

(2)明确目标受众。

通过市场细分,精准地确定会展项目的核心受众群体。例如,针对 B2B 会展,目标受众可能是企业决策者,他们寻求行业内的商业合作机会;而对于 B2C 会展,目标受众则可能是普通消费者,他们对产品和服务有直接的购买需求。

(3)确定核心价值主张。

至关重要的一点是明确该项目能够为目标受众群体提供哪些核心价值,从而确保项目本身具有清晰且具有针对性的市场定位。这一点对于项目的成功至关重要,因为它直接关系到项目能否吸引到合适的参与者,并在竞争激烈的市场中脱颖而出。

例如,会展项目可以着重于提升其在特定行业内的影响力。通过精心策划的内容和活动,项目可以向参与者提供行业前沿的信息和趋势分析,帮助他们更好地理解行业动态,从而在市场中保持领先地位。

此外,会展项目还可以作为商业机会的催化剂,通过组织和举办各种活动,促进参展商与观众之间的互动与合作。这种直接的交流和接触有助于双方建立联系,进而促成潜在的商业交易,为双方创造实际的商业价值。

(4)提炼差异化优势。

关键在于挖掘并突出其独特卖点,从而确保该项目能够在众多会展项目中脱颖而出,吸引更多的参与者和观众。

例如,会展项目可以围绕一个独特的主题或焦点来设计,这样的主题或焦点能够精准地吸引特定的目标群体,从而显著提升会展的吸引力和市场竞争力。

此外,邀请在行业内具有高知名度和影响力的嘉宾或演讲者,不仅能够为会展增添权威性和专业性,还能通过他们的参与,提高会展的品质和参与者的满意度。

在活动形式上，可以尝试创新，例如引入虚拟会展技术，或者设置互动体验区，这些新颖的活动形式能够为参与者提供与众不同的会展体验，从而在众多会展项目中脱颖而出。

(5)塑造品牌个性。

为会展项目赋予独特的品牌个性，使其在市场中具有辨识度，从而在众多会展项目中脱颖而出。

例如：

专业性：通过强调行业权威性和高质量内容，塑造会展的专业形象。

创新性：通过展示前沿技术和新颖形式，突出会展的创新精神。

高端性：通过打造奢华体验和精英社交平台，塑造会展的高端形象。

(6)设计品牌视觉与语言。

通过标志、色彩、字体、标语等视觉元素，传递会展项目的品牌定位和个性。

例如，科技类会展可以使用蓝色和银色，传递科技感和未来感，吸引科技爱好者和专业人士；环保类会展可以使用绿色和自然元素，传递可持续发展理念，吸引对环保有兴趣的参与者。

(7)传播与推广。

通过多渠道传播品牌定位，包括线上(社交媒体、官网)和线下(海报、宣传册)。

例如，制作品牌宣传视频，通过视觉和听觉的双重刺激，生动展示会展的核心价值和独特体验；邀请行业领袖为品牌背书，通过他们的推荐和认可，提升会展品牌的权威性和可信度。

(8)持续优化。

根据市场反馈和竞争环境的变化，不断调整和优化品牌定位，确保会展项目始终保持竞争力。

例如，增加新的活动形式以吸引更多参与者，如增加互动环节或提供个性化体验；引入新的技术(如AR/VR)提升体验感，通过技术手段增强会展的吸引力和参与度。

3. 会展项目品牌定位的示例

示例1　行业峰会品牌定位

目标市场：行业高管、企业决策者。

核心价值主张：提供行业前沿信息和趋势，促进行业交流与合作。

差异化优势：邀请顶级行业领袖作为演讲嘉宾，提供高质量的圆桌讨论和闭门会议。

品牌个性：专业性、权威性、高端性。

情感联结：帮助参与者把握行业趋势，提升个人和企业竞争力。

示例2　消费类展会品牌定位

目标市场：普通消费者、家庭。

核心价值主张：提供丰富的产品展示和互动体验，满足消费者的购物和娱乐需求。

差异化优势：设置互动体验区、亲子活动区，吸引家庭参与。

品牌个性：亲民性、娱乐性、互动性。

情感联结：为消费者带来欢乐和难忘的体验。

示例3　创新科技展品牌定位

目标市场：科技爱好者、创业者、投资者。

核心价值主张：展示最新科技产品和创新解决方案，推动科技行业发展。

差异化优势：设置创新展区、创业路演区，吸引投资者和创业者。

品牌个性：创新性、未来感、科技感。

情感联结：激发参与者对科技未来的想象和探索。

4. 会展项目品牌定位的成功关键

(1)清晰的目标受众。

明确品牌服务的对象，避免定位模糊。了解目标受众的需求和偏好，是会展项目品牌定位成功的基础。通过市场调研和数据分析，可以精准地识别出目标受众群体，从而制订出更加符合他们期望的品牌策略。

(2)独特的价值主张。

提供竞争对手无法复制的核心价值。在会展行业中，一个项目要想脱颖而出，就必须拥有自己独特的价值主张。这可以是创新的会展内容、独特的服务体验，或者是其他竞争对手难以模仿的优势，以此来吸引并留住客户。

(3)一致的品牌形象。

在所有接触点传递一致的品牌信息。品牌形象的一致性对于品牌定位的成功至关重要。无论是线上推广还是线下活动，从宣传材料到现场布置，每一个细节都应该体现出品牌的核心价值和个性，确保受众在任何接触点上都能获得一致的品牌体验。

(4)持续的品牌传播。

通过多渠道传播品牌定位，提升知名度和美誉度。会展项目需要通过各种渠道，如社交媒体、行业合作、公关活动等，持续不断地传播品牌定位。这样不仅能提高品牌的知名度，还能通过正面信息的传递，增强品牌的美誉度和影响力。

(5)灵活的调整能力。

根据市场反馈和竞争环境的变化，及时优化品牌定位。会展市场是动态变化的，品牌定位也需要随之调整。通过持续的市场监测和分析，及时了解行业趋势和竞争对手的动态，灵活调整品牌策略，以保持品牌定位的竞争力和相关性。

5. 会展项目品牌定位的CIS识别策略

企业识别系统(Corporate Identity System，CIS)是品牌建设的重要工具，通过统一的视觉、行为和理念识别，塑造品牌的整体形象。对于会展项目而言，CIS识别策略可以帮助项目在市场中建立独特的品牌形象，增强辨识度和吸引力。

(1)CIS识别系统的三大核心组成部分。

理念识别(Mind Identity，MI)是会展项目CIS识别系统中的核心部分，定义会展项目的核心价值观、使命和愿景。例如，会展项目的理念可以是“推动行业创新，连接全球资源”。这样的理念不仅明确了会展项目的目标和方向，也向外界传递了会展项目的独特价值和追求。

行为识别(Behavior Identity,BI)是会展项目 CIS 识别系统中的行为部分,通过会展项目的活动形式、服务标准和互动方式,传递品牌理念。例如,提供高质量的嘉宾演讲、创新的展区设计、贴心的参会服务。这些行为活动不仅能够提升会展项目的品质和影响力,也能够有效地传递会展项目的核心理念。

视觉识别(Visual Identity,VI)是会展项目 CIS 识别系统中的视觉部分,通过标志、色彩、字体、图形等视觉元素,传递品牌形象。例如,设计独特的会展标志和主视觉,用于宣传物料和现场布置。这些视觉元素不仅能够提升会展项目的视觉效果,也能够有效地传递会展项目的核心理念和品牌形象。

(2)会展项目 CIS 识别策略的具体实施。

①理念识别。

a. 品牌使命。明确会展项目的核心目标和存在的意义,这是品牌理念识别中的基础部分,它需要清晰地传达出会展项目的核心价值和追求。例如:“为全球科技企业提供展示和交流的平台,推动行业创新。”这句话简洁明了地表达了会展项目的核心使命。

b. 品牌愿景。描述会展项目未来的发展方向和期望达到的高度,它为品牌的发展提供了长远的目标和方向。例如:“成为全球最具影响力的科技展会之一。”这表明了会展项目追求卓越,致力于成为行业标杆的愿景。

c. 品牌价值观。定义会展项目所倡导的核心价值观,它是品牌理念识别中的核心,反映了会展项目的精神和文化。例如:“创新、合作、可持续发展。”这三个词简洁地概括了会展项目的核心价值观。

d. 品牌口号。用简洁有力的语言传递品牌理念,它是品牌理念识别中的点睛之笔,能够加深人们对品牌的印象。例如:“连接未来,创新无限。”这句口号富有激情和想象力,能够激发人们对会展项目的期待和向往。

②行为识别。

a. 活动形式。设计独特的活动形式,如主题论坛、圆桌讨论、创新展区等,这些活动形式能够吸引参展商和观众的参与,增强会展项目的吸引力。例如,设置“未来科技体验区”,让观众亲身体验最新技术,这种互动式的体验能够使观众更加深入地了解会展项目。

b. 服务质量。提供高标准的参会服务,如快速注册、智能导航、多语言支持等,这些服务能够提升参会者的满意度,增强会展项目的口碑。例如,推出会展 App,方便参会者查看日程和导航展区,这种便捷的服务能够极大地提升参会者的体验。

c. 互动方式。通过线上线下结合的方式,增强参展商与观众的互动,这种互动方式能够扩大会展项目的影响力,吸引更多的人参与。例如,设置线上直播和虚拟展台,吸引无法到场的参与者,这种创新的互动方式能够使会展项目的影响范围更广。

d. 社会责任。通过环保举措、公益活动等,传递品牌的社会责任感,这不仅能够提升品牌的形象,还能够促进社会的可持续发展。例如,推行“绿色会展”,减少一次性用品的使用,这种环保的举措能够体现会展项目对环境的关怀。

③视觉识别。

a. 标志设计。设计简洁、易识别、具有行业特色的标志，这是品牌视觉识别中的核心，它能够帮助人们快速识别和记住品牌。例如，科技类会展可以使用未来感强的图形和字体，这种设计能够体现科技会展的现代感和未来感。

b. 主视觉设计。设计统一的视觉风格，用于宣传物料、官网和现场布置，这能够增强会展项目的整体感和专业感。例如，使用科技蓝和金属银作为主色调，搭配动态效果，这种设计能够吸引人们的注意力，增强会展项目的吸引力。

c. 字体与色彩。选择与品牌个性相符的字体和色彩，这能够帮助会展项目更好地传达其品牌理念和价值观。例如，高端会展可以使用优雅的衬线字体和金色、黑色搭配，这种设计能够体现会展项目的高端和奢华。

d. 宣传物料。设计统一的宣传册、海报、邀请函等，这能够帮助会展项目更好地传播其品牌形象。例如，在宣传物料中突出品牌口号和核心价值，这种设计能够加深人们对会展项目的印象。

e. 现场布置。将品牌视觉元素融入展台设计、指示牌、背景板等，这能够使会展项目的现场布置更具品牌特色。例如，在主舞台背景板上使用品牌标志和主视觉，这种设计能够使会展项目的现场更具吸引力。

(3)会展项目 CIS 识别策略的实施步骤。

①品牌调研与分析。分析目标市场、竞争对手和受众需求，明确品牌定位，这是实施 CIS 识别策略的第一步，它能够帮助会展项目更好地理解市场环境和自身定位。

②制度理念识别。确定品牌使命、愿景、价值观和口号，这是 CIS 识别策略的核心部分，它能够帮助会展项目明确其品牌理念。

③设计行为识别。规划活动形式、服务标准和互动方式，这是 CIS 识别策略的实践部分，它能够帮助会展项目将品牌理念转化为实际行动。

④设计视觉识别。设计标志、主视觉、字体、色彩等视觉元素，这是 CIS 识别策略的外在表现，它能够帮助会展项目通过视觉元素传达其品牌理念。

⑤品牌传播与推广。通过官网、社交媒体、宣传物料等渠道传播品牌形象，这是 CIS 识别策略的推广部分，它能够帮助会展项目扩大其品牌影响力。

⑥现场执行与反馈。在会展现场统一执行 CIS 识别策略，并根据反馈优化品牌形象，这是 CIS 识别策略的执行部分，它能够帮助会展项目根据实际情况调整和优化其品牌策略。

(4)会展项目 CIS 识别策略的成功关键。

①一致性。确保理念识别、行为识别和视觉识别在所有接触点传递一致的品牌信息，这是 CIS 识别策略成功的关键之一，它能够帮助会展项目在市场中建立统一的品牌形象。

②独特性。通过差异化的理念、行为和视觉设计，突出品牌个性，这是 CIS 识别策略成功的关键之二，它能够帮助会展项目在市场中脱颖而出。

③可执行性。制订切实可行的 CIS 策略，确保落地执行，这是 CIS 识别策略成功的

关键之三，它能够帮助会展项目将品牌理念转化为实际行动。

④灵活性。根据市场反馈和竞争环境的变化，及时调整CIS识别策略，这是CIS识别策略成功的关键之四，它能够帮助会展项目在不断变化的市场环境中保持竞争力。

通过科学的CIS识别策略，会展项目可以在市场中建立独特的品牌形象，提升知名度和美誉度，吸引更多参展商和观众，从而实现长期发展目标。

小贴士

冰墩墩

在2022年北京冬奥会的赛场上和场外，本届冬奥会的吉祥物"冰墩墩"成为焦点：官方特许商店前排起了长队，各大电商平台上的"冰墩墩"商品纷纷售罄。国际媒体对此进行了广泛报道，表示"冰墩墩"受到了热烈的追捧。

冰墩墩（英文：Bing Dwen Dwen，汉语拼音：bīng dūn dūn），作为2022年北京冬季奥运会的吉祥物，将熊猫的形象与超能量的冰晶外壳相结合。它的头部外壳设计灵感来源于冰雪运动头盔，搭配了彩色光环，整体形象酷似太空人。

"冰"代表着纯洁和坚韧，这正是冬奥会的特色所在。"墩墩"则寓意着憨厚、结实、可爱，与熊猫的形象相得益彰，象征着冬奥会运动员健壮的体魄、坚韧不拔的精神和激励人心的奥林匹克精神。冰墩墩的熊猫形象与冰晶外壳的结合，不仅融合了文化元素与冰雪运动，还赋予了新的文化意义和特征，彰显了冬季冰雪运动的独特魅力。

"充满活力、趣味横生、机智过人、正能量满满。"国际奥委会奥运会部的主任克里斯托夫·杜比用一连串的形容词表达了他对"冰墩墩"的喜爱之情。他宣称："'冰墩墩'不仅是我的收藏品，也将成为全世界孩子们都想要拥有的宝贝。"

据拉美社报道，北京冬奥会的吉祥物"冰墩墩"和冬残奥会的吉祥物"雪容融"是从5816件国内外设计作品中脱颖而出的。与所有大型体育赛事一样，2022年北京冬奥会的各种象征物也是重要角色，中国期望通过这些象征物向世界展示中国文化、传统和价值观中备受尊重的元素。

第二节　会展项目宣传与推广

在会展营销中，宣传与推广活动扮演着关键角色，它们在吸引参与者和塑造会展品牌方面具有重要作用。为了确保会展宣传和推广的成功，必须激发各方的热情，精准定位宣传对象，并采用成本效益高的推广策略，以实现目标明确、效果显著的营销成果。

一、会展宣传和推广的目标对象

（一）选准宣传和推广目标对象的必要性

会展项目在宣传与推广展会时需要准确选择目标受众，主要有两方面原因：一方面，会展服务于特定主题、产业，不管会展活动的组织水平有多高，总体规模有多大，任何会展活动都不可能包揽一切，即便博览会亦是如此。因此，会展活动的宣传和推广，只有准确定位目标受众，才能达到预期目标。另一方面，会展活动组织者的宣传和推广工作会产生费用。会展活动组织者作为自负盈亏的经济实体，当然要追求相应的回报。如果会展活动组织者不划分目标市场、不针对自己的目标受众而不加区分地进行盲目的宣传与推广，不仅会加大企业营销成本，而且无法达到预期的宣传效果。

由此看来，会展活动营销人员在制订宣传和推广计划时，需要依据会展活动主题，选定自己的目标市场，切忌不分对象，胡乱推广。此外，会展活动组织者即便划分了目标市场，确定了营销群体对象，群体内部的具体营销对象仍需要进一步细分。因为对于会展活动组织者来说，只有分别对大客户与小客户以及新客户与老客户等采取不同的推广策略，才能够起到有效的促销效果。

(二)选择目标对象的一般方法

会展市场细分是会展活动组织者选择目标市场的基本方法。这一策略涉及将会展客源市场划分为若干个具有相似特征的子市场，从而使得组展商能够根据主要目标顾客群体对会展产品和服务的不同需求，更精准地定位和满足这些需求。通过市场细分，组织者可以识别出特定的客户群体，了解他们的偏好和行为模式，进而设计出更符合这些群体期望的会展活动。这种细分策略有助于提高会展的吸引力和参与度，同时也能提升会展的商业价值和市场竞争力。事实上，从事会展业的企业与从事其他行业的企业在市场细分方面十分相似，会展活动组织者需要进行细分市场和客户定位，必须根据细分市场和客户定位来选择宣传和推广的具体对象。会展活动组织者一般按照企业特征进行市场细分，划分方式如下：

(1)行业类别。

绝大多数会展活动都是按照行业类别划分的，如服装展、汽车展等。因此，在对组织者进行宣传与推广时，依据会展主题确定的相关行业类别就成为市场细分的一个重要标准。

(2)企业规模。

除了诸如中小企业投资洽谈会等会展以企业规模作为市场细分依据外，大多数组展商对参展商的要求并没有规模方面的限制。不过，在会展宣传和推广过程中，对待大企业的策略和对待中小企业的策略确实有所不同。会展营销人员应该学会通过企业规模细分市场，并针对不同规模的企业制订不同的推广措施。

(3)企业地域。

组展商的实力、市场定位及展示的产品类别不同，决定了很多组展商只能组织区域性的会展活动。无论是参展商还是观众，都主要集中在某一区域，从而形成了一个区域性的会展活动细分市场。显然，对区域性会展的宣传和推广，无论是广告投放还是人员促销，都需要局限在某一限定的区域内，超出这一区域，就会浪费企业的人力、物力和财力，无法达到预期目的。

(4)公司宗旨。

以展览为例子,参展商的参展宗旨是依据参展公司的发展战略和市场状况来设定的,可以划分为销售型和非销售型两类。销售型宗旨的参展公司通常受到业界的广泛重视,核心在于签订贸易、技术、投资、经营等领域的合同或协议;非销售型宗旨的参展公司主要是为了展示新发明、掌握新产品信息、展示新成果等。参展宗旨不同的参展公司,对展览所提供的产品和服务的需求也有所区别,会展项目的宣传推广人员应该预先掌握参展公司的参展宗旨,并以此为基础进行宣传和推广,为参展公司提供展示咨询及其他具有针对性的服务。

二、会展宣传资料的准备

宣传资料是营销人员向目标客户传递会展活动信息的载体,资料准备得充分与否将直接影响会展宣传的效果。宣传资料的准备要以"5W"(who、when、where、what、why)要素为基础,根据不同的媒介需要和目标对象的差异,设计不同的宣传资料。通常情况下,宣传资料的内容主要包括会展活动的行业背景、组织者的历史业绩、会展活动的历史成就、以往参与者评价、本届活动的亮点特色等基本资料。这些资料可以根据具体需要分别整理成新闻稿、网站宣传资料、广告素材和宣传册资料等。

(一)会展活动宣传册

1. 宣传册的内容

在会展主办方的营销推广中,宣传册扮演着至关重要的角色,它向潜在的参与者提供了参与会展活动所必需的基础信息。多数展览商所采用的宣传册通常包含以下内容:会展的名称、举办地点和时间、主办单位、场地的概况、招募参展商或嘉宾的详情、相关的配套活动和联络方式等。

2. 宣传册的编制原则

宣传册作为组展商向目标顾客传递信息和吸引关注的重要工具,其设计和制作过程需要严格遵循一系列标准和要求。为了确保宣传册能够有效地达到预期的宣传效果,以下四点是必须认真考虑和执行的。

(1)简明扼要。

在宣传册的制作过程中,必须确保内容的说明和叙述简洁明了。这意味着在文字的使用上要尽量精简,避免冗长的描述,力求在有限的篇幅内传达出最核心的信息,使读者能够快速抓住要点,理解宣传册所要表达的主旨。

(2)美观大方。

宣传册的外观设计必须追求美观和大方,版式布局要合理,色彩搭配要和谐,印刷质量要精细,确保没有错别字或其他印刷上的错误。此外,宣传册的制作材料和纸张选择也应体现出会展活动的档次,与组织机构的品牌形象和市场声誉相匹配,从而给目标顾客留下良好的第一印象。

(3)专业。

宣传册在遣词造句上要体现出专业性,使用行业内部通用的语言和术语。这不仅有助于提升宣传册内容的权威性和可信度,还能确保目标顾客,特别是行业内的专业人士能够理解和接受所提供的信息。

(4)国际化。

对于那些面向国际市场的会展活动,或者有意向国际市场拓展的组织来说,宣传册的制作必须考虑到国际客户的文化背景和阅读习惯。这包括对宣传册内容的编排进行国际化设计,以及将宣传册翻译成目标客户所在国家或地区的官方语言,确保翻译的准确性和专业性,以便更好地与国际客户沟通和交流。

(二)展会宣传视频

在数字时代,视频已成为极佳的宣传工具,易于携带和保存。组织者应充分利用视频这一媒介,通过现场录像、邀请专家点评、采访参与者等多种形式,全面展现会展活动的精彩瞬间和成效,以提升目标客户对活动的认知。

展会宣传视频还应注重创意和趣味性,通过精心策划的脚本、引人入胜的镜头语言和配乐,吸引目标客户的注意力。同时,视频内容应简洁明了,突出重点,避免冗长和枯燥,确保观众在短时间内能够快速获取所需信息。此外,视频的画质和音质也应达到专业水准,以展现组织者的专业形象和严谨态度。

(三)附带的赠送资料

附带的赠送材料是指与直接邮寄、杂志广告及其他促销活动一起使用的材料,如通讯简报、明信片和小型纪念品等。

报纸和广告受众面广,但针对性不强,赠送材料则更具体,目标直接对准相关决策人。附带的赠送材料不仅能让客户加深对会展活动的认知,还可以帮助营销人员增强销售陈述效果。与宣传册一样,所有这些材料都需要认真策划,使之成为会展活动总体市场营销和广告策略的一部分。附带的赠送资料设计上要美观大方,内容上要突出会展活动特色,可以为客户带来利益和价值,也能够强化目标顾客对会展活动形象的认知,不能一味追求低成本。

(四)邀请函

邀请函作为会展活动宣传推广的关键工具,由组织者根据活动具体情况编写。通常,邀请函会通过邮寄方式直接送达目标顾客,其针对性强,宣传效果和推广效率均较为理想。邀请函内容涵盖会展活动的名称、举办地点和时间、组织架构、简要介绍、特色与优势、相关配套活动及回执表等要素。

设计邀请函时,应注重其正式性和专业性,以体现会展活动的高端品质。邀请函的外观设计需吸引眼球,可以采用精美的纸张、独特的印刷工艺和创意的布局,使其在众多邮件中脱颖而出。同时,邀请函的文字表述应准确无误,语言得体,既要传递出会展活动的核心价值,又要激发目标顾客的兴趣和参与欲望。此外,为了确保邀请函的送达率和宣传效果,组织者还需提前规划邮寄时间和方式,确保邀请函能够及时、准确地送达目标顾客手中。

(五)新闻稿

新闻稿是会展项目提供给媒体的新闻资料,通过媒体在报纸、杂志上刊登新闻的形式来达到宣传和推广目的。一般来说,新闻报道的费用较低,可信度较高,宣传效果有时比直接做广告要好。因此,通过新闻发布会等形式加强新闻报道通常是组展商宣传会展的重要方式之一。值得注意的是,这种带有明显推广性质的“新闻”与传统意义上的“新闻”有所区别,这种新闻的最终读者是参展企业和目标观众,因此要了解他们的兴趣,按照他们的兴趣安排具体内容。

在会展活动的各个阶段,发布相应的新闻是必要的。筹备期间,主办方通常会借助新闻发布会向潜在参与者展示活动亮点和筹备情况;到了开幕式当日,新闻报道会聚焦于贵宾的参与和演讲,同时展示贵宾与观众的互动照片;而当活动圆满结束时,会通过新闻来回顾成果并展望未来的发展方向。因此,新闻宣传是整个会展活动持续进行的重要组成部分。为了保证新闻发布的连贯性,主办方应当为每次新闻发布准备一份格式和风格与媒体相匹配的新闻稿,以便记者能够顺利采用。

三、宣传和推广的媒介选择

在确定了会展项目的宣传和推广目标受众,并准备好了相应的宣传材料之后,接下来的步骤是选择合适的宣传和推广渠道,以便将信息有效地传递给目标受众。

(一)大众传媒工具

大众传媒工具通常是指印刷媒体、电视媒体、广播媒体三种最主要的传统媒体和近几年新兴的网络媒体。

其中,印刷媒体包括报纸、杂志等出版物,它们以文字、图片为主要形式,能够详尽地介绍会展活动的内容、亮点和参与方式,对于目标受众而言,具有较高的可信度和保留价值。电视媒体则通过动态的画面和声音,直观地展示会展活动的现场氛围和精彩瞬间,能够迅速吸引观众的注意力,提高会展活动的知名度和影响力。

作为另一种重要的传统媒体,广播媒体通过无线电波传播信息,具有覆盖范围广、传播速度快的特点。它不受地理位置限制,可以让听众在任何地方接收到会展活动的相关信息。同时,广播媒体还可以与听众进行实时互动,通过热线电话、短信等方式收集听众的反馈和建议,增强受众的参与感和归属感。

网络媒体则是近年来迅速崛起的一种新兴媒体形式。它集合了文字、图片、音频、视频等多种表现形式,能够全方位、多角度地展示会展活动的内容。此外,网络媒体还具有交互性强、传播成本低、更新速度快等优势,使得会展活动的宣传和推广更加便捷和高效。通过社交媒体平台、专业会展网站等渠道,主办方可以轻松地将会展信息传达给目标受众,并与他们进行互动交流,收集宝贵的意见和建议。

(二)特种媒介工具

特种媒介工具主要是指海报、户外广告、小型纪念品等。组展商利用这些媒介工具制作相应宣传资料，利用自己的宣传渠道对外宣传和推广，而不是通过报纸、杂志、电视、广播、网络等大众媒体进行传播。特种媒介工具一般涵盖以下三个类别。

1. 户外广告

户外广告是指会展项目在都市的楼顶、墙体、路牌、路灯、地铁及人流量较大的高速路道桥等特种媒介工具上发布会展会广告。在这些媒介上发布的广告大多是涉及普通观众比较多的消费品会展，如服装展、体育用品展等，专业性较强的工业品会展通常不会利用这些媒介进行宣传和促销。

2. 特种宣传资料

特种宣传资料是指会展项目专门印制、单独派送的会展特种广告，主要采取会展宣传册、海报等形式。这类宣传资料有的以信件方式直接投递给目标参展商和观众，有的则在会展项目策划的公关活动现场派发。

3. 依附于小型纪念品的宣传媒介

作为一种辅助宣传手段，组展商通常制作一些物美价廉的小型纪念品，如手提袋、领带夹、水果刀、收音机、小玩具、日历、明信片等，在这些纪念品上印制会展名称、主办机构、联系方式等信息，并在老客户回访、市场调查、抽奖活动等场合派发给目标受众。这些小型纪念品虽然价值不大，但是如果会展项目将其制作得精美可爱，同样可以让目标受众爱不释手，并长期保留。这样，这些小纪念品就会起到比较好的宣传效果。

（三）公共关系宣传工具

利用公共关系促销是指会展组织者通过策划和实施一些能够引起公众注意的公共关系事件来达到宣传和推广会展的营销方法。会展项目常用的公共关系促销方法通常包括以下五种：

1. 会议演说

会议演说主要是指组织者通过在权威的行业会议中发表演说等形式宣传和推广活动。这种方式的最大优点是行业内的专业人士比较集中，受媒体的关注度高。如果会展项目自己的专家或者外聘顾问能够有机会在这样的场合以中立者的身份点评和推广本企业举办的活动，就能够大大提高会展项目的美誉度，达到比较理想的公共关系营销效果。当然，会展项目的这种做法有时候可能得不到行业会议主办方的支持。在这种情况下，一方面会展项目可以通过会议赞助、协办等方式宣传自己；另一方面，在资金实力和营销预算允许的情况下，可以自己组织诸如此类的会议，并通过会议进行企业形象和活动品牌的宣传，这同样是一种切实可行的做法。

2. 新闻发布会

为了引起媒体的广泛关注，召开新闻发布会介绍会展活动的筹备情况，并通过发布会把会展项目的亮点和会展的吸引力发布出去，也是会展项目常用的宣传和推广手段。新闻发布会不像纯粹的广告那样“赤裸裸”地宣传自己的产品和服务，而是以新闻发布和记者专访的方式来推广会展项目，不仅有利于降低会展项目的促销成本，而且有助于提高其可信度。

3. 公益赞助

公益赞助是指企业通过赞助贫困儿童、残疾人、学术团体等受到公众关注的公益事业而达到宣传会展项目或者提高会展项目美誉度的目的。为了提高宣传和推广效果,会展项目在赞助公益活动时需要注意两点:一是选择热点领域;二是争取媒体配合。因为热点领域在企业赞助之前已经引起了社会的广泛关注,在此基础上提供赞助,有可能达到比较理想的宣传效果;另一方面,企业作为一个经营机构,在赞助公益事业的同时争取媒体配合并进行正面报道,无论对会展项目形象的树立还是对会展本身的宣传,都会收到非常理想的效果。

4. 联合促销

联合促销是指两个或两个以上的主体或品牌合作开展促销活动。这种做法的最大优点是可以使联合体内的各成员能够以较低的费用获得较大的促销效果。通过共同分担促销成本,各参与方能够实现资源的共享和优势互补,从而达到事半功倍的营销效果。有时,联合促销能达到单独促销无法实现的目的,比如扩大市场覆盖范围、增强品牌影响力、提升消费者对产品的认知度等。虽然会展的主办方在会展的促销与宣传中居于中心地位,扮演着至关重要的角色,但是为了达到更加理想的推广效果,会展组织者要注意动员包括政府、协会及使领馆等多方面的力量进行联合促销。通过与这些机构的合作,可以借助它们的权威性和专业性,为会展活动增添更多的信任度和专业色彩,同时也能拓宽宣传渠道,吸引更多潜在的参展商和观众。

5. 路演

路演是一种通过现场展示来吸引潜在客户注意的手段,目的是激发他们的兴趣并实现既定目标。它涉及在公共场合进行演讲、展示商品、推广理念,以及向外界宣传公司、团队、产品或创意。路演一词源自英语"road show",在展览行业中,它特指组织者为了吸引更多的参与者加入会展活动,会在目标客户集中的区域和城市举办专业会议、新闻发布会、专家讲座等,以此增进与潜在参与者的互动,是一种专业化的推广活动。

(四)人员促销

人员促销是指会展项目利用自己的专职或者兼职营销人员向目标客户宣传和推广会展的方法。人员促销主要通过电话、传真、直邮、电子邮件和登门拜访等方式进行。

电话邀请是直接、双向的沟通方式,具有省时、省力、快速沟通的优点。它依赖于语音、语气、语速和语言来判断对方心理活动,关键在于找到目标观众,引起兴趣,获取信任。准备工作包括明确目的、提出问题、设想观众可能的问题,并准备好材料。设计有效的沟通方案和强调自身价值也是成功的关键。

传真通常与电话配合使用,用于传递正式的文字资料,如交易资料等。

直邮是将资料直接邮寄给潜在参展商和观众,邀请他们参加展会。它是一种成本较低、效果理想的宣传方式。在邀请时,可附带小礼品、贵宾卡或奖券以提高吸引力。

电子邮件是现代化的沟通方式,具有信息量大、速度快、成本低的优点,已成为会展项目营销的重要工具。

登门拜访是通过直接走访与目标客户面对面沟通的营销方式，能增加客户对会展的认识，但成本较高，通常只针对重要客户使用。

第三节　新媒体在会展项目推广与营销中的应用

新媒体是利用数字技术、网络技术，通过互联网、宽带局域网、无线通信网、卫星等渠道，以及电脑、手机、数字电视机等终端，向用户提供信息和娱乐服务的传播形态。从时间维度来看，新媒体是一个相对的概念，是相对于传统媒体（如报纸、杂志、广播、电视等）而言的。随着技术的不断发展和社会的进步，新媒体的内涵和外延也在不断变化和扩展。例如，在互联网发展初期，门户网站、电子邮件等被视为新媒体的代表；随着移动互联网的兴起，社交媒体、短视频平台等成为新媒体的新宠；而如今，人工智能、虚拟现实、区块链等新技术的应用，又为新媒体带来了新的发展机遇和形态。

新媒体的出现在改变人们日常生活习惯和消费方式的同时，给商业领域的业务往来、贸易洽谈和客户关系管理带来了更多便利。现如今，就会展业而言，各类新媒体的应用不断普及，已经成为主办方进行会展项目推广与营销的重要工具。

新媒体（如社交媒体、短视频平台、直播平台等）在会展项目的推广与营销中发挥着越来越重要的作用。它能够帮助会展项目扩大影响力、吸引目标受众、提升参与度，并为参展商和观众提供更丰富的互动体验。下面介绍新媒体在会展项目推广与营销中的具体应用。

一、新媒体在会展项目推广中的应用

（一）社交媒体营销

平台选择：根据目标受众的特点，选择合适的社交媒体平台（如微信、微博、LinkedIn、Facebook、Instagram 等），这些平台拥有庞大的用户基础，能够帮助我们更有效地触达目标受众。

内容形式：发布会展预告、嘉宾介绍、活动亮点等内容，通过这些信息的发布，可以提前引起目标受众的兴趣和期待。制作图文、短视频、海报等多样化内容，吸引用户关注。多样化的内容形式可以满足不同用户的喜好，提高用户的参与度和互动性。

互动活动：发起话题讨论、投票、抽奖等活动，提升用户参与度。通过这些活动，可以激发用户的参与热情，提高用户的活跃度。例如，设置“你最期待的嘉宾”投票活动，吸引用户互动。这种活动可以增加用户的参与感，同时也可以收集到用户的反馈信息。

KOL（关键意见领袖）合作：邀请行业 KOL 或网络红人为会展宣传造势。KOL 和网络红人拥有大量的粉丝，他们的宣传可以有效地扩大会展的影响力。例如，邀请科技领域的 KOL 在微博上分享会展亮点。这种分享可以吸引更多的用户关注会展，提高会展的知名度。

（二）短视频平台推广

平台选择：利用抖音、快手、TikTok 等短视频平台进行推广。这些平台的用户活跃度高，可以有效地提高会展的曝光率。

内容形式：制作创意短视频，展示会展亮点、往届回顾、嘉宾采访等。通过这些短视频，可以生动地展示会展的魅力，吸引用户的关注。例如，制作"30秒了解会展亮点"的短视频，吸引用户观看。这种短视频可以快速地传达会展的信息，提高用户的观看率。

挑战赛活动：发起与会展相关的短视频挑战赛，鼓励用户参与。通过这种活动，可以激发用户的创作热情，提高会展的参与度。例如，设置"我的会展期待"挑战赛，吸引用户拍摄短视频。这种挑战赛可以增加用户的参与感，同时也可以收集到用户的创意内容。

（三）直播预热

平台选择：利用抖音、快手、B站、YouTube等平台进行直播。直播可以实时地展示会展的现场情况，提高用户的参与感。

内容形式：在会展开始前，通过直播介绍会展亮点、嘉宾阵容、展区设计等。通过这些信息的介绍，可以提前引起用户的兴趣和期待。例如，邀请主办方负责人或行业专家进行直播讲解。这种讲解可以提供更深入的信息，提高用户的理解度。

互动形式：在直播中设置问答环节，回答观众提问，提升互动性。通过这种互动，可以提高用户的参与度，同时也可以收集到用户的反馈信息。

（四）官网与小程序

官网建设：在官网上发布会展信息、报名入口、活动日程等。官网是会展的官方信息平台，可以提供最权威的信息。例如，设置"展商名录"和"观众指南"，方便用户查阅。这些信息可以帮助用户更好地了解会展，提高用户的参与度。

小程序开发：开发会展专属小程序，提供报名、日程查看、展区导航等功能。小程序可以提供便捷的服务，提高用户的使用体验。例如，在小程序中设置"智能导航"功能，帮助观众快速找到展位。这种功能可以提高用户的便利性，同时也可以提高会展的效率。

二、新媒体在会展项目营销中的应用

（一）精准广告投放

平台选择：利用微信朋友圈、微博、抖音等平台进行精准投放。这些平台拥有精准的用户定位功能，可以有效地触达目标受众。

目标人群：根据目标受众的年龄、职业、兴趣等特征，精准定位广告受众。通过这种精准定位，可以提高广告的效果，降低广告的成本。

广告形式：制作创意广告素材，如图文、短视频、互动广告等。这些广告形式可以吸引用户的注意力，提高广告的点击率。例如，制作"一键报名"广告，吸引用户直接点击报名。这种广告可以直接引导用户参与会展，提高会展的参与度。

（二）内容营销

行业文章：在微信公众号、知乎、行业网站等平台发布与会展相关的深度文章。这些文章可以提供有价值的信息，吸引专业人士的关注。例如，发布"行业趋势解读"文章，吸

引专业人士关注。这种文章可以提供深入的行业分析，提高会展的专业性。

嘉宾专访：在会展前发布嘉宾专访内容，提升会展的权威性和吸引力。通过嘉宾的专访，可以展示会展的专业性和深度。例如，发布“行业领袖谈未来趋势”的专访视频。这种视频可以提供权威的观点，提高会展的影响力。

（三）社群营销

社群运营：在微信、QQ、Facebook 等平台建立会展社群，吸引目标受众加入。通过社群的运营，可以有效地维护与用户的联系，提高用户的忠诚度。例如，建立“会展交流群”，分享行业资讯和会展动态。这种社群可以提供丰富的信息，提高用户的参与度。

社群活动：在社群中发起讨论、问答、直播等活动，提升用户活跃度。通过这些活动，可以激发用户的参与热情，提高社群的活跃度。例如，在社群中发起“会展知识问答”活动，赠送门票作为奖励。这种活动可以增加用户的参与感，同时也可以提高会展的知名度。

（四）虚拟会展与线上展台

虚拟会展：利用 VR/AR 技术，打造线上虚拟会展，吸引无法到场的观众参与。通过虚拟会展，可以提供全新的会展体验，扩大会展的影响力。例如，设置“虚拟展台”，让观众在线浏览展商信息。这种虚拟展台可以提供便捷的浏览方式，提高用户的便利性。

线上展台：为参展商提供线上展台，展示产品和服务，吸引潜在客户。通过线上展台，可以提供更多的展示机会，提高参展商的满意度。例如，设置“在线洽谈”功能，方便展商与观众实时沟通。这种功能可以提供便捷的沟通方式，提高会展的效率。

三、新媒体在会展项目中的互动体验

（一）实时互动

直播互动：在会展期间，通过直播平台实时展示活动内容，并与观众互动。通过直播的实时互动，可以提高用户的参与感，同时也可以收集到用户的反馈信息。例如，在直播中设置弹幕互动和抽奖环节。这种互动可以激发用户的参与热情，提高直播的活跃度。

社交媒体互动：在会展期间，通过社交媒体发布实时动态，吸引用户参与讨论。通过社交媒体的互动，可以提高用户的参与度，同时也可以扩大会展的影响力。例如，设置“会展打卡”活动，鼓励用户分享现场照片。这种活动可以增加用户的参与感，同时也可以提高会展的知名度。

（二）互动展区

AR/VR 体验：在展区设置 AR/VR 互动体验区，吸引观众参与。通过 AR/VR 的互动体验，可以提供全新的会展体验，提高用户的满意度。例如，利用 AR 技术展示产品的 3D 模型。这种展示可以提供直观的产品信息，提高用户的理解度。

互动游戏：在展区设置互动游戏，提升观众的参与感和趣味性。通过互动游戏，可以激发用户的参与热情，提高会展的吸引力。例如，设置“知识问答”游戏，赠送小礼品作为奖励。这种游戏可以增加用户的参与感，同时也可以提高会展的趣味性。

(三)数据分析与反馈

用户行为分析：通过新媒体平台的数据分析工具，了解用户的兴趣和行为。通过数据分析，可以了解用户的喜好，优化后续推广策略。例如，分析用户对哪些内容更感兴趣，优化后续推广策略。这种分析可以提供有价值的用户信息，提高推广的效果。

实时反馈：在会展期间，通过社交媒体和直播平台收集用户反馈，及时调整活动安排。通过实时反馈，可以提高会展的灵活性，同时也可以提高用户的满意度。例如，根据观众反馈调整演讲顺序或展区布局。这种调整可以满足用户的实际需求，提高会展的满意度。

四、新媒体在会展项目中成功应用的关键

内容为王：制作高质量、有吸引力的内容，提升用户参与度。优质的内容是吸引用户的关键，可以提高会展的影响力。

精准定位：根据目标受众的特点，选择合适的平台和推广方式。精准的定位可以提高推广的效果，降低推广的成本。

互动体验：通过直播、互动游戏等方式，增强用户的参与感。互动的体验可以提高用户的满意度，同时也可以提高会展的吸引力。

数据驱动：利用数据分析工具，优化推广策略和活动安排。数据的分析可以提供有价值的用户信息，提高会展的效果。

持续运营：在会展前、中、后期持续进行新媒体运营，保持用户关注。持续的运营可以保持用户的关注度，同时也可以提高会展的影响力。

通过新媒体的应用，会展项目可以实现更广泛的传播、更精准的营销和更丰富的互动体验，从而提升项目的知名度和参与度，吸引更多参展商和观众。

案例分析

抖音短视频在会展项目宣传和推广中的应用

近年来，随着抖音等短视频平台成为新的流量聚集地，短视频迅速融入我们日常生活的各个领域，初步形成了视频社会的雏形。根据中国互联网络信息中心(CNNIC)发布的第50次《中国互联网络发展状况统计报告》显示，截至2022年6月，我国网民规模达到10.51亿，比2021年12月增加了1 919万；互联网普及率达到74.4%，比2021年12月提高了1.4个百分点。短视频用户规模达到9.62亿，比2021年12月增长了2 805万，占网民总数的91.5%。

各个行业都开始涌入短视频的浪潮中，会展业也不例外。以会展业中的展览板块为例，截至2021年4月18日，在抖音App上以展览、展会、博览会、交易会、会展等关键词进行搜索，共找到651个与展会相关的账号，具体粉丝数量、抖音账号数量及其比例详见表1。

表 1　中国展览行业相关抖音号粉丝数量统计表

序号	粉丝数量/个	抖音账号数量/个	比例
1	10 万及以上	9	1.38%
2	5 万及以上,10 万以下	9	1.38%
3	1 万及以上,5 万以下	53	8.14%
4	1 万以下	580	89.10%
合计		651	100%

数据来源:[1]李艳芬.基于 4I 理论的中国展览行业短视频营销探究:以抖音平台为例[J].现代营销(学苑版),2021(07):68－71.

在官方账号数据方面。在整体数据研究的基础上,对会展企业官方账号进行统计,其具体账号类别及粉丝数量见表 2。

表 2　中国展览行业官方账号用户类别统计表　单位:个

序号	官方账号主题的类型	粉丝 10 万或以上的账号数量	粉丝 1 万以上,10 万以下的账号数量	粉丝 1 万以下的账号数量	合计
1	协会	2	2	0	2
2	展览服务公司	1	16	95	112
3	会展中心	1	1	5	7
4	展览	1	12	71	84
合计		5	29	171	205

在展览行业代表性账号统计数据方面。截至 2021 年 4 月 21 日,粉丝数量 1 万个以下的中国著名展会活动、会展中心或展览企业抖音官方账号运营情况统计见表 3。

表 3　粉丝数量 1 万个以下的中国著名展会　单位:个

序号	账号名称	粉丝数	作品数
1	中国—东盟博览会	8 979	212
2	世界机器人博览会	7 626	206
3	广交会	1 803	45
4	上海展览中心	1 460	17
5	深圳国际会展中心	1 410	64

观察可知,展览业在抖音上的账号总数和粉丝量均偏低。在抖音上,与展览活动有关的账号共计 651 个。根据粉丝量统计,粉丝数达到或超过 10 万个的抖音账号有 9 个,占展览业抖音账号总数的 1.38%;而粉丝数不足 1 万个的账号则有 580 个,占 89.10%。

企业账号数量不多。抖音平台上的账号分为个人账号和官方账号两种，后者也被称为企业账号，这类账号需企业进行注册，可能属于展览公司、展会活动或展览中心。在展览相关领域，抖音上的企业账号仅有205个，占所有展览活动账号的31.50%。

企业账号中，以展会活动设计与搭建服务商为主体，组展企业数量较少。细看企业账号的性质，以设计与搭建服务为主的会展公司账号数量最多，其中粉丝数超过1万个的账号有15个。

知名展会活动、会展中心或大型会展公司的抖音账号互动性不强，运营效果欠佳。以广交会和深圳国际会展中心为例，这两个展览界的佼佼者在抖音上的粉丝数均未超过2千个，获赞数也未达到1万个。

短视频内容主要涵盖三个方面：首先是介绍性质的，例如展会活动的介绍，包括现场探展、特色展位和展品介绍等；其次是知识性质的，如展会参观攻略、参展须知、设计和搭建的小知识等；最后是宣传性质的，比如企业参观、搭建工厂环境分享、企业日常办公趣事等。

以“中国—东盟博览会”（简称东博会）为例，该博览会的官方抖音账号，截至2023年2月1日，已发布578个作品，拥有1.6万个粉丝，获得2.4万次点赞。东博会的抖音账号内容有明确的板块划分，在东博会召开前，通过发布“东博会商界大咖说”等板块，利用名人效应进行活动预热，为吸引社会关注和活动顺利举办打下坚实基础；在东博会召开期间，发布“云上看东博”“走！一起‘云逛展’”等板块，通过短视频形式宣传活动现场盛况，同时引流，增加活动人流量和交易量；在日常运营中，除了发布碎片化的短视频，还设立多个板块，使账号在展览期间和日常都有更新，吸引关注，提高趣味性。

目前，会展业正面临是否要开展短视频业务、如何开展的问题。经过研究，从业者发现会展业开展短视频业务面临三大难点。

首先，B2B与B2C行业相比，有其特殊性。B2C经过多年发展，营销体系和整体生态都相对成熟。而B2B在预算、市场部地位、决策复杂性、流程独特性以及受众群体精准性方面，短视频制作和运营在执行过程中会遇到诸多困难。

其次，品牌与效果营销问题。专业观众数量是衡量展会好坏的重要指标之一，能迅速带来预登记或到场观众的效果营销被大多数展会组织方重视。短视频对B2C来说可能是品效合一，但对B2B而言，更多是品牌效益，从建立品牌到品牌产生效果需要一个漫长的过程。

最后，短视频制作人才与内容产出问题。短视频在内容创意和制作方面，难度远大于图文消息，需要既懂专业又懂短视频，还要了解展会的复合型人才，才能产出优质内容。这种人才难以从社会招聘，且内部培养周期较长。

尽管面对短视频有许多挑战，会展行业仍需重视短视频，因为短视频深刻影响着现在的年轻观众，他们中的许多人将成为展会专业观众的主体。短视频带来的大量流量，也是许多媒体人出身的决策者不会忽视的，短视频凭借流量快速崛起，甚至有可能超越成熟展会。此外，通过直播等形式实现数字化转型，再通过这个窗口销售展位、VIP观众券，都是可能实现的。因此，提出以下几点建议：

首先，根据行业特点和自身实际情况做出决策。如果选择的宣传手段与企业营销计划不匹配，盲目应用可能会适得其反。例如，医疗医药、电子烟、工业品等行业类展会不适合在抖音等广域平台传播，可以选择视频号进入短视频领域，而食品、服装、体育、日用品等行业则可以优先尝试抖音推广。

其次，品牌营销和效果营销应遵循二八原则。顶层展会项目已经建立贸易服务能力和市场权威，应偏重品牌营销，维持其领导地位，应尽快进入短视频领域，进一步扩大影响力；腰部或底部会展项目在影响力上很难与头部展会竞争，应将重心放在效果营销上，短视频运营应量力而行。

最后，苦练内容创作能力。会展业的内容创作要紧跟行业趋势，善于抓住热点，创作符合短视频平台调性的内容，才能不掉队。目前，许多会展主办注册了不加 V 的公众号、视频号、抖音号，就是以第三方中立的身份更好地在行业内发声，更充分地影响行业，从而为自己的展会运营服务。

第四节　宣传与推广工作的管理

会展企业宣传与推广工作管理包括规划、组织、协调和控制，目的是增强宣传效果。负责主体是组织机构，管理内容不仅限于产品设计、定价或推广方案，而是全面涵盖会展企业的宣传与推广活动。

基于前述宣传与推广管理的定义，我们理解会展项目宣传与推广工作的管理流程主要涵盖以下六个阶段(参见图 5.1)。

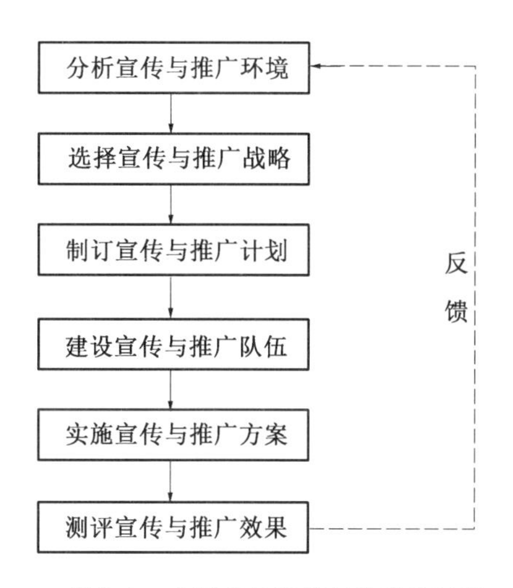

图 5.1　会展项目宣传与推广的过程

一、分析宣传与推广环境

分析宣传与推广环境是会展项目选择宣传与推广战略的基础。内容包括宏观政治、经济、文化、法律环境；会展产业发展情况；会展企业管理水平、行业地位、竞争优势。目的是了解会展企业优势、劣势、机遇、挑战，为制订宣传与推广战略提供决策参考。

二、选择宣传与推广战略

宣传与推广战略是会展项目宣传与推广工作的总体定位、目标及实现途径的谋划，是制订计划和策略的指导方针。它基于对环境分析的结果，确定会展项目的市场定位、目标受众、核心信息和差异化优势。选择战略时，需考虑会展项目的特点、目标市场的需求和竞争态势，确保战略既具有吸引力，又能有效传达项目的独特价值。战略选择还应与企业整体战略相一致，促进品牌形象的塑造和市场份额的提升。

三、制订宣传与推广计划

宣传与推广计划是根据企业战略制订的具体方案，是宣传与推广工作的设计和效果考核依据。通常按财政年度或展览项目运作周期设计。它详细规划了会展项目在不同阶段、不同渠道上的宣传内容、形式、时间和预算。计划应明确目标市场的细分、受众的偏好、宣传媒介的选择以及信息的传递方式，以确保信息的精准投放和有效覆盖。同时，宣传与推广计划还需设定可量化的评估指标，如品牌知名度提升率、观众参与度、媒体曝光量等，以便对宣传效果进行客观考核和优化调整。通过科学制订和实施宣传与推广计划，会展项目能够更好地吸引目标受众，提升品牌形象，实现经济效益和社会效益的双赢。

四、建设宣传与推广队伍

宣传与推广队伍是实施战略、落实计划的主体。建设高效团队是成败关键。建设团队的工作包括人员招聘、培训、激励、考评等。团队成员需具备丰富的行业知识、出色的沟通能力和创新思维。招聘时，应注重候选人的过往业绩、专业背景及团队合作精神。培训环节则着重提升员工的专业技能，如市场分析能力、创意策划能力及数字营销技巧，确保每位成员都能紧跟行业动态，掌握最新的宣传与推广工具。激励机制的设立旨在激发团队的积极性和创造力，可以通过设立绩效奖金、晋升机会或表彰大会等形式来实现。同时，定期的考评体系不仅是对团队成员工作表现的反馈，也是优化团队结构、提升整体效能的重要途径。通过这一系列措施，建设出一支既有战斗力又有凝聚力的宣传与推广队伍。

五、实施宣传与推广方案

实施宣传与推广方案是根据战略制订计划并付诸行动的过程。会展项目需讲求实效，好的战略和计划若不实施则无效。采取有效管理手段促进方案落实是核心工作。这要求项目团队不仅要有周密的计划，更要有高效的执行力。首先，要明确方案的执行步骤和时间节点，确保每一步都能按计划推进。同时，建立监督机制，定期检查方案执行情况，及时发现并解决问题。此外，保持与各方沟通顺畅，确保信息准确传递，也是方案顺利实施的关键。通过有效的管理和执行，将战略和计划转化为实实在在的效果，为会展项目的成功奠定坚实基础。

六、测评宣传与推广效果

会展宣传与推广管理需经过决策、计划、实施、测评环节。效果测评是对决策、计划、实施过程的评价，是考评人员和改进管理的重要依据。测评工作需从多个维度展开，包括但不限于目标受众的覆盖广度、信息的接收程度、参与度的提升情况及最终转化效果等。通过问卷调查、数据分析、客户反馈等手段，收集相关信息，对宣传与推广的实际成效进行全面评估。在此基础上，总结经验教训，提炼成功案例，为后续项目提供宝贵参考。同时，针对存在的问题和不足，提出切实可行的改进措施，不断优化管理流程，提升宣传与推广的整体效果。

第六章　会展项目客户招徕与组织

会展项目是双边市场，通过各方互动创造价值，客户数量越多，项目价值越大。一方客户规模增长会提升另一方效用。因此，组织运营时需有效吸引客户并精心管理。本章节内容将深入探讨会展项目招徕管理的整个流程，详细阐述会展产品和服务的定价策略，以及如何精心挑选合适的代理商，确保会展活动的成功举办。

第一节　招徕管理流程

会展客户招徕涉及吸引企业和服务商参与，展示产品和服务。招徕工作包括：构建客户数据库、定价策略、制订邀请函、建立宣传渠道和管理招徕进度。

一、建立目标客户数据库

会展招徕工作的第一步是建立目标客户数据库，这是会展招徕和规模预测的基础。目标客户包括可能参加会展的企业、机构和个人。建立数据库需广泛收集客户信息，包括基本信息和企业特征等，通过多种途径（如行业名录、商会、政府等）进行收集。信息收集后，需进行分析和宏观把握，以帮助顺利举办会展。

利用电脑和网络技术，可以建立一个有效的目标客户数据库。数据库应包含大量数据，分类科学合理，数据真实可靠，便于查找检索，并能及时修改。这些原则有助于提高招徕效率和数据库的实用性。

二、产品和服务的定价

会展活动产品和服务包括展位租赁、参会费、广告、赞助和入场券等，每项都需要定价。以展位定价为例，其他产品和服务价格可参考展位定价策略。展位定价需考虑顾客、成本和竞争，结合办展机构价格目标，采用合理策略。组展商需注意竞争、价格目标、展会发展阶段、价格弹性、行业状况、展区位置差异及国内外参展商价格差异等因素。

三、邀请函的编制

招徕邀请函是会展企业向目标客户传递的重要文件，可通过邮寄或电子方式发送。内容包括活动简介、市场状况介绍、宣传推广计划、配套活动和服务、报名办法和注意事项及相关图片等。

活动简介需说明活动宗旨、层次水平、功能和发展前景。市场状况介绍包括行业状况和市场辐射范围。宣传推广计划涉及推广手段、范围和渠道。配套活动和服务说明活动期间的配套活动和联系方式。报名办法和注意事项包括报名手续、申请表和其他事项。图片如展馆图、座位图等,可美化邀请函。

四、招徕渠道的选择

招徕渠道是指会展活动的产品和服务从组织者手中销售给目标客户的过程中所经历的环节和通道。

(一)会展活动招徕渠道的类型

通常情况下,按照会展活动产品和服务从会展企业到目标客户之间经历环节的多少,可以分为直接渠道和间接渠道两种类型:直接渠道是指会展企业直接将产品和服务销售给目标客户,不经过任何中间环节,即没有中间商的存在;间接渠道是指会展企业通过中间环节的辅助而将产品和服务销售给终端客户,其间至少经过一个中间环节。

直接渠道的优点主要包括:(1)不经过中间环节,不需要中间流通费用,有利于降低产品和服务的成本;(2)会展企业与客户直接沟通,信息交流充分,有利于减少价格等方面的业务冲突。

利用间接渠道的优势在于,它有助于克服会展企业自身的资源局限,能够更广泛地动员企业外部资源来促进市场拓展,进而加快市场渗透的速率。然而,间接渠道的弊端同样显著:一方面,通过中间环节销售产品或服务,必须向中间商支付额外费用,这增加了成本;另一方面,通过第三方进行沟通,可能会导致信息传递不准确,甚至可能引起业务协调上的矛盾。

(二)会展活动招徕渠道的特点

会展活动招徕渠道通常具有以下特点:

①主要依赖直接销售,尤其是对于有丰富客户数据库的组织者。直销方式加强了与客户的沟通。对于大型或海外业务的会展活动,可能需要依赖中间商。

②会展企业倾向于采用独家代理的窄渠道策略,因为目标客户集中且数量有限。

③销售合作以代理业务为主,包括代理和包销两种方式。代理是分销商根据招徕情况提取佣金,而包销则无论招徕结果如何,分销商都需支付展位费。

④会展企业通常采取显性代理和隐性代理相结合的方式,动员各方面资源进行招徕。

小贴士

显性代理和隐性代理是代理关系中的两种不同形式,以下是关于它们的详细介绍:

显性代理也称为显名代理,是指代理人在代理权限范围内,以被代理人的名义与第三人实施民事法律行为,其法律后果直接由被代理人承担的代理行为。在这种代理形式中,第三人在订立合同等民事法律行为时,清楚地知道代理人是在代表被代理人进行活动,并且知道被代理人的具体身份。

隐名代理,亦称隐性代理,指的是代理人以自身名义与第三方进行民事法律行为,但实质上是为了代理人的利益,且第三方在合同签订时已知悉代理人与被代理人之间的代理关系。在隐性代理中,代理人并不直接以被代理人的名义进行活动,而是以自己的名义出现，但第三人知晓代理人背后存在被代理人。

总的来说，显性代理和隐性代理的主要区别在于代理人在进行代理活动时是否以被代理人的名义公开行事，两者在不同的商业和法律场景中都有各自的应用和意义，对于规范代理行为、保护各方当事人的合法权益等具有重要作用。

五、招徕进度管理

为了确保会展活动的成功开幕，必须考虑到行业特有的时间安排，精心策划招徕活动的启动时间。这样可以保证有足够的时间来吸引潜在的参展者。同时，主办者需要对招徕活动的进度进行严格的控制，实时监控目标客户的报名情况及展位的剩余数量，根据这些数据灵活调整招徕策略，以达到最佳的招展效果。

作为会展活动的主办者，还需要负责会展筹备的各项工作，包括但不限于确定租用场地的截止日期、设计物料的报送审批时间等。这些筹备事务的安排需要细致入微，以避免任何可能影响会展顺利进行的疏漏。为了确保信息的准确传达，主办者应当将这些筹备事务以表格的形式整理并通知给所有参与的客户，这样可以提高工作效率，确保会展活动的顺利进行。

第二节　会展活动产品和服务定价技巧

会展活动产品和服务的价格包括展位费、参会费等，本节以展位定价为例，介绍会展企业定价技巧。

组展商在定价时应运用技巧，如折扣和差别定价（图 6.1），以促进参展商付款、扩大展位面积、联合参展和连续参展。本书总结了七种定价技巧，以帮助读者清晰理解。

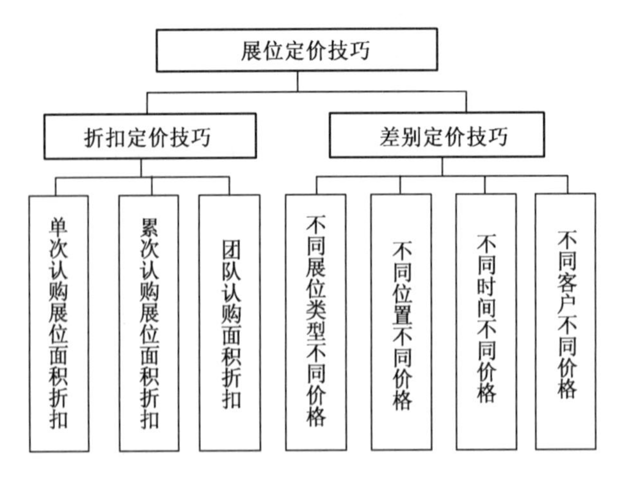

图 6.1　展位定价技巧

一、折扣定价技巧

在会展行业中，折扣定价技巧是一种非常有效的策略，它被组织者广泛采用以激励参展商预订更多的展位空间。这种策略通常包含三种主要的折扣类型,每一种都有其独特的吸引力和优势。

(1)单次认购展位面积折扣。

这是一种直接的激励方式,它允许参展商在参与某一次特定的展览会时,如果认购了一定面积的展位,就可以享受到相应的优惠。这种折扣方式简单明了,能够立即吸引参展商的兴趣,促使他们在单次活动中投入更多,以获取更好的价格。

(2)累计认购展位面积折扣。

这是一种长期激励机制,它特别针对那些长期合作的老客户。通过记录和累计参展商在历届展览会上所认购的展位面积,组织者为这些忠诚的客户提供了额外的折扣。这种折扣不仅奖励了参展商过去的参与,也鼓励他们继续在未来保持合作,从而稳定了客户基础。

(3)团体认购面积折扣。

这是鼓励团体合作的一种方式。当多个参展商联合起来共同认购展位时,他们可以享受到特别的价格优惠。这种折扣方式促进了参展商之间的合作,不仅增加了展位的销售量,也为参展商提供了更多的交流和合作机会,从而提升了整个展览会的互动性和参与感。

二、差别定价技巧

差别定价技巧是组展商根据展位的类型、位置、客户类型,以及报名和支付时间的差异所采取的一种策略。这种策略有四种常用的方法,每种方法都旨在通过不同的定价机制来吸引和满足不同参展商的需求。

首先,组展商通常会根据展位的不同类型来设定不同的价格。展位主要分为标准展位和特装展位两大类,而价格则会根据展位的类型来决定。标准展位通常提供基本的展示空间和设施,价格相对固定;而特装展位则允许参展商根据自己的需求进行个性化设计和搭建,因此价格会根据设计的复杂程度和所用材料的不同而有所差异。

其次,展位的位置也是影响价格的重要因素之一。位于展会中心区域或者人流密集的特殊位置的展位,由于其优越的展示效果和更高的曝光率,通常价格会相对较高。而位于角落或者人流较少区域的展位,为了吸引参展商,价格相对较低。

第三,组展商还会根据参展商的报名和支付时间来调整价格。通常情况下,那些能够提前报名并及时支付参展费用的参展商,会享受到更大的折扣优惠。这种做法不仅能够帮助组展商提前锁定一部分参展商,还能保证展会的财务稳定性和运营效率。

最后,组展商还会根据参展商的不同客户类型来制订不同的价格策略。例如,区分国内外客户、新老客户等,根据他们的特点和需求来设定不同的价格。对于新客户或者国外客户,可能会提供一些优惠政策来吸引他们参展;而对于老客户或者国内客户,则可能会有忠诚度奖励或者长期合作的优惠。这种差别定价策略能够更好地满足不同客户群体的需求,同时也有助于提升组展商的市场竞争力。

第三节　代理商的选择与管理

会展企业与代理商的合作应基于共同的价值理念，代理商作为企业面对客户的窗口，其行为直接影响企业形象和信誉。因此，企业在选择代理商时，不仅要考虑其能力，还要确保其认同企业价值理念。

合作应保持适度弹性，因为代理商可能带来风险。企业应为自己留有余地，例如在销售业绩不佳时中止代理关系。

申请成为代理商的基本条件包括注册资金、经营年限、经营范围等。企业应根据自身情况提出具体要求。

代理协议通常包含合作主体信息、合作背景、双方权利义务、佣金计算和支付方式、违约责任等。

代理商管理包括建立定期报告制度、严格控制招徕权限和价格体系、加强资金管理、构建绩效评价体系。

建立定期报告制度可以确保代理商及时向企业反馈市场动态和客户信息，有助于企业及时调整市场策略。严格控制招徕权限和价格体系则能防止代理商擅自降价或越权承诺，维护企业利益和品牌形象。加强资金管理，例如设立保证金制度，可以确保代理商有足够的资金履行合作协议，降低企业风险。构建绩效评价体系，根据代理商的销售业绩、客户满意度等指标进行评估，可以激励代理商提高业务水平，同时为企业优化代理商结构提供依据。

代理商激励措施包括全方位宣传促销、加强人才培训、建立佣金比例累进制度。

全方位宣传促销可以通过线上线下多种渠道，提升代理商及其所代理产品的知名度和影响力，吸引更多潜在客户。加强人才培训，不仅提升代理商团队的专业素养和服务能力，还能增强其对企业文化和产品的认同感，促进长期合作。建立佣金比例累进制度，则能根据代理商的销售额或业绩达成情况，给予不同比例的佣金奖励，激发代理商的积极性和销售动力，实现双赢局面。

第七章　会展项目人力资源

我国会展业起步晚，专业人才短缺，与某些国家相比，会展活动组织、管理、施工及服务人员素质差距大，人才问题成为制约会展业快速发展的主要障碍。在本章节中，我们将深入探讨会展项目人力资源的相关概念，包括会展项目人力资源的定义及其特征。此外，本章将重点阐述会展项目人力资源管理的有效方法和技巧，以及如何高效地管理志愿者团队，确保会展项目的顺利进行和成功。

第一节　会展项目人力资源概述

人力资源是企业发展的核心，特别是会展人力资源对项目的成功和可持续发展至关重要。会展项目人力资源包括提供智力和体力劳动的人，涵盖数量和质量两个方面。会展人力资源涉及从事会展相关活动的各类人员，对人才素质和能力有较高要求，包括团队意识、服务意识、全面知识、组织协调能力、项目运作能力及创新能力等。

会展项目人力资源管理是运用现代化方法对会展人力资源进行合理配置和使用的过程，目的是充分发挥团队成员的主观能动性，实现项目目标和提高效益。

会展项目的人力资源管理具有几个显著的特点，包括团队性、阶段性及灵活性。首先，会展项目通常需要一个紧密合作的团队来共同推进项目的成功实施，因此团队精神显得尤为重要。其次，由于会展项目的周期性，人力资源管理也呈现出明显的阶段性特征，需要根据项目的不同阶段来调整人力资源的配置和管理策略。最后，会展项目的不确定性和多变性要求人力资源管理必须具备高度的灵活性，以便快速适应市场变化和项目需求的调整。在会展项目中，强调团队精神、合作和适应项目不同阶段的人力资源需求是至关重要的。

一、会展项目人力资源的构成和分类

(一)根据会展人力资源的专业性分类

会展专业知识包括多个学科，如经济学、管理学等，涉及会展研究、策划和实施。会展人力资源体系应体现圈层型结构，以适应会展业的综合性和广泛性。

在会展行业的圈层结构中，位于中心位置的是会展核心人才，他们承担着会展项目策划、组织、执行和管理等关键职责。这些核心人才是整个会展活动能否成功的关键因素，因此在人力资源结构中，他们代表着专业性最强、要求最高的部分。核心人才不仅需要具备深厚的行业知识和丰富的实践经验，还必须掌握项目管理、市场营销、客户服务等多方面的技能。他们通常需要具备出色的沟通协调能力，以便在会展项目的各个环节

中，能够有效地与团队成员、合作伙伴及客户进行交流和合作，确保项目的顺利进行和最终的成功。

中间层是会展辅助人才，包括广告、法律咨询等领域，专业性和通用性要求一般，但工作与会展业密切相关。边缘部分是会展支持性人才，涉及翻译、接待等领域，通用性较大，对会展起支持作用。

小贴士

根据2022版《职业分类大典》："会展策划专业人员"系从事市场营销、商务策划、管理咨询等商务活动的专业人员，而且与16种工作性质相近似的职业并列。我认为，"会展策划专业人员"与其中的"国际商务专业人员""市场营销专业人员""商务策划专业人员"和"品牌专业人员"的工作性质相似度很高。

2022版《职业分类大典》对"会展策划专业人员"这一职业的说明如下：从事会展调研、策划、运营、推广的专业人员。

主要工作任务：

①确定会展项目主题，并进行可行性研究；

②策划会展项目实施方案；

③实施会展项目招商、招展、赞助、预算和运营管理；

④策划开幕式、闭幕式、同期活动；

⑤制订推广方案和宣传材料；

⑥维护、管理与参展商、专业观众、赞助商、参会者、会展展馆客户关系；

⑦管理会展项目合同、档案；

⑧进行会展项目风险评估和风险管理；

⑨提供会展项目信息咨询服务。

（二）按照会展人力资源的职务层次

在会展行业中，人力资源可以根据他们在各个项目中所承担的不同职责，被细致地划分为多种类型的人才。这些类型包括但不限于业务操作人员、项目主管、公司主管、教学研究人员及高层领导等。业务操作人员通常负责会展的日常运营和具体执行工作，确保活动顺利进行。项目主管则需要对项目的整体进展和质量负责，协调各方面资源，解决项目执行过程中出现的问题。公司主管则站在更高的角度，对公司的整体战略和会展业务的发展方向进行规划和指导。教学研究人员则专注于会展行业的理论研究和实践探索，为行业的发展提供知识支持和创新思路。而高层领导则需要制订公司的长远目标，引领公司向着既定的方向发展，同时对公司的整体业绩和市场表现负责。

二、我国会展项目人力资源现状

自从20世纪80年代以来，我国会展业经历了从无到有的发展历程，并且在会展人力资源方面取得了显著的进步。然而，由于会展业在我国的发展时间相对较短，加之不同地区之间发展水平的不平衡，这个行业目前仍然面临着许多挑战和问题。

（一）规模较小

会展人力资源的规模与会展业的实际需求相比，目前仍然显得不够充足。根据最新的统计数据，截至 2024 年，我国境内举办的各类经贸类展会数量已经达到了 3 844 场之多。然而，与此形成鲜明对比的是，会展行业的从业人员总数仅仅超过了 100 万，其中具备专业管理能力的人员更是不足 15 万。这种人才短缺的现象在会展行业中表现得尤为明显，亟须通过各种途径来加以解决和改善。

（二）结构不合理

会展人力资源结构不合理，低层次就业者多，高层次专业人才缺乏，核心人力资源不足。这导致会展项目在执行过程中，常常出现人才错配的情况，低层次就业者难以胜任高难度的工作任务，而高层次专业人才又因为数量不足，难以满足会展项目的实际需求。此外，核心人力资源的缺乏也使得会展项目在关键时刻难以找到能够引领项目前进的领军人物，影响了会展项目的整体质量和效果。因此，优化会展人力资源结构，提高人才素质和水平，已经成为我国会展业亟待解决的问题。

（三）专业化水平不高

会展行业的人力资源整体素质在很大程度上受到专业人员的专业化水平的影响。目前，大多数从业人员并没有接受过专业的训练，而那些处于高层次管理岗位的人员，他们主要依靠的是多年的工作经验积累。不幸的是，在会展行业中，那些具备深厚专业知识并且拥有国际视野的人才所占的比例相对较低。

（四）空间分布失衡

会展行业的人力资源分布不均衡，东部地区较为先进，而中西部地区则相对落后。随着中西部会展业的不断进步，人力资源分布不均的问题预计将得到缓解。

中西部地区会展业的崛起，不仅有助于平衡人力资源，还将促进当地经济的多元化发展。政府和企业应采取措施，如提供培训和教育机会，吸引和留住会展人才。此外，通过加强与东部地区的交流合作，中西部会展业可以借鉴先进经验，提升自身竞争力。最终，这将有助于形成一个更加均衡和可持续发展的会展行业格局。

（五）培训师资力量薄弱

在会展人力资源的培养过程中，专业的教师队伍和教育质量是至关重要的。我国的职业培训机构缺少会展经济与管理方面的专业人才，这导致了教学内容与实际操作的脱节，进而影响了培训的效果。

为了解决这一问题，必须加强师资力量的建设，提升教师的专业水平。同时，培训机构应与会展企业紧密合作，引入实战经验丰富的行业专家参与教学，确保课程内容紧跟行业发展，提高教学的实用性和前瞻性。此外，通过定期举办研讨会和工作坊，可以促进教师与业界的交流，不断更新教学方法和内容，以适应会展行业的快速变化。

（六）学科与课程设置不合理

我国尚未为会展专业专门设立独立学科，导致学科体系存在缺陷。会展教育体系亦未完全建立，缺乏核心课程的明确性，教材品质低劣，内容多有重复，且与实际操作的联系不够紧密。

此外，现有的会展相关课程设置往往侧重于理论知识的传授，而忽视了实践技能的培养。学生缺乏实际操作的机会，导致理论知识与实践能力之间存在较大的差距。为了解决这一问题，教育机构应加强与会展企业的合作，共同开发符合行业需求的课程体系，增加实践环节的教学比重，提升学生的实战能力。同时，应鼓励教师参与行业研究和实践，不断更新教学内容，确保课程与会展行业的最新发展保持同步。

第二节　会展项目人力资源管理

人力资源管理涉及运用现代科学方法，合理地培训、组织和调配人力与物力资源，确保人力与物力的最佳组合。同时，通过适当的引导、激励和协调，发挥人的主观能动性，实现人尽其才、事得其人，达到人事相宜，以完成组织目标。

人力资源管理主要涵盖：人力资源规划、招聘与配置、培训与开发、绩效管理、薪酬福利管理、劳动关系管理等方面。

会展项目人力资源管理的核心内容包括以下几点。

一、会展项目人力资源规划

会展项目人力资源规划是关键环节，旨在实现会展项目战略目标，基于当前人力资源状况，制订引进、保持、提升、流出等人力资源计划，以满足未来需求。规划的核心在于将组织计划和目标转化为员工需求的具体安排。规划步骤包括：

工作分析涉及对工作目标、任务、责任等进行详细确认。它是招聘和人力资源分配的基础，通过工作分析明确任务要求，确定工作承担者应具备的技能、知识、能力，以实现最佳人力资源配置。

会展工作分析需紧密围绕项目目标，分解任务和责任，明确所需人力资源的数量和质量。职位描述应全面、准确，详细列出所需知识和背景。

二、会展项目人力资源招聘与培训

（一）人员招聘

根据会展项目需求，分析岗位后进行招聘。招聘是选拔人才的关键，吸引合适人才对人力资源管理至关重要。招聘应遵循因岗配人和因才适用原则，确保选人用人合理性。

（二）人员培训

培训是保持人才优势、推动持续发展的关键。会展公司需加强员工的岗位培训、技能培训、职业生涯培训等，以维持竞争优势。持续培训有助于提升员工工作效率和适应性，增强企业凝聚力和竞争力。长远看，培训对企业发展和会展行业均有积极影响。

三、会展项目人力资源激励与评价

重视并加强人员激励与评价，是完善会展项目人力资源管理、实现企业发展目标的重要手段。不同企业采取不同激励和评价方法，但目的相似。

激励涉及物质和精神两方面，与绩效考评同步。传统激励包括职位晋升、奖金、福利提升、表彰等；管理人员激励包括年终分红、职务提升、长期激励计划和股票计划等。激励时需避免过度激励，以免引发内部矛盾，影响企业。

激励应遵循以下原则：

①目标融合原则，激励目标应反映组织者和员工需求。

②物质与精神激励相结合原则，即同时提供物质和精神激励。

③合理性原则，措施适度，奖惩公平。

④引导性原则，激励效果应引导员工努力工作、创新。

绩效评价是定期或不定期考核员工工作能力和业绩的科学方法。它是管理决策的重要依据，涉及员工晋升、降职、调职、解雇等。

绩效评价体系应明确内容和目标，制定标准，选择合适方法，定期进行评估，以促进人力资源管理的完善和发展。

小贴士

过度激励是指在激励过程中，所采用的激励手段、强度或方式等超出了合理范围，从而产生一系列负面效应的现象。

过度激励的常见表现：

物质激励过度：企业为了刺激员工的工作积极性，给予过高的奖金、福利或薪酬等物质奖励。例如某些金融机构为交易员提供超高额的佣金和奖金，导致交易员为追求利益而忽视风险和道德规范。

目标设定过高：给员工设定不切实际、难以完成的工作目标，使员工承受巨大压力。如房地产公司要求销售团队每月必须达到极高的销售额，而不考虑市场环境和实际情况。

激励频率过高：过于频繁地进行奖励或激励活动，使员工对激励产生依赖或麻木，降低激励效果。比如每周都进行业绩排名和奖励，员工疲于应对，无法专注于工作本身。

精神激励滥用：过度使用荣誉称号、公开表扬等精神激励方式，使其失去应有的价值和意义。如每月都评选大量的“优秀员工”，导致该称号含金量降低。

第三节　会展项目志愿者管理

由于会展项目具有项目性和时段性的特征，它们在短期内需要大量的人力、物力和财力资源，这对会展项目的组织者和运营企业来说是一个挑战。目前，为应对会展项目时段性大量工作岗位的人力需求，会展业通常会利用志愿者来解决这一问题。

一、会展项目志愿者概述

(一)志愿者的定义

志愿者是指出于良知、信念和责任感，不求物质报酬，自愿为社会和他人提供服务和帮助的人。会展项目志愿者管理涉及会展项目组织者为筹备和举办会展项目而进行的一系列管理活动，包括计划与招募、培训、配置与协调、激励、监督与评估等。

(二)志愿者的基本素质

志愿者应具备以下基本素质：

(1)必须拥有积极乐观的生活态度。

只有乐观的人才能以健康的心态去帮助他人，并体验到助人的快乐。

(2)必须是一个诚实守信的人。

在志愿服务中，诚实守信是对他人的尊重，也是对志愿者组织和同伴的尊重。

(3)必须具备大局观和团队精神。

团队精神强调协同合作，其最高境界是全体成员的向心力和凝聚力。志愿者参与的通常是组织的公益活动，因此必须有大局意识和对他人的关怀。

(4)必须尊重他人。

志愿者应像对待自己的家人一样，以平等和亲近的态度尊重集体中的每一个人，尊重组织、同伴和服务对象的人格和隐私权。

(5)必须具备包容和团结精神。

志愿者应善于倾听、沟通，接受不同意见，拥有开阔的心胸和协作意识。

(6)必须守时守纪。

志愿者应积极参与集体活动，避免迟到早退或随意缺席，并在有事时提前请假，以免浪费团队时间。在会议或交谈中，应避免随意插话或打断他人，学会倾听他人意见。

(7)必须具备基本的文明礼仪。

①保持整洁着装。确保衣物干净、合体，避免穿着领口过低或过于紧身的服装。公共场合避免内衣外露。

②文明礼貌交谈。避免使用粗俗语言，使用礼貌用语如“您好”“请”“谢谢”“对不起”“再见”等。语言要准确，发音标准、清晰，音量适中，语速适度，口气谦和，平等待人，不指责他人。交谈时注意“四有四避”，即有分寸、礼节、教养、学识，避免隐私、浅薄、粗鄙、忌讳话题。

③保持个人仪容卫生。保持头发整洁，定期修剪，避免头发过长、油腻或有异味。面部保持干净，男性应定期剃须，女性可适当化妆但不宜过浓。保持口腔清洁，定期刷牙，避免口臭。指甲应定期修剪，保持干净，避免污垢残留。身体保持清洁，勤洗澡，避免体味过重。同时，注意个人卫生习惯，如不随地吐痰、乱扔垃圾等，以保持周围环境的整洁。

(三)志愿者在会展项目中的作用

志愿者在会展项目中扮演着至关重要的角色。他们不仅是会展项目的形象代表，更是确保项目顺利进行的关键力量。首先，志愿者通过其专业的服务和积极的态度，能够极大地提升参展者和观众的体验。他们热情引导、耐心解答，使参与者能够快速获得所需信息，享受流畅高效的参观过程。其次，志愿者在维护会展现场秩序方面发挥着重要作用。他们协助管理人员疏导人流，确保各项活动按时、有序进行，有效预防了混乱和安全事故的发生。此外，志愿者还承担着宣传推广的任务，通过他们的介绍和推荐，能够吸引更多人关注和参与会展项目，扩大活动的影响力和知名度。

(四)会展项目使用志愿者的优势

首先，使用志愿者可以显著降低会展项目的运营成本。相较于雇佣专业工作人员，志愿者的服务通常是基于热情和奉献，而非经济报酬，这为会展组织者节省了大量的人力成本。其次，志愿者带来的多样性和灵活性是专业团队难以比拟的。他们来自不同的背景和领域，能够为会展项目带来新鲜的视角和创意，同时，志愿者队伍可以迅速扩大或缩小，以适应不同规模和需求的会展活动。再者，志愿者作为连接会展项目与社会的桥梁，能够增强活动的社会影响力和公众参与度，还能促进社区文化的传播和交流。

(五)会展志愿者参与动机分析

了解志愿者动机有助于有效管理，发挥最大作用。高校会展专业学生是志愿者的重要组成部分，其动机主要有以下几点：

一是学习理解。会展专业学生希望通过参与会展项目，近距离观察和学习会展行业的实际操作流程，了解会展策划、组织、执行等环节，加深对会展专业知识的理解，提升专业技能。

二是积累经验。参与会展志愿服务，能够让学生积累实际工作经验，了解会展行业的运作模式和市场需求，为将来的就业创业打下坚实基础。

三是拓展人脉。在会展项目中，志愿者有机会与来自不同领域的专业人士交流，拓展人脉资源，为未来职业发展创造更多机会。

四是实现自我价值。通过为会展项目提供志愿服务，学生能够发挥自己的专业技能，为社会做出贡献，实现自我价值和社会价值的双重提升。

二、会展项目志愿者的管理工作

会展项目通常具有公益性质，它们在很大程度上依赖于志愿者的支持来保证其顺利运营。志愿者们扮演着多种多样的角色，这些角色包括但不限于翻译工作、为参与者提供导引服务等。为了有效地管理这些志愿者，组织者需要进行一系列的活动，这些活动涵盖了从志愿者的招募、培训、协调工作，到对他们的监督评估，以及最终的奖励和表彰。

招募志愿者是会展项目成功的第一步。这通常需要制订明确的招募计划，确定所需志愿者的数量、专业技能及工作时间。通过线上线下的多种渠道发布招募信息，吸引有兴趣且符合要求的志愿者报名。招募过程中，还需对报名者进行筛选，确保他们具备完成志愿工作所需的能力和素质。

培训志愿者则是提升他们服务质量和效率的关键环节。培训内容通常涵盖会展项目的基础知识、志愿者的工作职责、紧急情况下的应对措施等。通过系统的培训，志愿者能够更好地理解自己的角色和任务，提升服务水平和团队协作能力。

志愿者们来自五湖四海，拥有着各自不同的背景和经验，为了共同的目标而聚集在一起。为了确保这些目标能够顺利实现，举办者需要对志愿者进行有效的协调和指导，及时发现并纠正他们在工作中遇到的问题和错误。在会展项目中，志愿者之间可能会因为各种原因产生矛盾和分歧，这时候就需要采取相应的措施来提高整个团队的运作效率，确保项目的顺利进行。

对于大型的会展项目，监督志愿者的工作是至关重要的，这有助于确保整个组织的正常运作。举办者应该通过设定明确的目标、进行绩效评估以及提供反馈，来实施周期性的回顾。通过这样的方式，可以获取监督人员的反馈，从而更深入地了解项目实施过程中的各种情况，及时调整策略和方法。

组织方通过新闻报道、举办聚会等多种方式来表达对志愿者的感谢之情。定期表彰是建立一支忠诚的志愿者队伍的关键所在。通过设立各种奖项、举办各种竞赛，组织方可以探讨并实施表彰和奖励志愿者的有效方法，以此来激励志愿者们更加积极地参与到未来的项目中去。

小贴士

两千名地铁志愿者服务广交会，点亮最美“志愿红”

在第130届中国进出口商品交易会举办期间，广州地铁动员了近2 000名志愿者参与运营服务。这些志愿者每天在八号线琶洲站、新港东站，十八号线磨碟沙站，以及海珠有轨电车1号线等广交会周边主要线路和站点提供服务，服务总时长超过了一万小时。他们身着的“志愿红”成了广州城中一道亮丽的风景。

这些志愿者们不仅为广交会提供了优质的指引和帮助，还积极传递了热情、友善的城市形象。他们协助乘客购票、进出站，解答各类疑问，确保了地铁交通的顺畅运行。此外，志愿者们还参与了地铁站内的清洁维护和安全监督，为乘客们提供了一个整洁、安全的乘车环境。他们的辛勤付出，赢得了广大市民和游客的高度赞誉。

第八章　会展项目控制

会展项目控制是确保会展项目顺利进行的关键环节。它涵盖了项目的进度、成本、质量和资源等多个方面。通过制订详细的控制计划，项目管理者能够实时监控项目的进展情况，及时发现并解决潜在问题。本章节内容主要涵盖了会展项目控制中的关键方面，包括对项目进度的控制、确保项目质量的管理及对项目成本的监控。这些方面是会展项目成功与否的重要因素。同时，本章还将深入探讨会展项目在实施过程中可能遇到的调整问题，详细阐述了项目调整的程序步骤，以及如何在项目执行过程中灵活应对各种变化，确保项目能够顺利进行并达到预期目标。

第一节　会展项目控制概述

控制是管理的基本职能之一，因此，会展项目控制是会展项目管理的基本职能之一，是对会展组织内部的管理活动及其效果进行衡量和校正，以确保会展组织的目标以及为此而拟定的计划得以实现。

会展项目控制涉及定期或不定期地监控项目活动，及时发现与既定标准的偏差，并采取相应措施进行纠正，以确保项目管理的有效性。

鉴于会展项目的独特性，其目标和要求往往难以完全按照预先设定的计划执行。即便在周密的计划之后，实施过程中仍可能出现意料之外的情况和挑战，导致项目偏离原定轨迹，从而凸显了会展项目控制的必要性和深远意义。

一、进度控制

(一)会展项目进度控制的定义

会展项目进度控制涉及对项目各阶段的工作内容、程序、持续时间及相互联系制订计划。在实际进度偏离计划进度时，需采取措施进行调整，同时监管整个计划的执行，确保项目进度计划的总体目标能够达成。

会展项目进度控制不仅关注时间的准确性，更强调对项目整体流程的把握与优化。它要求管理者在项目启动之初就制订出详尽可行的进度计划，该计划需明确各阶段的具体任务、执行顺序、预期完成时间及各任务间的逻辑关系。通过这一计划，项目团队能够清晰地了解到整个项目的运行脉络，从而有针对性地调配资源、安排人力，确保项目高效推进。

(二)会展项目进度控制的主要环节

进度控制在项目实施中与质量控制、成本控制相互影响、相互制约。项目进度控制包括从会展项目开始实施，直至完成总结评价等后续工作的各个阶段，会展项目进度控制主要包括准备阶段进度控制、实施阶段进度控制和后续阶段进度控制。

其中，准备阶段进度控制是会展项目进度控制的首要环节。在这一阶段，项目管理者需要对整个项目进行全面的规划和预估，包括明确项目目标、制订详细的工作计划、预估项目所需资源等。通过这一系列的准备工作，项目管理者能够为后续的项目实施奠定坚实的基础，确保项目能够按照预定的计划顺利推进。

实施阶段进度控制则是会展项目进度控制的核心环节。在这一阶段，项目管理者需要密切关注项目的实际进展情况，及时发现并解决可能影响项目进度的问题。同时，他们还需要根据项目的实际情况，对原计划进行适时的调整和优化，以确保项目能够高效、有序地进行。

后续阶段进度控制是在完成整个会展任务后进行的进度控制。具体内容包括及时组织评估工作；处理工程索赔；整理本次会展有关资料，及时将有关信息向客户通报；将客户档案和总结评估报告及时整理归档；根据实际实施进度，对有关人员进行答谢，以保证下一阶段工作的顺利开展。

（三）会展项目进度控制方法

以下是一些常见的会展项目进度控制方法。

1. 制订科学的进度计划

（1）工作分解结构。

将会展项目分解为若干个具体的工作任务，明确每个任务的开始时间、结束时间、持续时间和先后顺序，例如可以将会展项目分解为策划、招商、宣传、场地布置、现场管理等任务，再进一步细分每个任务的子任务。

（2）甘特图。

以图示的方式通过活动列表和时间刻度形象地表示出任何特定项目的活动顺序与持续时间。在甘特图上，项目的每一项任务都用一个横条表示，横条的长度代表任务的持续时间，横条的位置表示任务的开始和结束时间。

（3）关键路径法。

通过分析项目过程中哪个活动序列（路径）具有最长的总持续时间，来确定项目的最短完成时间，识别出关键路径上的关键任务，对这些关键任务进行重点监控和管理，确保它们不出现延误，从而保证整个项目的进度。

2. 建立有效的监控机制

（1）定期检查。

建立定期的项目进度检查制度，如每周或每两周召开一次项目进度会议，要求各任务负责人汇报工作进展情况，及时发现问题和偏差。

（2）进度跟踪工具。

利用项目管理软件等工具对项目进度进行实时跟踪，如使用 Microsoft Project、飞项等软件，及时更新任务的完成情况、实际开始时间和结束时间等信息，直观地了解项目进度的动态变化。

(3)现场巡查。

项目管理人员定期到项目现场进行巡查,直接观察各项工作的实际进展情况,检查工作质量、资源使用等是否符合要求,及时发现潜在的问题和风险。

3. 加强沟通与协调

(1)内部沟通。

建立良好的内部沟通机制,确保项目团队成员之间信息畅通,如通过建立微信群、使用项目管理沟通平台等方式,及时交流工作进展、问题和解决方案。

(2)与外部合作方沟通。

与供应商、合作伙伴、参展商等外部各方保持密切沟通,及时了解他们的工作进度和需求,协调解决合作过程中出现的问题,如定期与参展商沟通展位搭建进度、展品运输情况等。

(3)跨部门协调。

对于涉及多个部门的会展项目,要加强跨部门的协调工作,明确各部门的职责和工作界面,解决部门之间的冲突和矛盾,确保项目顺利推进,如在会展宣传推广中,需要市场部、策划部、设计部等多个部门协同工作,要协调好各部门的工作进度和任务分配。

二、质量控制

质量是会展的核心要素之一。在会展市场竞争中,会展项目必须以质量为基础,凭借卓越的质量,才能实现会展项目的可持续发展。

会展项目是会展企业的产品,其质量具有两个方面的内容,一是项目本身的质量如何,即是否取得权威机构的支持、是否代表该行业的发展方向、是否获得国际有关机构的资格认可等;二是项目工作人员的工作质量,即能否提供专业、优质、全方位的会展服务。

确保会展活动满足参展商、观众等各方需求,达到预期目标的关键在于会展质量控制。由于会展业产品内容繁多,服务范围广泛,因此其质量控制相对复杂。例如,会议组织者和承办者需为与会者提供包括会议场地、设备、餐饮、娱乐、交通、通信在内的多种配套服务。同时,参展商在会展中需为观众,尤其是专业观众,提供产品展示、展台搭建、宣传资料、导游解说、奖品礼物、表演介绍及展后服务等。由于与会者和参展者可能来自不同的国家和地区,拥有不同的文化背景,要使他们都满意是一项挑战。此外,会展服务不仅在活动开始前就已经开始,而且在活动结束后仍然继续。因此,会展项目的质量控制需要全面考虑,平衡协调,同时要聚焦核心,突出重点,并在不同的管理阶段实施相应的措施。

(一)筹备阶段

1. 精准定位与规划

明确会展主题、目标受众及核心定位,通过深入的市场调研,把握行业趋势与市场需求,为会展奠定方向。例如,若举办科技类会展,需聚焦前沿科技领域,针对科技企业、科研人员及科技爱好者等目标群体进行策划。同时,制订详细的会展规划,涵盖时间安排、场地布局、活动流程等,确保各项工作有序推进。

2. 筛选优质供应商

对搭建商、物流商、餐饮供应商等合作伙伴进行严格筛选。考察其过往项目经验、口碑信誉、服务质量及价格合理性,签订详尽合同,明确质量标准、交付时间与违约责任,保障会展筹备的物资与服务供应质量。

3. 制订宣传推广策略

制订全面且有针对性的宣传推广计划,综合运用线上线下渠道。线上利用社交媒体平台、行业网站、电子邮件营销等,线下借助行业杂志、报纸广告、参加相关活动等方式,扩大会展知名度,吸引目标客户关注。

(二)执行阶段

1. 现场服务保障

高效接待服务:在会展入口、咨询处等关键位置安排专业接待人员,提供热情、耐心的引导、咨询与证件办理服务,为参展商与观众营造良好的参会体验。

设施设备维护:安排专业技术团队实时监控并维护场馆的灯光、音响、空调、网络等设施设备,确保其稳定运行,避免因设备故障影响会展进程。

严格安全管理:构建完善的安全保障体系,涵盖消防安全、人员安全、展品安全等。配备充足安保人员,设置明显安全标志,定期进行安全检查与应急演练,制订并执行应急预案。

2. 活动组织协调

活动流程把控:确保开幕式、研讨会、新品发布会等各项活动严格按照预定流程与时间进行。提前做好活动策划、嘉宾邀请、现场布置等准备工作,保障活动顺利开展。

多方沟通协调:建立参展商、观众、工作人员、供应商等各方之间的高效沟通机制,及时解决现场出现的问题与矛盾,确保各方工作协同顺畅。

(三)收尾阶段

全面反馈收集:通过问卷调查、在线评价、面对面访谈、电话回访等多种方式,广泛收集参展商与观众的反馈意见,了解他们对会展组织、服务、内容等方面的满意度与改进建议。

深入分析评估数据:对参展商数量、观众流量、成交金额、活动参与度等关键数据进行深入分析,评估会展实际效果与预期目标的差距,总结经验教训,为后续会展质量提升提供数据支撑与决策依据。

三、成本控制

会展项目的成本控制是指项目组织者为保证项目目标的实现而制订成本预算,并对项目实施过程中发生的成本费用进行检查、监督和控制。努力将实际成本控制在预算范围内的管理过程。

它涉及项目从策划到执行再到收尾的每一个环节，旨在通过合理的资源配置和费用管理，确保会展项目的经济性和效益性。成本控制不仅关乎项目的财务健康，更是项目成功与否的关键因素之一。在实施过程中，项目组织者需要密切关注成本动态，及时调整策略，以应对可能出现的超支风险。

在竞争激烈的会展行业中，成本控制是决定项目成败的关键因素之一。有效的成本控制不仅能提高项目的经济效益，还能提升整体竞争力。下面将从项目筹备到结束，详细阐述会展项目成本控制的实用方法。

（一）前期精准规划与预算编制

1. 详细的项目分解

筹备初期，运用工作分解结构把会展项目拆解为一个个具体任务，涵盖场地租赁、展位搭建、宣传推广、活动策划及人员管理等多个方面。明确每个任务的工作内容与预期成果，这有助于精准预估所需资源和成本。例如，展位搭建可进一步细分为标准展位搭建和特装展位搭建，分别针对材料、人工等成本展开估算，避免成本核算的模糊性。

2. 制订合理预算

依据项目分解结果，结合市场行情与历史数据，制订一份详尽且合理的预算方案。参考过往同类型会展的成本数据，充分考虑物价波动、地区差异等因素，对各项费用进行精确估算。同时，预留5%～10%的弹性预算，用以应对可能出现的临时服务需求增加、不可预见的费用支出等突发情况，确保项目在遇到意外时仍能保持成本可控。

（二）筹备阶段的成本把控

1. 场地与供应商选择

（1）场地租赁。

场地租赁是会展成本的重要组成部分。在选择会展场地时，需综合考量场地位置、规模、设施及租赁价格等要素。对不同场馆的报价和服务内容进行详细对比，避免选择过于昂贵或超出实际需求的场地。积极与场地提供方协商租赁价格、租赁时长及附加服务等条款，争取更为优惠的合作条件，降低场地租赁成本。

（2）供应商管理。

对搭建商、物流商、广告商等供应商进行严格筛选与评估。通过招标、询价等方式获取多家供应商的报价和服务方案，从价格、服务质量、信誉等多个维度进行对比，挑选出性价比最高的供应商。在签订合同时，务必明确服务内容、质量标准、价格明细及违约责任等关键条款，防止后期出现价格变动或服务质量下降的情况。

2. 宣传推广优化

（1）精准定位宣传渠道。

根据会展的目标受众和主题，精准定位宣传渠道，避免盲目投放广告导致资源浪费。专业行业展会可重点选择行业内知名网站、杂志、社交媒体等进行宣传；面向大众的展会则可结合线上社交媒体平台与线下公交、地铁广告等渠道，在提升宣传效果的同时控制成本。

(2)低成本宣传。

除传统广告宣传方式外,充分利用社交媒体平台的免费或低成本推广工具。创建官方社交媒体账号,发布有趣、有价值的展会信息和亮点内容,吸引用户关注与分享;与行业内的意见领袖、网络红人合作,开展口碑营销,以较低成本扩大展会影响力。

(三)执行阶段的成本监控

1. 现场成本管控

严格费用审批:建立严格的费用审批制度,所有现场支出都必须经过相关负责人审批。对于临时增加的费用,如额外的设备租赁、紧急物资采购等,需详细说明原因和必要性,经审核通过后方可支出,杜绝不必要的开支。

资源合理调配:根据现场实际情况,合理调配人力、物力资源。避免人员闲置或过度安排,提高工作效率;对于设备和物资,做到充分利用,避免浪费和重复采购。例如,合理安排展位搭建工人的工作时间和任务量,防止因不合理安排导致加班费用的不必要支出。

2. 变更管理

(1)变更评估。

会展过程中可能出现展位布局调整、活动内容更改等项目变更,对此要进行严格评估。全面分析变更对成本、进度和质量的影响,只有在变更带来的收益大于成本增加时,才批准变更,确保变更的合理性。

(2)变更控制。

一旦批准变更,需要及时调整预算和工作计划,并对变更实施过程进行全程监控,确保变更在可控范围内进行,防止因变更导致成本失控。

3. 后期成本核算与分析

(1)成本核算。

会展结束后,应及时对项目成本进行核算。全面收集和整理所有的费用支出凭证,按照预算项目进行分类统计,保证成本数据的准确性和完整性。核算实际成本与预算的差异,并深入分析差异产生的原因,为后续项目提供经验参考。

(2)经验总结与成本优化。

①总结经验教训。组织项目团队进行复盘,全面总结本次会展成本控制过程中的成功经验和不足之处。针对出现的问题,提出切实可行的改进措施和建议,为今后的会展项目提供参考。

②建立成本数据库。将本次会展的成本数据和相关资料纳入成本数据库,为后续项目的预算编制和成本控制提供数据支持,不断优化成本控制策略和方法,提升成本控制水平。

第二节　会展项目的调整

会展项目的调整是以实现项目的既定目标为前提的,根据项目的变化状况,采取有效措施，进行针对性调整的管理措施。

会展项目调整过程复杂，可能由业主或项目团队发起；或是因计划缺陷，抑或不可预见事件导致。对于可预见的项目变化，可以采取预防措施，以消除变化对会展项目的影响。而更多的则是无法预测的项目变化，因此也就无法事先采取对策，这就需要对项目进行合理的调整。

会展项目在实施过程中，任何阶段都可能需要根据变化进行调整。依据项目生命周期理论，调整时机越早，潜在的损失就越小；反之，调整时机越晚，难度和损失都会相应增加。在项目失去控制时，微小的变化累积起来，最终可能引起项目质量、成本和进度的重大调整，这个过程体现了从量变到质变的规律。

为了确保项目调整的有效性，必须构建一个变更控制系统，并实施一套规范流程，以便对处于不断变化环境中的项目变更进行有序管理。变更流程可以按照提交变更申请、审核变更申请、识别变更可行性、批准变更申请和实施变更申请来设置。

提交变更申请阶段，项目团队成员或相关利益方需详细描述变更的原因、预期效果及对项目其他方面的潜在影响。审核变更申请阶段，由项目管理团队或指定的专家小组对提交的变更申请进行初步审查，评估其合理性和必要性。识别变更可行性阶段，则需进一步分析变更实施所需的资源、时间及可能带来的风险，确保变更方案切实可行。批准变更申请阶段，在综合考量变更的利弊后，由项目决策者或高层管理者决定是否批准变更。最后，在实施变更申请阶段，项目团队需按照已批准的变更方案，有序地推进变更工作，同时监控变更的实施效果，确保变更达到预期目标。通过这一规范的变更控制流程，可以有效降低项目调整的风险，确保项目顺利推进。

第九章 会展项目财务管理

在会展项目执行期间，前期需要投入大量资金，而会展的收益与成本往往不同步。这要求会展的管理者或组织者必须具备雄厚的资金和经济基础。确保资金流的充足性是会展管理成功与否的关键所在，因此，提升会展财务管理水平显得尤为重要。本章聚焦于会展项目财务管理的对象和内容，深入剖析会展活动收支项目，同时详细阐述了会展项目财务预测和财务预算编制的方法。

第一节 会展项目财务管理的对象和内容

一、财务管理对象

（一）资金运动

会展项目从筹备到结束，资金始终处于动态流转中。筹备阶段，资金主要用于前期市场调研、场地预订、合同签订的预付款项等，为项目启动奠定基础。执行阶段，大量资金投入展位搭建、设备租赁、宣传推广、人员薪酬发放等方面，保障会展顺利开展。结束后，资金又体现为收入回收、成本结算、利润核算等环节。对资金运动的全过程进行把控，确保资金在各个环节合理分配与高效利用，是财务管理的核心任务之一。

（二）财务关系

与参展商的关系：参展商是会展项目的重要收入来源。财务管理需确保展位费定价合理，既符合市场行情与项目定位，又能保证盈利空间。同时，在收款过程中，要建立规范流程，明确付款方式、时间节点和违约责任，维护双方财务权益，避免因财务问题引发纠纷。

与赞助商的关系：赞助商为会展提供资金或物资支持。财务管理要根据赞助级别和权益，合理核算赞助回报成本，如广告位设置、品牌曝光次数等，确保赞助商投入与回报相匹配，实现互利共赢。

与供应商的关系：供应商提供会展所需的各类物资和服务。在采购环节，需通过谈判争取有利的付款条件，如延长付款期限、争取价格折扣等，同时保证物资和服务质量符合项目要求，平衡成本与质量的关系。

与员工及合作伙伴的关系：员工薪酬发放、奖金分配要合理，激励员工高效工作；与合作伙伴在联合办展、项目合作中，要明确财务责任与利益分配，保障各方合法权益，促进合作顺利进行。

二、财务管理内容

（一）预算管理

编制全面预算：全面考量会展项目的各个环节，制订涵盖收入与支出的详细预算。收入预算基于市场调研，结合参展商、赞助商、门票销售等潜在收入来源预估；支出预算细化到场地租赁、搭建、宣传、人员薪酬等，运用工作分解结构细化项目，提高预算准确性。

预算执行与监控：建立严格的执行制度，定期对比实际收支与预算差异，每月或每季度进行财务分析，及时发现并解决预算执行中的问题，如费用超支，分析原因并采取措施。

预算调整：项目执行中遇重大变化，如展会规模扩大、场地变更，及时按严格审批流程调整预算，确保预算符合项目需求与财务目标。

（二）成本管理

成本核算：明确直接成本（场地租赁、搭建材料、设备租赁等）和间接成本（管理人员薪酬、水电费等）核算范围与方法，采用作业成本法等科学方法，精准确定各项活动成本，为成本控制提供数据支持。

成本削减策略：在保证会展质量前提下，寻找削减成本机会，如与供应商谈判争取优惠价格、优化场地布置减少不必要装饰费用、合理安排人员工作时间避免加班费用，同时关注成本效益比。

成本监控与反馈：建立监控机制，实时跟踪成本发生情况，发现超支或超支趋势及时纠正，将成本控制结果反馈给项目团队，增强全员成本控制意识。

（三）收入管理

多元化收入渠道拓展：除传统参展商展位费、门票收入，积极寻求赞助商合作，提供不同层次赞助方案，开展增值服务，如为参展商提供额外广告宣传、为观众提供贵宾服务等，增加收入来源。

收入定价策略：综合考虑市场需求、竞争情况和项目盈利能力，制订合理定价策略。展位费根据位置、面积大小制订差异化价格；门票采用早鸟票、团体票等不同价格策略，吸引更多参展商和观众。

收入确认与收款管理：按会计准则准确确认收入，避免提前或滞后确认。加强收款管理，制订合理收款计划和催款政策，确保收入及时足额到账，对逾期未付款的参展商或赞助商及时催收。同时，建立完善的客户信用评估体系，对不同信用等级的客户采取不同的收款策略，降低坏账风险。利用信息化手段，如客户关系管理系统（CRM），跟踪收款进度，提高收款效率。对于长期合作且信用良好的客户，可以适当放宽收款期限，以维护良好的客户关系；而对于信用较差或新合作的客户，则需加强监控，确保款项及时回收。

（四）风险管理

财务风险识别：识别会展项目可能面临的财务风险，如市场风险（参展商和观众数量未达预期导致收入减少)、汇率风险(涉及国际参展商或采购时,汇率波动影响成本和收入)、信用风险(参展商或赞助商违约不付款)等。

风险评估与应对:评估识别出的财务风险发生可能性和影响程度,针对不同风险制订相应应对措施,如购买保险降低市场风险损失、采用套期保值工具应对汇率风险、在合同中明确违约责任降低信用风险。

应急资金准备:预留一定比例应急资金,根据项目风险程度和财务状况合理确定规模,确保遇到紧急情况时项目能维持正常运转。

(五)财务分析与报告

财务指标分析:定期分析毛利率、净利率、成本费用利润率等指标评估项目盈利能力;通过资产负债率、流动比率等分析偿债能力;利用应收账款周转率、存货周转率等分析运营能力,及时发现财务管理问题。

财务报告编制:编制详细财务报告,包括资产负债表、利润表、现金流量表等,向项目管理层和相关利益者提供准确、及时的财务信息,清晰反映项目财务状况、经营成果和现金流量,为决策提供依据。

决策支持:基于财务分析和报告结果,为项目决策提供支持,如在是否扩大会展规模、是否增加某项投入等决策上,通过财务数据评估对项目财务状况和盈利能力的影响,为管理层提供决策建议。

第二节　会展项目收支项目

会展项目涵盖会议、展览及大型活动,它们之间存在显著差异,各自的收支构成亦不相同。会展总收入和收益减去所有支出成本后的正数越大,利润越高。本节将重点阐述展览会的财务收支项目。掌握这些信息对于进行财务预测和预算至关重要。

一、展览收入项目

(一)企业参展费用收益

这是展览收入的主要来源之一,通常包括展位租金、搭建费、特装费等。参展企业为了展示其产品、技术或服务,会支付相应的费用来租赁展位并进行搭建。展位的位置、面积和设施等因素都会影响参展费用的高低。通过合理规划和布局,可以提高展位利用率和参展企业的满意度,从而增加企业参展费用收益。

(二)门票收益

门票收益是展览收入的另一个重要组成部分。展览会通常会吸引大量的观众前来参观,这些观众需要购买门票才能进入展览区域。门票的定价策略、销售渠道及促销活动等因素都会影响门票收益的高低。通过制订合理的门票价格、拓展门票销售渠道及开展有效的促销活动,可以吸引更多的观众前来参观,从而增加门票收益。此外,还可以考虑推出不同类型的门票,如贵宾票、团体票等,以满足不同观众的需求,进一步提高门票收益。

(三)企业赞助收益

企业赞助收益也是会展活动的重要收入来源之一。展览会作为一个集产品展示、技术交流、商务洽谈于一体的平台，往往能够吸引众多企业的关注。这些企业为了提升品牌知名度、拓展市场份额或寻求合作伙伴，可能会选择赞助展览会。企业赞助的形式多种多样，如提供资金、物资、服务或技术等。通过积极寻求企业赞助，并与赞助企业建立良好的合作关系，展览会可以获得可观的赞助收益，同时为企业提供一个展示自身实力和形象的绝佳机会。此外，合理的赞助回报方案也是吸引企业赞助的关键，如给予赞助企业优先参展权、品牌曝光机会或特定活动的冠名权等，这些都能有效激发企业的赞助热情，进一步提升展览会的收益水平。

(四)展会附加服务收益

展会附加服务主要包括提供纪念品、办公耗材等商品，以及展馆展具租赁、布展撤展车辆服务等。

这些附加服务不仅能够满足参展商和观众在展会期间的各种需求，同时也为展会组织者带来了额外的收入来源。例如，纪念品作为展会的文化载体，往往受到参展商和观众的喜爱，通过销售具有展会特色的纪念品，不仅能够增加收入，还能提升展会的品牌形象。此外，办公耗材的供应也是展会期间不可或缺的一部分，确保参展商能够顺利进行展示和交流活动。展馆展具租赁服务则为参展商提供了灵活多样的展示空间，满足不同规模和需求的参展商。通过提供高质量的展具租赁服务，展会组织者不仅能够获得可观的租赁收益，还能帮助参展商提升展示效果，吸引更多观众的目光。布展撤展车辆费用也是展会附加服务收益的重要组成部分。展会期间，参展商需要专业的车辆进行布展和撤展工作，确保展品的安全运输和展示效果。通过提供便捷的布展撤展车辆服务，展会组织者不仅能够满足参展商的需求，还能获得相应的服务费用。

(五)政府补贴

政府为了促进会展业的健康发展，推动地方经济繁荣，常常会为展览会提供一定的补贴。这些补贴可能以直接的资金支持、税收减免、场地租赁优惠等形式出现。展览组织者可以通过积极申请政府补贴，降低运营成本，提升整体营利能力。同时，政府补贴也体现了政府对会展业的重视和支持，有助于提升展览会的知名度和影响力，吸引更多的参展商和观众。因此，合理利用政府补贴政策，对于展览会的发展具有重要意义。

会展场馆有四种管理模式，政府对大型会展活动提供专项补贴或在多方面给予支持，确保会展安全稳定进行。这些管理模式可能包括政府直接管理、公私合营、私营化管理及特许经营等。在这些模式下，政府会根据会展的重要性和规模，灵活调整补贴和支持的力度。例如，对于具有重大影响力的国际性展会，政府可能会提供更为丰厚的专项补贴，涵盖展会策划、宣传推广、安全保障等多个方面。同时，政府还会在交通、物流、安保等方面给予全方位的支持，确保展会期间各项活动顺利进行，为参展商和观众创造一个良好的参展和观展环境。

(六)展会电子商务盈利模式

展会的网站为营销提供了全面的支持，利用电子商务手段来扩大宣传、招募合作伙伴和参展商，推动实体和网络展会之间的互动，提高管理效率并减少开支，同时提供具有高附加值的服务，以锁定目标客户群。网络展会的业务涵盖了在线展览、网络广告、信息增值服务及数据库营销等领域。为了实现盈利，网站需要进行个性化开发和维护，确保用户界面友好、导航精确、网站加载速度快、搜索功能高效，加强资源的整合，成为一个信息和贸易的平台，提供会展的定位、市场研究、品牌推广，以及渠道和客户资源的共享服务。

二、展览支出项目

在会展项目中，展览支出扮演着至关重要的角色，它不仅包含了众多方面的费用，而且这些费用的合理规划和控制直接关系到整个项目的成功与否。

首先，场地租赁费用构成了展览支出的基础部分，这不仅包括了会展场馆的租金，还涵盖了对场馆内各种必要设施的使用费用，这些设施对于确保展览的顺利进行至关重要。

其次，展览设计与搭建费用也是展览支出中不可或缺的一环。这部分费用涉及展览区域的布局设计、展台的搭建工作，以及为了吸引参观者而进行的装饰工作。此外，为了营造良好的观展体验，灯光和音响等设备的租赁和安装费也是展览支出中不可忽视的费用。

此外，展览期间的运营费用同样是一个不可忽视的方面。这些费用包括了工作人员的工资，确保展览安全的安保费用，以及为了保持场馆整洁的清洁维护费用。在遇到紧急情况时，应急处理费用也是运营费用中的一部分，它确保了在突发事件发生时能够迅速有效地应对。

最后，展览宣传与推广费用也是必不可少的，它包括了广告宣传、媒体合作、邀请函制作与邮寄等费用，旨在提高展览的知名度和吸引更多的观众。合理控制展览支出，对于会展项目的财务健康与成功至关重要。

第三节　会展项目财务预测

预测是用科学的方法来预计、推测事物发展的趋势，根据已知推测未知，根据过去和现在预测未来。预测是预算的基础，是控制的起点，也是会展管理成败的关键。财务预测是基于历史数据和市场趋势，对会展项目的收入、成本、利润等进行预估，为决策提供依据。

一、会展的盈利模式

不同的会展项目要实现的目的不同，其财务理念也不一样，所做的会展预算要和其财务理念相一致。因此预测之前首先应该确定会展项目的盈利模式，以确定其收入和支出中大致包括的项目。

总体来看，会展活动的盈利模式有五种：

(1)展位费盈利模式。

这种盈利模式主要依赖于通过销售展会中的展位空间来获取收益，以此作为展览展示活动的主要利润来源。在这种模式下，组织者会根据展位的位置、大小及展会的性质等因素来设定展位的售价，通过吸引参展商购买展位来实现盈利。

(2)门票盈利模式。

这种盈利模式的核心在于通过出售展会的入场门票来获取收益，门票销售所得成为展会的主要利润来源。展会组织者会根据展会的规模、预期参观人数及市场定位等因素来设定门票价格，并通过各种渠道进行门票的销售，以吸引观众入场参观。

(3)赞助盈利模式。

在这种盈利模式下，展会的收入主要来自赞助商的支持。组织者会通过与企业或其他赞助方的合作，获取资金或物资赞助，以支持展会的举办。展览展示、门票和展位费等其他收入在整体利润中占据次要位置，赞助商的品牌曝光和市场推广需求是合作的关键。

(4)剩余盈利模式。

在这种盈利模式下，展会的收入主要来自相关单位或机构的拨款。组织者在获得拨款后，会从拨款中扣除展会的全部成本和费用支出，剩余的部分即为利润。这种模式要求组织者在预算管理上非常严格，确保成本控制在合理范围内，以最大化利润。

(5)综合盈利模式。

展会的收入来源是多元化的，它结合了上述四种盈利模式中的两种或两种以上的方式方法。在这种模式下，组织者会根据展会的具体情况和市场需求，灵活运用不同的盈利策略，以实现收益的最大化。例如，可能会同时通过销售展位、门票、获取赞助及接受拨款等方式来确保展会的财务成功。

上述模式中，前两种和最后一种模式多见于商业性的展览展示，第一和第四种多见于非商业性的展会。其中，展位费盈利模式多适用于专业贸易展会，门票盈利模式多适用于公众性的展会。

二、会展项目财务预测的内容

(一)会展项目规模预估

会展项目规模预估主要涉及对参展人数、活动规模等方面的预测。会展项目规模预估是收益与成本预估的根本。对于会展项目规模的预估，需综合分析历史数据、市场趋势、安全状况等信息来确定。

(二)固定成本和可变成本预测

在会展项目中，所有现金的支出最终可归结为两大类成本：固定成本与可变成本。

固定成本包括那些与参展商及观众数量无关的费用，例如项目团队成员的薪资、保险费用及视听设备的租赁费用等。可变成本则涵盖了那些随着会展活动参与人数上升而增长的费用，例如展位租赁费、登记费用、活动节目单印刷费及其他需要根据数量和价格最终确定的费用。会展项目涉及的费用种类繁多，且在不同会展项目中，这些费用的性质也有所差异。

区分固定成本与可变成本，主要目的是进行会展项目的利润预测和成本－数量－利润分析，这同样有助于控制成本。无论是固定成本还是可变成本，它们都代表着资金的消耗，即资金流出，对利润产生减损效应。为了实现会展项目的利润最大化，必须从固定成本和可变成本两个方面着手，严格控制成本开支。

（三）盈亏平衡点规模预测

盈亏平衡点规模预测是会展项目财务规划中的关键环节。它指的是在会展项目运营过程中，收入与支出相等的那一点，也就是会展项目既不盈利也不亏损的状态。通过盈亏平衡点规模预测，我们可以了解到在何种规模下，会展项目能够实现收支平衡，进而为会展项目的规模决策提供重要依据。在进行盈亏平衡点规模预测时，需要综合考虑固定成本、可变成本及预期收入等多个因素，运用数学模型进行精确计算，以确保预测结果的准确性和可靠性。

（四）收入预测

根据所预测的会展项目的规模以及单位参会、参展费用，就可以预测出会展项目的收入。当然，对于会展项目来说，除了注册费、参展费之外，还有许多其他的收入来源。收入预测要综合考虑各个方面的收入来源，力求做出准确的收入预测。

（五）财务风险预测

在会展项目运营过程中，除了盈亏平衡点规模预测和收入预测外，财务风险预测同样至关重要。财务风险预测主要是通过对会展项目运营过程中可能出现的各种风险因素进行分析和评估，进而预测这些风险可能对会展项目财务状况造成的影响。这些因素包括但不限于市场变化、政策调整、自然灾害等不可抗力因素。通过对这些风险因素的全面分析和预测，我们可以提前制订相应的风险应对策略，以降低风险对会展项目财务状况的冲击。同时，财务风险预测还可以帮助会展项目管理者更好地了解项目的风险承受能力，为项目的稳健运营提供有力保障。

会展项目尤其是国际性会展项目会涉及大量的外汇收支，而财务风险中表现比较突出的就是外汇风险。

外汇风险主要源于汇率的波动，这可能导致会展项目的成本增加或收入减少。为了有效管理外汇风险，会展项目管理者需要密切关注国际金融市场动态，及时了解汇率走势，并采取相应的风险管理措施。例如，可以通过远期外汇合约、期权等金融工具来锁定汇率，从而避免汇率波动对项目财务造成的不利影响。此外，建立多元化的货币结算体系也是降低外汇风险的有效手段之一。

第四节　会展项目财务预算

一、财务预算

(一)财务预算定义

财务预算是企业未来一定期限内预计财务状况、经营成果和现金收支等价值指标的总称。它包括现金预算、销售预算、生产费用预算、期间费用预算和资本预算等。销售预算是基础,现金预算是汇总,损益表和资产负债表是根据其他预算编制的。

在进行财务预算的过程中,需要对资金的筹措和使用进行详细的规划和管理,这涵盖了多个关键领域。首先,短期现金收支预算需要对公司的日常现金流入和流出进行预测和监控,确保企业能够维持正常的运营现金流。其次,信贷预算则关注于企业如何通过借贷来满足其资金需求,包括短期贷款和长期贷款的计划,以及对债务偿还的安排。此外,长期资本支出和资金筹措预算则着眼于公司的长期发展,包括对固定资产的投资、扩张计划以及相应的资金来源规划。这些预算的制订和执行对于确保企业的财务健康和可持续发展至关重要。

(二)财务预算作用

财务预算在企业运营中扮演着至关重要的角色。首先,它为企业提供了明确的目标和方向。通过制定详细的财务预算,企业能够清晰地了解其在未来一段时间内的资金需求和收入来源,从而制定出相应的经营策略和目标。其次,财务预算有助于企业进行成本控制和风险管理。通过对各项预算的细致规划,企业能够更好地监控和控制成本,同时预测和评估潜在的风险,从而采取相应的措施进行防范和应对。最后,财务预算还是企业绩效评价的重要依据。通过将实际经营结果与预算进行对比和分析,企业能够评估各部门的绩效,进而进行奖励和惩罚,激励员工积极工作,提高企业的整体运营效率。

二、会展项目财务预算的内容

会展项目与一般的工业项目有显著的区别:会展项目提供的是会展服务,而不是实在的产品。因此,会展项目的财务预算和一般工业项目有很大的区别。从会展项目财务预算的内容看,主要包括会展项目收入和支出两大部分。

会展项目主要包括会议、展览和大型活动,这三者之间有很大的区别,收入和支出的具体组成部分也不同。从会计学的角度看,收入是指在会展项目管理过程中所形成的经济利益的总流入,支出(费用)则是指在会展项目管理过程中经济利益的流出,而利润则是收入和支出之间的差额。如果差额为正,说明会展项目获得收益;如果差额为负,则说明会展项目亏损。从收入方面来看,会展项目收入主要包括拨款收入、展位收入、门票收入、会务费、赞助收入、提供服务收入等几个方面。从支出来看,会展项目支出主要包括会展营销费用、支付给服务承包商的费用、场馆租金等几个方面。

此处以展览为例，财务预算是以收付实现制原则为基础，预算内容主要包括现金收入、现金支出、现金多余或现金不足，以及不足部分的筹措方案和多余部分的利用方案等。

会展项目一般要持续一段时间，在会展项目持续期间，现金的收入和支出流之间要保持一个合理的比例才不至于使现金流中断，从而保证会展项目顺利进行。因此，在进行会展项目的财务预算工作时，要预计各项收入和支出在不同月份、季度或年份的数额，尽可能做出更详细的预算，并以此作为财务控制的依据。

编制会展项目财务预算时，应按照收入和支出项目分别设置相应的会计科目，并为每个会计科目编号，以编制预算并进行会计核算。会展项目尤其是大型的会展项目所涉及的收入和支出项目繁多，设置会计科目并编号，可以把内容相近的项目编在一个大类别中，有利于预算的编制和会计核算。在会计工作中是通过设置一级、二级和三级会计科目来解决这个问题。目前，从世界范围来看，还没有一部关于会展项目的会计法规，会展项目会计计量具有一定的随意性，而且不同会展项目之间的会计科目也缺乏可比性。

三、弹性预算

弹性预算是指金额随业务(产量)目标变动而变动的预算，存在数量上的依存关系。弹性预算的原理是认为业务量与费用、成本之间存在比较强的相关关系，或者作为对推动业务目标达成的激励手段是必要的。由于预算是以预测为基础，而预测的数字又不完全准确，和实际的数字总会有或多或少的差额，所以预算要有一定的幅度，即实行弹性预算。弹性预算主要功能在于作为管理成本的手段。它在预算周期初始阶段，为控制成本提供了必要的参考；而在预算周期结束时，弹性预算则用于评估和审查实际成本。

第一，控制支出。由于成本一旦支出就不可挽回，只有事先提出成本限额，使有关人员在限额内使用资源，才能有效地控制支出。鉴于预算是对将来活动成本的大概估算，不可能十分准确，因此，实行弹性预算可以给每项成本支出一定的浮动量，只要支出不超过预算的浮动范围，就说明实际的结果和预算是相符的。

第二，评价和考核成本，控制业绩。会展项目结束后，需要编制成本控制情况的报告，对每项成本预算执行情况进行评价和考核。

第五节　会展项目资金筹集

资金筹集是获取现金的过程，对会展项目而言，收入通常包括拨款、展位销售及服务收入和赞助。拨款一般是由政府部门提供的，展位和服务收入是正常经营所得，赞助则是通过市场活动筹集的，其金额不确定，需策划以增加收入。

随着会展项目的发展，赞助收入成为许多项目的主要来源，因此能否获得足够赞助对项目盈利至关重要。此外，会展项目还可以通过其他市场手段筹集资金，特别是在大型活动或节庆中。

此外，由于会展项目初期现金流出大于流入，为避免现金流中断，项目运营需考虑负债筹资。尽管目前会展项目较少使用负债筹资，但作为一种筹资方式，在现金流紧张时，通过短期或长期负债筹资也是可行的。

一、市场开发

市场开发行为是指以会展项目的标志、名称、形象等所有知识产权的转让为条件而获得资金、物资、技术和服务的行为。市场开发是大型活动尤其是体育比赛的重要收入来源，奥运会就是一个很好的例子。

以2008年北京奥运会为例子。依照申办预算，奥运会的举办费用为16.25亿美元，除了中央政府和地方政府提供的一些补贴外，超过80%的费用需要通过市场开发来实现。组委会的市场开发活动是指利用北京2008年奥运会的标志、名称、形象等所有知识产权的转让作为条件，从而获得资金、物资、技术和服务的行为。市场开发收入来自以下8个方面：①电视转播权收入；②赞助收入（奥林匹克全球合作伙伴计划和国内赞助）；③配套服务商收入；④捐赠收入；⑤特许经营收入（生产和零售）；⑥邮品纪念币收入；⑦主题文化活动（火炬接力等）收入；⑧票务收入。

需要特别指出的是，在北京奥运会的市场开发收入中，赞助收入是其中的一个重要组成部分。

除此之外，捐赠收入也是一个极为关键的项目。与赞助收入有所区别的是，捐赠人一般情况下并不会寻求任何商业上的回报，然而，从实际的运作和实施情况来看，捐赠人往往能够享受到与赞助商相似的诸多回报。

二、负债筹资

负债筹资包括借款和发行债券，以及通过商业信用获得短期资金。商业信用是企业间借贷关系，常见于会展项目，形式包括应付账款、票据和预收账款。商业信用筹资的优势在于易得且成本低，无须正式筹资手续。会展项目应充分利用这种筹资方式。

长、短期借款是企业筹集资金的常见方式之一。短期借款通常是指企业为了满足短期内的资金需求，向银行或其他金融机构申请的借款，这种借款往往伴随着一定的信用条件，例如可能需要提供抵押品作为担保。而长期借款则是指企业为了满足长期的资金需求，向银行或其他金融机构申请的借款，这种借款通常会涉及一系列保护性条款，比如要求借款资金必须专款专用，以及需要定期向贷款方提交财务报表，以确保借款的合理使用和企业的财务透明度。

尽管通过会展项目进行短期和长期借款筹资可能会带来较高的成本，但它们仍然是企业资金来源的重要组成部分。特别是短期借款，它能够迅速为企业提供必要的流动资金，以应对临时性的资金需求，从而保持企业的正常运营和资金链的稳定。

此外，长期借款在会展项目中同样扮演着不可或缺的角色。虽然相较于短期借款，长期借款的成本可能更高，并且伴随着更为严格的保护性条款，但它能够为企业提供稳定的、长期的资金支持。这对于会展项目来说尤为重要，因为会展项目往往需要大量的资金投入，包括场地租赁、设备购置、宣传推广等多个方面。长期借款能够确保项目有足够的资金进行规划和实施，避免因资金短缺而导致的项目延期或取消。因此，在会展项目的资金筹集过程中，合理搭配短期和长期借款，是确保项目顺利进行的关键。

小贴士

财务预算的具体案例分析

1. 明确会展项目财务预算的重要性

在会展项目的筹备与运营过程中，财务预算犹如精准的导航仪，发挥着不可替代的关键作用。它是对会展项目在未来一定时期内各类资源的来源与使用所做的详细规划，以数字形式对会展项目进行概括性表述，涵盖了收入预算、支出预算、筹资预算、现金流量预算和利润预算等多个方面。

精准的财务预算是会展项目成功举办的基石，它为项目的顺利开展提供了坚实的经济保障。一方面，财务预算能够帮助项目组织者合理规划资金，确保各项活动有足够的资金支持，避免因资金短缺而导致项目停滞或质量下降。例如，在场地租赁、设备采购、人员薪酬等关键环节，通过精确的预算安排，可以确保资金的合理分配，保障各项工作的顺利进行。另一方面，财务预算有助于控制成本，提高资金使用效率。通过对各项费用的细致分析和预测，可以提前发现潜在的成本超支风险，并采取相应的措施进行调整和优化，从而实现资源的最大化利用。

财务预算还为会展项目的决策提供了重要依据。在项目筹备阶段，组织者可以根据财务预算评估项目的可行性和盈利能力，决定是否开展项目以及如何开展项目。在项目执行过程中，财务预算可以帮助组织者及时调整策略，应对各种突发情况。例如，如果发现某项费用超出预算，组织者可以及时分析原因，采取削减开支、寻找赞助等措施，确保项目的财务状况始终处于可控状态。

财务预算也是评估会展项目绩效的重要标准。通过将实际收支与预算进行对比，可以直观地了解项目的经营状况和效益水平，为项目的总结和改进提供有力的数据支持。因此，重视并做好会展项目的财务预算工作，对于确保项目的成功举办、提高项目的经济效益和社会效益具有重要意义。

2. 收入预算

(1)展位费收入。

展位费的定价依据是多方面因素综合考量的结果，展位位置在其中起到了关键作用，位于展馆入口、主通道两侧等黄金位置的展位，由于能够吸引更多的观众目光，拥有更高的曝光度，所以价格相对较高。例如，在一些大型的国际展会中，靠近入口的展位价格可能会比普通展位高出30%～50%。展位面积也是影响价格的重要因素，面积越大，企业可展示的空间就越广阔，能够容纳更多的展品和展示设备，展示效果也更为突出，因此价格也会相应提高。一般来说，展位面积每增加10 m^2，价格可能会提升20%～30%。此外，配套设施也对展位费产生影响，配备了高级照明、通风设备、特殊装修，以及完善的电力供应和网络设施的展位，会因其更好的展示条件而收取更高的费用。

基于这些因素，本次展会设置了不同类型的展位并制定了相应的收费标准。标准展位面积通常为 9 m^2(3 m×3 m)，配备基本的展示设施，如展板、桌椅、照明等，价格为 2 000 元/m^2，即每个标准展位收费 18 000 元。光地展位则适合有个性化展示需求、自行负责展位搭建和装修的企业，面积从 36 m^2 起租，价格为 1 500 元/m^2，企业可以根据自身需求灵活规划展示空间。特装展位在位置和面积上具有优势，同时允许企业进行独特的个性化设计和装修，以打造更具吸引力的展示效果，价格为 3 000 元/m^2。

(2)门票收入。

门票定价策略充分考虑了展会的目标受众、市场定位及成本回收等多方面因素。本次展会的目标受众主要包括行业专业人士、企业采购商、相关领域的爱好者及对展会主题感兴趣的普通公众。对于行业专业人士和企业采购商，他们更关注展会的专业性和商业价值，对门票价格的敏感度相对较低，因此针对这部分人群设置的专业观众门票价格为每张 200 元，旨在为他们提供一个高质量的交流和合作平台。对于普通公众和爱好者，为了吸引更多人参与，提高展会的人气和影响力，设置了普通观众门票，价格为每张 50 元。

在预估门票销售数量时，参考了以往同类型展会的历史数据、市场调研结果和本次展会的宣传推广力度。根据市场调研，预计专业观众的参与人数约为 5 000 人，普通观众人数约为 15 000 人。由此可预估门票收入为：专业观众门票收入＝5 000×200＝1 000 000 元，普通观众门票收入＝15 000×50＝750 000 元，门票总收入约为 1 750 000 元。

(3)广告和赞助收入。

本次展会拥有丰富的广告资源，为企业提供了多样化的宣传渠道。证件广告，包括参展证、参观证等，是企业展示品牌形象的重要窗口，由于证件在展会期间会被大量人员携带和展示，具有较高的曝光率，每个证件广告位收费为 50 000 元。入场券广告同样具有广泛的传播范围，每张入场券上的广告位收费为 30 000 元。会刊是展会的重要资料，包含了展会信息、参展企业介绍、产品展示等内容，会刊广告能够为企业提供详细的品牌和产品宣传机会，内页广告每页收费 10 000 元，封面广告收费 50 000 元。现场广告则包括展馆内的大型广告牌、悬挂横幅、电子显示屏广告等，根据位置和尺寸的不同，收费标准也有所差异，大型广告牌每个收费 80 000～150 000 元，悬挂横幅每条收费 20 000～50 000元，电子显示屏广告按播放时长计费，每小时收费 10 000～30 000 元。

为了吸引企业赞助，我们制订了一系列具有吸引力的赞助方案和回报措施。首先，根据赞助商的需求和预算，提供了多种赞助级别和合作方式，包括独家赞助、冠名赞助、联合赞助等。对于独家赞助商，将获得展会的独家冠名权，在所有宣传渠道中突出展示赞助商品牌，享有现场最佳广告位置、优先展示权，以及在展会相关活动中进行品牌推广和产品展示的机会。冠名赞助商除了享有类似的品牌曝光机会外，还可以在展会主题、活动名称中体现品牌名称，提升品牌知名度和影响力。联合赞助商则可以根据赞助金额和权益需求，获得相应的广告宣传、品牌展示和活动参与机会。

在赞助回报方面，除了提供广告宣传和品牌展示机会外，还为赞助商提供了一系列增值服务。例如，为赞助商安排与行业专家、知名企业代表的交流活动，帮助赞助商拓展业务人脉；在展会官方网站和社交媒体平台上对赞助商进行专题报道和宣传推广，提高赞助商的品牌知名度和美誉度；为赞助商提供展会现场的优质服务，如贵宾接待、展位协助搭建等，提升赞助商的参展体验。通过这些方式，吸引更多企业参与赞助，为展会提供充足的资金支持，同时也为赞助商带来丰厚的回报。

3. 支出预算

(1)场地相关费用。

场地租金是根据展馆的规模、地理位置、设施条件及展会的举办时间等因素来确定的。本次展会选择的展馆位于市中心繁华地段，交通便利，周边配套设施完善，拥有宽敞的展览空间和先进的展示设备。根据与展馆方的协商，场地租金为每天 100 000 元，展会预计举办 5 天，共计 500 000 元。

展位搭建费用根据不同类型的展位而有所差异。标准展位搭建相对简单，主要包括基本的框架搭建、展板安装、照明设备安装等，每个标准展位的搭建费用预计为 2 000 元。光地展位则需要参展商自行负责搭建和装修，主办方仅提供场地，不包括任何搭建材料和设备，为了满足参展商的需求，我们与专业的搭建公司合作，提供光地展位搭建的参考报价，搭建费用约为 800 元/m^2。特装展位的搭建要求更高，需要进行个性化的设计和装修，以突出参展企业的品牌形象和展示特色，其搭建费用根据设计方案和装修材料的不同而有所波动，预计每个特装展位的搭建费用为 50 000～100 000 元。

展馆空调费用根据展馆的面积、空调使用时长及能源消耗等因素计算。本次展会所在展馆面积较大，为了确保展览期间展馆内的舒适环境，空调将持续运行，预计空调费用每天为 10 000 元，展会期间共计 50 000 元。

地毯铺设费用根据地毯的材质、质量和铺设面积来计算。我们选用了质量较好的展览专用地毯，价格约为 80 元/m^2，预计铺设面积为 10 000 m^2，地毯铺设费用共计 800 000 元。

展位装修加班费用是指在正常工作时间之外，为了确保展位按时完成装修而产生的额外费用。根据与装修公司的协议，加班费用按照每小时 200 元计算，预计需要加班 200 小时，共计 40 000 元。

(2)宣传推广费用。

广告投放渠道广泛，涵盖了线上和线下多个领域。线上广告主要投放在行业知名网站、社交媒体平台及搜索引擎等。在行业知名网站上投放广告，能够精准触达目标受众，提高展会的知名度和影响力，预计费用为 100 000 元。社交媒体平台如微信、微博、抖音等拥有庞大的用户群体，通过在这些平台上投放广告，可以扩大展会的传播范围，吸引更多潜在观众和参展商，预计费用为 150 000 元。搜索引擎广告则通过关键词竞价排名的方式，让展会在用户搜索相关关键词时能够优先展示，提高曝光率，预计费用为 100 000 元。线下广告主要投放在机场、高铁站、地铁站等交通枢纽以及城市主要干道的广告牌上，这些地方人流量大，能够有效提升展会的知名度，预计费用为 150 000 元。

展会资料设计印刷包括展会宣传册、邀请函、门票、证件等的设计和印刷。宣传册是展会的重要宣传资料，需要精心设计，突出展会的特色和亮点，预计设计费用为 20 000

元，印刷50 000份，每份成本约为5元，共计270 000元。邀请函设计费用为5 000元，印刷20 000份，每份成本约为3元，共计65 000元。门票设计费用为3 000元，印刷30 000张，每张成本约为2元，共计63 000元。证件设计费用为5 000元，制作5 000个，每个成本约为10元，共计55 000元。

资料邮寄费用主要是将展会宣传资料、邀请函等邮寄给潜在参展商和观众所产生的费用。根据邮寄数量和目的地的不同，预计每份资料的邮寄费用平均为10元，共计邮寄30 000份，费用约为300 000元。

开幕式、闭幕式、新闻发布会、酒会等活动是展会的重要组成部分，能够提升展会的知名度和影响力。开幕式和闭幕式的策划、组织和执行费用预计为100 000元，包括舞台搭建、音响灯光设备租赁、节目表演等。新闻发布会费用预计为50 000元，包括场地租赁、媒体邀请、新闻稿撰写和发布等。酒会费用预计为80 000元，包括场地租赁、餐饮服务、酒水供应等。

(3)人员费用。

工作人员薪酬根据不同岗位和职责进行设定。项目经理负责整个展会项目的策划、组织和协调，需要具备丰富的经验和专业知识，月薪预计为20 000元。招展人员负责邀请参展商，拓展展位销售渠道，其薪酬采用底薪加提成的方式，底薪每月5 000元，提成根据展位销售业绩计算，预计招展人员的平均月薪为8 000元。招商人员负责吸引赞助商和广告商，为展会筹集资金，薪酬同样采用底薪加提成的方式，底薪每月5000元，提成根据招商业绩计算，预计招商人员的平均月薪为8 000元。此外，还有其他工作人员，如财务人员、行政人员、现场工作人员等，他们的月薪根据市场行情和工作内容而定，预计平均月薪为6 000元。展会筹备期预计为6个月，工作人员薪酬共计约为1 000 000元。

专家酬金是邀请行业专家参加展会相关活动，如论坛、研讨会等所支付的报酬。根据专家的知名度和影响力，每位专家的酬金预计为5 000～10 000元，预计邀请10位专家，共计约80 000元。

临时人员报酬主要是指展会期间雇佣的临时工作人员，如志愿者、礼仪小姐、安保人员等的报酬。志愿者主要负责协助展会现场的各项工作，如引导观众、分发资料等，每人每天的报酬预计为200元，预计需要100名志愿者，工作5天，共计100 000元。礼仪小姐负责展会的接待、颁奖等礼仪工作，每人每天的报酬预计为500元，预计需要20名礼仪小姐，工作5天，共计50 000元。安保人员负责展会现场的安全保卫工作，每人每天的报酬预计为300元，预计需要50名安保人员，工作5天，共计75 000元。临时人员报酬总计约为225 000元。

与会者补贴是为了鼓励更多专业人士参加展会，为他们提供的交通、住宿等方面的补贴。根据市场行情和展会的实际情况，每位与会者的补贴预计为1 000元，预计邀请1 000名与会者，共计1 000 000元。

(4)交通食宿费用。

主办方邀请人员的交通费用根据其出发地和目的地的距离、交通方式等因素确定。如果邀请人员来自国内其他城市，如果乘坐飞机，根据不同的航线和机票价格，预计平均每人的机票费用为2 000元。如果乘坐高铁，根据不同的车次和座位等级，预计平均每人的高铁费用为1 000元。住宿费用根据酒店的星级和房型而定，预计邀请人员入住四星级酒店，标准间每晚的价格为500元，每人5天，共计2 500元。餐饮费用按照每天200元的标准计算，每人5天，共计1 000元。

工作人员的交通费用主要是展会期间在城市内的交通费用，预计每人每天的交通费用为50元，工作人员共计200人，工作5天，共计50 000元。住宿费用同样根据酒店的星级和房型而定，预计工作人员入住三星级酒店，标准间每晚的价格为300元，每人5天，共计1 500元。餐饮费用按照每天150元的标准计算，每人5天，共计750元。

与会者的交通费用由其自行承担，但主办方可以提供交通指南和建议。住宿费用根据与会者的个人选择而定，主办方可以提供酒店推荐和预订服务。餐饮费用方面，展会期间提供免费的茶水和点心，预计每天的费用为10 000元，展会举办5天，共计50 000元。

(5)其他杂项费用。

装饰费用包括展馆内外的装饰布置，如悬挂横幅、摆放鲜花、设置指示牌等，预计费用为50 000元。管理费是向展馆方支付的管理费用，包括场地管理、设备维护等，预计费用为30 000元。观光娱乐费用是为与会者和工作人员提供的休闲娱乐活动费用，如组织参观当地景点、举办晚宴等，预计费用为80 000元。打印费用主要是展会期间打印各类文件、资料所产生的费用，预计费用为20 000元。临时运输装卸费用是指展品、设备等的运输和装卸费用，预计费用为50 000元。纪念品费用是为参展商和观众准备的具有纪念意义的礼品费用，预计费用为100 000元。礼仪服务费用包括礼仪小姐的培训、服装租赁等费用，预计费用为30 000元。保险费用是为展会购买的各类保险费用，如财产保险、公众责任险等，预计费用为50 000元。税收是根据展会的收入和相关税收政策计算缴纳的税款，预计费用为100 000元。

4.预算编制流程

(1)前期调研。

前期调研是会展项目财务预算编制的重要基础，通过全面、深入的调研，可以为预算编制提供准确、可靠的依据，确保预算的科学性和合理性。在这一阶段，主要从市场信息收集和同类展会分析两个方面展开工作。

市场信息收集是了解市场动态、把握行业趋势的关键环节。我们通过多种渠道广泛收集与会展项目相关的市场信息，包括行业报告、市场研究数据、专业媒体资讯等。例如，我们深入研究行业报告，了解当前行业的发展现状、市场规模、增长趋势及潜在的市场需求，为展会的定位和规模确定提供宏观指导。同时，密切关注专业媒体发布的最新资讯，及时掌握行业内的热点话题、新技术应用及企业的动态，以便在展会内容设置和活动策划中能够紧密贴合市场需求，吸引更多的参展商和观众。

同类展会分析则是借鉴成功经验、避免失误的重要手段。我们详细收集同类展会的收支情况，包括展位费定价策略、门票销售价格和渠道、广告赞助收入来源，以及各项支出的构成和规模等信息。通过对这些数据的深入分析，我们可以了解市场行情和竞争态势，为本次展会的预算编制提供参考。比如，在分析同类展会的展位费收入时，我们不仅关注其平均价格水平，还研究不同展位类型、位置和面积的价格差异，以及这些差异对展位销售率的影响，从而制订出更具竞争力和吸引力的展位定价方案。

(2)制订初步预算。

在充分完成前期调研的基础上，结合展会的目标和规模，我们开始制订初步的收入和支出预算草案。这一过程需要综合考虑多方面因素，确保预算草案既符合展会的实际需求，又具有一定的可行性和灵活性。

①收入预算草案的制订。我们依据调研获取的市场信息和同类展会的经验，结合本次展会的特色和优势，对展位费、门票、广告和赞助等各项收入进行合理预估。在展位费收入方面，根据展位的位置、面积和配套设施等因素，制订不同类型展位的价格体系，并参考市场需求和历史销售数据，预估各类展位的销售数量，从而计算出展位费的总收入。门票收入则根据目标受众的定位、市场调研结果及定价策略，预测专业观众和普通观众的门票销售数量，进而得出门票收入预算。广告和赞助收入的预估，需要综合考虑展会的影响力、广告资源的吸引力及赞助方案的优惠程度，与潜在的广告商和赞助商进行初步沟通，了解他们的合作意向和预算范围，以此为依据制定合理的收入目标。

②支出预算草案的制订。我们对场地相关费用、宣传推广费用、人员费用、交通食宿费用及其他杂项费用等各项支出进行详细的估算。在场地相关费用方面，根据展会场地的选择、租赁期限及场地的具体要求，确定场地租金、展位搭建费用、展馆空调费用、地毯铺设费用和展位装修加班费用等。宣传推广费用则根据选定的广告投放渠道、宣传资料的设计印刷数量及各项活动的策划安排，估算广告投放费用、展会资料设计印刷费用、资料邮寄费用和相关活动费用等。人员费用的估算，需要考虑工作人员的岗位设置、薪酬水平及工作时长，同时还要包括专家酬金、临时人员报酬和与会者补贴等。交通食宿费用则根据人员的出行安排、住宿标准和餐饮需求进行合理预算。其他杂项费用如装饰费、管理费、观光娱乐费、打印费、临时运输装卸费、纪念品费、礼仪服务费、保险费和税收等，也都要一一进行详细的核算和预估。

(3)审核与调整。

初步预算草案制订完成后，组织相关人员进行全面、细致的审核是确保预算合理性和准确性的关键步骤。审核人员包括财务专家、项目管理人员、市场营销人员及相关领域的专业人士，他们从不同角度对预算草案进行深入分析和评估，提出宝贵的反馈意见。

财务专家主要从财务专业的角度，对预算草案中的各项数据进行准确性和合理性的审核。他们检查预算的编制是否符合财务规范和会计准则，各项收入和支出的计算是否正确，资金的使用是否合理，以及预算的整体平衡性和可持续性。例如，财务专家会仔细核对展位费收入的计算依据是否充分，各项支出的费用标准是否合理，是否存在潜在的财务风险等。

项目管理人员则从项目执行的角度，对预算草案的可行性进行评估。他们考虑展会项目的实际需求和操作流程，判断预算中各项费用的安排是否能够满足项目的顺利开展。例如，项目管理人员会检查场地相关费用是否能够确保场地的顺利租赁和搭建，宣传推广费用是否能够达到预期的宣传效果,人员费用是否能够吸引和留住足够的专业人才等。

市场营销人员从市场推广的角度,对预算草案中的宣传推广费用和收入预算进行审核。他们评估广告投放渠道的选择是否合理,宣传资料的设计是否能够吸引目标受众,以及收入预算是否符合市场实际情况。例如,市场营销人员会根据市场调研结果和竞争对手的情况,分析广告投放费用的分配是否合理,是否需要调整宣传策略以提高展会的知名度和影响力。

相关领域的专业人士则从各自专业的角度,对预算草案中的相关内容进行审核。例如,法律专家会检查预算中是否包含了必要的法律费用,如合同审核、知识产权保护等;技术专家会评估与技术相关的费用,如展示设备租赁、网络设备租赁等是否合理。

根据审核人员提出的反馈意见,我们对预算草案进行全面、深入的调整和优化。对于审核中发现的问题和不合理之处,及时进行修正和改进。例如,如果财务专家指出某项支出费用过高,我们会重新评估该项费用的必要性和合理性,寻找降低成本的方法;如果项目管理人员认为某项收入预算过高或过低,我们会重新分析市场情况和项目实际需求,调整收入预算。通过不断的审核和调整,使预算更加科学、合理、可行,为展会项目的顺利实施提供有力的财务保障。

(4)确定最终预算。

经过多轮的审核和调整后,我们最终确定了会展项目的财务预算。这个最终预算是在充分考虑各方面因素、综合平衡各方利益的基础上形成的,具有较高的准确性和可靠性。

最终预算的确定,标志着会展项目财务预算编制工作的完成。它不仅是会展项目筹备和运营的重要依据,也是项目财务管理和控制的基础。在会展项目的实施过程中,我们将严格按照最终预算进行资金的使用和管理,确保各项费用的支出符合预算要求,同时积极努力实现各项收入目标。

为了确保预算的有效执行,我们建立了完善的预算执行监控机制。定期对预算的执行情况进行跟踪和分析,及时发现预算执行过程中出现的问题和偏差,并采取相应的措施进行调整和纠正。例如,每月对会展项目的收入和支出情况进行统计和分析,与预算进行对比,找出差异原因,及时调整经营策略。同时,加强对预算执行过程的监督和管理,严格控制各项费用的支出,杜绝超预算支出的情况发生。

最终预算的确定也为会展项目的决策提供了重要依据。在项目筹备和运营过程中,遇到重大决策问题时,我们可以根据预算情况进行综合分析和评估,选择最优的决策方案。例如,在决定是否增加某项宣传推广活动时,我们会考虑该活动的费用是否在预算范围内,以及该活动对展会收入和影响力的提升是否具有积极作用。

确定最终预算是会展项目财务预算编制流程的关键环节,它为会展项目的顺利实施提供了坚实的财务保障和决策依据。通过科学合理的预算编制和严格有效的预算执行监控,我们有信心确保会展项目在财务上的稳健运作,实现展会的预期目标。

5. 预算执行与监控

(1)建立预算执行制度

建立完善的预算执行制度是确保会展项目财务预算有效执行的关键。明确各部门在预算执行中的职责,使每个部门都清楚自己在预算执行过程中的角色和任务。项目管理部门负责整体项目的进度把控和协调,确保各项工作按照预算计划有序推进。财务部门承担着预算执行的核心职责,负责资金的收支管理、核算和监督,严格按照预算安排进行资金的拨付和使用,确保每一笔资金的流向都清晰可查。同时,财务部门要对预算执行情况进行实时监控和分析,及时发现问题并向相关部门反馈。

制订详细的预算执行流程和规范,明确各项费用的审批权限和报销流程。对于每一项费用支出,都必须经过严格的审批程序,确保费用的合理性和必要性。例如,对于金额较小的费用支出,由部门负责人审批;对于金额较大的费用支出,需要经过项目管理部门和财务部门的共同审批,甚至可能需要更高层级的领导审批。报销流程也应规范,要求报销人员提供真实、合法、有效的票据和相关证明材料,按照规定的格式填写报销单,经过各级审批后才能进行报销。

(2)实时监控预算执行情况

定期对比实际收支与预算是实时监控预算执行情况的重要手段。每月或每季度对会展项目的收入和支出情况进行统计和分析,详细列出各项收入和支出的实际金额,并与预算金额进行对比。通过对比,能够直观地了解到预算执行的进度和差异情况。如果发现某项费用的实际支出超出预算,要及时深入分析原因。可能是由于市场价格波动导致成本上升,例如原材料价格突然上涨,使得展位搭建费用超出预算;也可能是由于项目执行过程中的需求变更,导致工作量增加,从而费用增加;还有可能是因为预算编制时的预估不准确,对某些费用的估计过低。

根据分析结果及时采取措施进行调整。如果是市场价格波动导致的成本上升,可以尝试与供应商重新谈判价格,寻找更具性价比的供应商,或者优化采购策略,降低采购成本。如果是需求变更导致的费用增加,需要评估变更的必要性和合理性,对项目计划进行相应的调整,同时对预算进行修订,确保项目的顺利进行。如果是预算编制预估不准确,要总结经验教训,在今后的预算编制中更加科学、合理地预估各项费用。

(3)应对预算偏差的措施

当出现预算偏差时,采取有效的应对措施至关重要。在成本控制方面,可以从多个角度入手。加强对各项费用的审核,严格把关每一笔支出,杜绝不必要的开支。对于一些可削减的费用,如非关键的宣传活动、不必要的办公用品采购等,要果断进行削减。优化资源配置,提高资源利用效率,避免资源的浪费和闲置。例如,合理安排场地空间,提高展位的利用率;优化人员配置,避免人员冗余,提高工作效率。

在收入增加方面,积极拓展收入渠道是关键。加大招展力度,吸引更多的参展商,提高展位的出租率,从而增加展位费收入。通过优化展位设计和服务,提升展位的吸引力,吸引更多优质参展商,甚至可以适当提高展位价格。加强招商工作,吸引更多的广告商和赞助商,为展会提供更多的资金支持。可以推出更具吸引力的广告和赞助方案,提供更多的增值服务,如为赞助商提供专属的活动区域、定制化的宣传推广方案等,提高赞助商的满意度和参与度。

在某些情况下,可能需要对预算进行调整。当出现重大的市场变化、政策调整或不可抗力因素时,原有的预算可能无法满足项目的实际需求。此时,需要按照规定的程序对预算进行调整。由相关部门提出预算调整申请,详细说明调整的原因、调整的项目和金额等。经过财务部门和项目管理部门的审核,评估调整的必要性和合理性。如果调整金额较大,还需要经过更高层级的领导审批。在调整预算时,要充分考虑项目的整体目标和实际情况,确保调整后的预算能够更好地支持项目的顺利进行。

会展项目财务预算是一个复杂而又关键的系统工程,它贯穿于会展项目的整个生命周期,从前期的筹备策划到中期的执行运营,再到后期的总结评估,每一个环节都离不开精准的财务预算支持。通过对收入预算和支出预算的详细规划,以及严谨的预算编制流程和严格的预算执行与监控,我们能够为会展项目的成功举办提供坚实的经济保障。

合理的财务预算对展会成功举办的重要性不言而喻。它不仅是展会资源合理配置的基础,确保每一项资源都能得到充分且有效的利用,避免资源的闲置和浪费;也是成本控制的关键手段,通过对各项费用的严格把控,能够有效降低展会的运营成本,提高经济效益。同时,精准的财务预算为展会的决策提供了可靠依据,使组织者能够在面对各种复杂情况时做出科学合理的决策,保障展会的顺利进行。

展望未来,会展项目财务预算将朝着更加精细化、智能化和多元化的方向发展。随着科技的不断进步,大数据、人工智能等先进技术将在财务预算中得到更广泛的应用。通过大数据分析,可以更精准地预测市场需求和展会收入,为预算编制提供更准确的数据支持;人工智能技术则可以实现预算执行的实时监控和自动预警,及时发现并解决预算偏差问题,提高预算管理的效率和准确性。

会展项目财务预算还将更加注重与其他部门的协同合作,形成一个有机的整体。与市场营销部门紧密配合,根据市场推广的需求和效果,合理调整预算分配,提高宣传推广的效果和投资回报率;与项目执行部门密切沟通,确保预算的执行与项目的实际进展相匹配,及时解决项目执行过程中出现的财务问题。

在未来的会展项目中,我们需要不断学习和借鉴先进的财务预算管理经验,结合自身实际情况,创新预算管理方法和手段,提高预算管理水平,为会展项目的成功举办创造更加有利的条件。

第十章　会展项目服务管理

要想会展活动取得成功，参展商和观众的数量与质量固然重要，但同样不可或缺的是卓越的会展服务。会展服务覆盖了会展活动的每一个环节，是现代会展行业中运用最广泛、竞争中最为关键的策略之一。缺乏高质量的会展服务，会展效果自然难以达到理想状态。因此，妥善管理会展服务的各项任务，是确保整个会展活动顺利进行的关键基础。本章节将深入探讨会展项目服务的核心内容，详细阐述其独有的特征，以及会展项目服务策略的制订和实施。同时，本章还将涉及会展项目中配套服务商的管理，包括如何选择合适的合作伙伴，以及如何有效地监督和评估他们的服务质量。

第一节　会展项目服务的内容和特征

本质上，组织展览的机构属于服务供应商，其主要职责是向参展商和观众等客户群体提供多样化的会展服务。然而，针对特定的会展活动，究竟应提供哪些服务？会展服务的核心又应聚焦于何处？实际上，会展服务并非无中生有，而是根据会展的功能定位来创建和安排的。

会展的功能定位决定了所需配套的服务类型。若服务与会展的功能定位脱节，通常会导致服务显得多余或无法达到预期效果。会展通常具备哪些功能？通常情况下，会展的功能主要从两个维度展现：宏观上，会展承担经济和社会的双重角色；微观上，则涵盖贸易、展示、信息交流和发布四大功能。

具体而言，会展作为经济和社会的双重角色，从宏观层面推动了城市和区域的经济增长。会展活动不仅吸引了大量参展商和观众，促进了商品和服务的交易，还带动了相关产业的发展，如旅游、餐饮、交通等。同时，会展活动也是城市形象展示和品牌推广的重要平台，提升了城市的知名度和美誉度，增强了城市的吸引力。

在微观层面，会展的四大功能相互交织，共同构成了会展的核心价值。贸易功能是指会展为参展商和观众提供了一个面对面交流的平台，促进了商品和服务的交易；展示功能则是指会展通过展示最新的技术和产品，推动了行业的创新和发展；信息交流功能使得参展商和观众能够获取最新的市场动态和行业趋势，为企业的决策提供重要依据；发布功能则是指会展作为新品发布和推广的重要场所，帮助主办方吸引参展商和观众。

一、会展服务要立足于会展的功能定位

会展功能定位决定服务配套。服务若不满足功能要求，则功能定位不实际；服务若超出需求，则无法发挥应有效果。会展服务应与功能紧密对应。若以贸易为主，则需邀请众多买家并完善促进贸易的服务；若以发布为主，则需集中新产品、设计和行业趋势，

并提供完善的发布平台服务。

会展若同时具备经济、社会功能及贸易、展示、信息、发布功能，则服务需全面且具体。若会展主要侧重某项功能，则服务提供需具有针对性，避免服务与功能不符。

案例展示：

广交会的作用与服务

广交会素有“中国第一展”之美誉，是中国最负盛名且在国际上具有显著影响力的贸易展会。它所展现的宏观与微观功能均十分突出。自1957年创办以来，广交会就承担了重要的宏观使命：突破西方国家对中国的经济禁锢，拓展中国与全球的贸易往来，助力国家增加外汇收入。进入20世纪80年代，随着中国经济的壮大和国际形势的向好，广交会不仅继续助力国家出口创汇，还将促进国内相关产业的成长作为关键任务。到了20世纪90年代，支持民营企业的发展也成为广交会的核心任务之一。自2006年起，鉴于我国贸易顺差的持续增长，广交会又将促进进口作为新的使命。

在根据国家需求不断调整宏观功能的同时，广交会的微观功能也在持续优化：其贸易功能全球闻名，成交额占中国年度一般出口总额的四分之一；广交会还是中国产业信息的集散地，参与者热衷于在展会上搜集各类信息。近年来，随着展馆的扩建，广交会的展示和发布功能得到了进一步加强。

广交会针对其四大功能，不断优化和创新服务，使其更加贴合会展功能，成就了全球知名的“中国第一展”。

二、会展项目服务的内容

在会展业竞争日益激烈的当下，会展服务的质量成为会展脱颖而出的关键。会展服务不仅能够使会展在众多活动中脱颖而出，还是获取竞争优势的关键因素。通常，会展服务可以从多个角度进行考量：

首先，从服务对象的角度来看，会展服务涵盖了对参展商、与会者、观众及其他相关方的服务。

针对参展商的服务至关重要，因为他们是会展活动中的核心客户之一。这些服务包括：及时通报会展筹备进度、提供行业动态、贸易成交信息、策划展示服务、展品运输、邀请目标观众、展位搭建、现场服务及商务旅行服务等。其中，邀请到一定数量和质量的观众参观，是会展对参展商提供的核心服务。

对于与会者的服务同样重要，他们构成了会议活动的核心客户群体。服务内容包括：接待会议参与者、处理会议中的问题、送别参与者，并对会议内容进行总结，为会议组织方提供反馈和建议，确保参与者体验到会议的专业性。因此，会议中的服务也是会展服务不可或缺的一部分。

观众作为会展的另一大客户群体，同样需要细致的服务。会展服务的观众分为专业观众和普通观众。专业观众的服务包括：提供展品信息、行业动态、产品信息、吸引合适的参展商参展、现场服务和商务旅行服务等。其中，吸引一定数量和质量的参展商及产品，是会展对专业观众提供的核心服务。

此外，会展还涉及对新闻媒体、行业协会、行业主管部门、国际组织和国外驻华机构等其他相关方的服务，这些服务主要集中在信息提供上。例如，为新闻媒体提供会展的最新资讯、亮点报道及采访安排，确保会展信息能够迅速、准确地传播给广大公众。对于行业协会和行业主管部门，会展会提供行业动态、政策解读及行业发展趋势等方面的信息，帮助它们更好地了解行业现状，并为会展的顺利举办提供支持和指导。同时，会展还会与国际组织和国外驻华机构保持密切联系，提供国际会展信息、交流合作机会及国外市场动态等，促进国内外会展业的交流与合作。这些服务不仅丰富了会展的内容，也提升了会展的影响力和价值。

值得注意的是，会展服务的对象不仅包括现有的参展商和观众，还应包括潜在的参展商和观众。通过深入了解这些潜在客户的需求和期望，会展项目可以制订更具针对性的营销策略，吸引他们参与会展活动。例如，对于潜在的参展商，会展项目可以通过市场调研，了解他们的产品特点和市场定位，然后提供定制化的展位设计和宣传方案，帮助他们更好地展示产品和品牌形象。同时，通过搭建交流平台，促进潜在参展商与现有参展商之间的合作与交流，共同拓展市场。对于潜在的观众，会展项目可以通过线上线下的宣传推广，提高会展的知名度和影响力，吸引他们前来参观。此外，还可以通过提供丰富的专业活动和互动体验，增强观众的参与感和满意度，进一步提升会展项目的口碑和品牌价值。

同时，会展服务商如展位搭建商、展品运输商、指定旅游公司和酒店等提供的服务，也是会展服务的重要组成部分。即便这些服务被外包给专业公司或机构，会展也应确保服务质量，并进行监督和跟进，因为参展商和观众通常将这些服务视为会展直接提供的服务。任何服务上的失误都会直接影响会展的声誉。因此，会展需要委托高质量的专业公司，并持续监督服务质量。

其次，从服务提供的阶段来看，会展服务可分为前期服务、活动期间服务和后期服务三个阶段。

前期服务包括会展开幕前的各项服务，例如设计安装、活动策划宣传、礼仪、货物租赁、运输仓储及安全保卫等。活动策划宣传旨在吸引目标观众和参展商，确保会展的知名度和参与度。设计安装则涵盖了展位设计、搭建和装饰，为参展商提供一个专业且吸引人的展示空间。礼仪服务则确保会展活动的顺利进行，为参展商和观众提供周到的接待和引导。货物租赁服务为参展商提供所需的设备，如音响、灯光、展示柜等，以支持其展示需求。运输仓储服务则负责展品的运输和存储，确保展品安全和准时到达。安全保卫服务则是确保会展期间的人员和财产安全，为所有参与者提供一个安心的环境。

活动期间服务涉及会展开幕期间的服务，如现场安全、清洁卫生、观众登记、现场协调、违章处理及会场秩序管理等。现场安全服务确保会展活动期间没有意外发生，包括紧急疏散预案的制订和实施，以及现场安全巡逻，随时应对可能出现的问题。清洁卫生服务保持会展区域的整洁和卫生，提供一个良好的参观环境。观众登记服务则负责记录所有进入会展的人员信息，确保会展活动的有序进行。现场协调服务处理会展期间的突发事件，如参展商与观众之间的纠纷，以及展位搭建中的问题等。违章处理服务则针对会展期间的违规行为，如未经许可的展位搭建、展品展示等，确保会展活动的合规性。会场秩序管理服务则负责维护会展期间的公共秩序，防止任何可能干扰会展正常进行的行为发生。

后期服务则是会展活动结束后继续提供的服务，包括邮寄会展总结和活动情况通报等。邮寄会展总结旨在向参展商和合作伙伴提供会展活动的全面回顾，包括参展商的表现、观众的反馈及活动的亮点等，以便他们更好地了解会展的效果。活动情况通报则详细记录会展期间的各项数据，如参观人数、交易量、观众满意度等，为参展商提供有价值的参考信息，帮助他们评估参展效果，并为未来的参展决策提供依据。后期服务的提供，不仅体现了会展组织者的专业素养和服务精神，也为参展商和观众提供了持续的支持和帮助，进一步巩固了会展活动的成果。

在实际操作中，许多会展往往只重视活动期间的服务，对前期服务的提供较为被动，对后期服务则不够重视或几乎不提供。然而，这三部分都是会展服务的重要组成部分，忽视任何一部分都会对会展服务的整体质量产生负面影响。

第三，会展服务的提供方式涵盖了承诺服务、标准化服务、个性化服务及专业服务。

承诺服务指的是会展事先向参与者承诺服务方式和服务质量，并严格遵守承诺提供服务。标准化服务涉及为参与者制订统一的服务标准，并严格按照这些标准提供规范化的服务。个性化服务则是根据参与者的不同需求，提供差异化的服务以满足其特定需求。专业服务是指会展根据行业需求，由专业培训的员工以专业手段和方式为参与者提供的服务。

三、会展项目服务的基本特征

会展项目服务简称会展服务，是高度接触性的服务活动，参展商和观众在服务过程中与之频繁互动，尤其是展中服务直接面向他们。会展服务具有以下特征。

（一）无形性

会展服务最为显著的特征之一便是无形性，它不像有形产品那样，拥有具体的物质形态，能够被人们直观地看到、触摸到或衡量。会展服务涵盖了从前期策划、组织协调，到现场的接待、引导，再到后期的跟进等一系列活动，这些服务更多地是以一种无形的方式存在，难以用具体的数字或标准去精确量化。

以一场科技类展会的策划服务为例，策划团队需要深入研究市场需求、行业趋势及参展商和观众的期望，从而制订出具有吸引力的展会主题、活动安排和展示方案。这个策划过程中的创意构思、策略规划等，都无法像产品的生产数量或质量指标那样被清晰地量化。同样，在展会现场，工作人员的热情接待、专业解答及高效的问题处理等服务，虽然能够让参展商和观众切实感受到，但却难以用具体的数值来衡量其价值。参展商和观众对会展服务的感受，往往是基于他们在整个会展过程中的体验，这种体验是主观的、难以捉摸的，只能通过他们的满意度调查、口碑传播等方式来间接反映。

会展项目服务的无形性使得其质量控制和评估变得相对复杂。不像有形产品可以通过物理检测、质量认证等方式来确保质量，会展服务的质量更多地依赖于服务提供者的专业素养、服务态度及对客户需求的理解和满足程度。因此，会展服务提供者需要更加注重服务细节，通过提升服务人员的专业能力和服务意识，优化服务流程，来提高服务质量，以弥补无形性带来的不足。同时，为了让参展商和观众更好地理解和感受会展服务的价值，服务提供者还需要通过各种有形的线索和方式，如精美的宣传资料、舒适的场馆环境、高效的信息化服务平台等，将无形的服务有形化，增强服务的可感知性。

（二）异质性

服务由人提供，受个人经验、素质、修养和技术水平影响，质量可能有显著差异。服务对象和时间的不同也会导致服务质量波动，参与者对服务的评价可能不一。这一特性使得每一次会展服务的体验都可能独一无二。会展服务是以人为中心的活动，服务人员作为服务的直接提供者，他们的素质、经验、态度等因素都会对服务质量产生重大影响。由于服务操作人员的专业技能、服务经验及个人的素质修养和技术水平存在差异，即使是同一种服务，由不同的人来操作，其质量也可能会出现较大的差别。在展位布置服务中，经验丰富的工作人员能够巧妙地利用空间，将展品进行合理布局，营造出富有吸引力的展示效果；而经验不足的工作人员可能在布局上缺乏美感，无法充分展现展品的特色。

即使是同一个服务人员，在不同的时间和情境下，为不同的服务对象提供同样的服务，服务质量也可能会出现波动。这是因为服务人员的心理状态会受到多种因素的影响，如工作压力、情绪状态等，这些因素可能导致他们在服务过程中的表现有所不同。而且，不同的客户由于其背景、需求、期望及对服务的认知和体验不同，对同一种服务的评价也会存在差异。一位经常参加国际大型展会的专业参展商，可能对服务的专业性、国际化水平有较高的要求；而初次参展的小型企业，可能更关注服务的基本便利性和成本。

会展服务的差异性给服务质量管理带来了挑战。为了应对这一挑战，会展服务提供者需要加强对服务人员的培训和管理，建立完善的服务标准和规范，确保服务质量的相对稳定性。同时，要注重收集客户的反馈意见，根据不同客户的需求，提供个性化的服务，以提高客户的满意度。例如，一些会展主办方会根据参展商的规模、行业特点等因素，为其提供定制化的服务方案，包括展位推荐、宣传推广、商务洽谈等方面的支持，从而满足不同参展商的特殊需求，提升他们对会展服务的整体评价。

（三）不可分割性

服务的提供、消费和交易是同步进行的，工作人员在提供服务时，参与者即刻享受服务。参与者通常需要参与服务流程才能体验服务，同一工作人员无法同时为不同参与者服务。这种同步性使得会展服务的提供过程充满了互动性和即时性。工作人员的态度、技能和专业水平会直接影响客户的感受和评价。因此，会展服务提供者需要注重提高服务人员的综合素质，确保他们能够以积极、专业、热情的态度为客户提供服务。同时，服务流程的顺畅性和高效性也是影响客户体验的重要因素，会展服务提供者需要不断优化服务流程，提高服务效率，以满足客户的需求和期望。

(四)不可储存性

服务产品无法储存、转售或退还,必须即时利用,否则就会失效。会展无法储存服务以应对需求高峰,参展商或观众不满时也无法退还服务。会展服务无法像有形商品那样,在生产出来后如果暂时没有被消费,就可以储存起来等待后续销售。一旦会展活动结束,未被使用的服务就会消失,无法再进行储存和二次销售。

以会展场馆的使用为例,某个会展场馆预定在特定的时间段举办一场展会。如果在这个时间段内,部分展位没有被售出,那么这些未售出的展位所对应的服务价值就无法被储存起来,在展会结束后,这些空置展位的服务就失去了意义,无法再为会展组织者带来收益。同样,展会期间的现场服务,如餐饮服务、保洁服务、设备租赁服务等,如果在相应的时间内没有被消费,这些服务也无法被储存和转售。

会展服务的不可储存性也意味着它无法进行退换。当参展商或观众购买了会展服务后,一旦服务开始提供,就无法像购买有形商品那样,因为不满意而进行退货或换货。这是因为会展服务的消费过程与生产过程紧密相连,服务一旦提供,就已经发生了实际的成本和资源消耗,无法恢复到服务提供前的状态。

会展服务的不可储存性对会展组织者的运营管理提出了很高的要求。组织者需要精准地预测市场需求,合理安排会展资源,确保服务能够在有限的时间内得到充分利用,以提高服务的利用率和经济效益。同时,由于服务无法储存和退换,会展组织者需要更加注重服务质量的把控,在服务提供前做好充分的准备工作,提高服务的一次性成功率,避免因服务质量问题导致客户的不满和损失。为了应对不可储存性带来的挑战,会展组织者可以采取灵活的营销策略,如提前预售、推出优惠套餐、根据市场需求动态调整服务内容和价格等,以吸引更多的客户,提高服务的销售效率和利用率。

深入理解服务的基本特性对于拓宽会展服务的思路,创新会展服务的方法,制订恰当的会展服务策略具有极其重要的意义。通过掌握这些基本特性,会展服务提供者能够更好地适应市场变化,满足客户需求,从而在竞争激烈的会展行业中脱颖而出。

第二节　会展项目服务策略

会展服务管理不仅要确保服务项目和服务内容的设立与会展的功能定位相匹配,还应注重服务策略的运用。恰当的服务项目与策略相结合,能够使服务达到最佳效果。

一、针对服务的“无形性”所采取的服务策略

通过服务有形化克服不利面,服务专业化发挥有利面。

会展服务有形化包括提供有形线索,如展位分布图、参观指南等,以及服务承诺化、品牌化、展示化和便利化。

服务承诺化是通过明确的服务标准和承诺,增强客户对服务的信任感和预期。品牌化则是通过塑造独特的品牌形象和口碑,提升会展服务的知名度和影响力。展示化则是

利用现代化的展示手段，如 VR、AR 等技术，将无形的服务以直观、生动的方式呈现给客户。便利化则是通过优化服务流程、提供便捷的服务渠道，提高客户体验，使客户能够轻松享受到会展服务带来的便利。

经典案例：

香港礼品及赠品展的服务具象呈现

由香港特别行政区举办的礼品及赠品展，在亚洲同类展览中规模首屈一指，全球排名第二，吸引了来自 34 个国家和地区的参展企业，拥有超过 4 200 个标准展位。该展览在业界享有盛誉。

香港礼品及赠品展特别注重通过具象展示向参展商和买家呈现会展服务，让他们真切感受到会展的关怀与服务。首先，会展提前告知参展商和买家服务承诺，例如优惠的酒店安排、免费巴士服务等，以便他们提前了解并利用；其次，会展加强品牌推广，无论是广告还是现场，会展的标志、企业识别系统和视觉识别系统都保持一致，形象鲜明，赢得信任；再次，会展将宣传成果、观众需求的实物引导、参展商名单和展位号等信息集中展示在适当位置，让参展商和买家感受到会展的贴心服务；最后，充分考虑参展商和买家的需求，会展在适当位置设置服务点，并在多处设置醒目的提示和指引牌，确保参展商和买家在会展现场能够轻松找到所需服务。

会展服务的专业化意味着提供符合行业标准的专业服务，涵盖服务技能、知识和态度。这种专业化通过服务技巧化、知识化、技能化和国际化来实现，为参展商和观众提供高质量服务。

服务技巧化涉及提升服务人员技能，以增强会展竞争力和独特性。会展服务对技巧要求高，不同技巧可能导致服务质量差异。服务知识化着重于提升服务人员的专业素养，利用知识来优化服务并满足客户需求。服务技能化关注提高服务人员的熟练度、技艺和能力，确保参展商和观众获得满意的服务体验。服务国际化则提供符合国际惯例的服务，如考虑文化差异的资料制作和多语言服务，旨在提升参展商与观众的信任感和忠诚度。

二、针对服务的“异质性”所采取的服务策略

通过服务规范化克服不利因素，通过服务个性化发挥优势。

会展服务规范化旨在建立服务标准，确保服务质量稳定。它包括服务理念化、服务标准化和服务系统化三个层面。服务理念化要求提出符合需求的服务理念，并指导服务人员的行为。服务标准化建立质量标准，统一服务人员的思想和行为。服务系统化整合服务流程，提高会展服务的可控性。

会展服务个性化在规范化基础上，根据参展商和观众需求提供个性化服务。它通过服务多样化、服务特色化和服务差异化来实现。

小贴士

案例一:德国汉诺威工业博览会——"以客户为中心,创新服务体验"理念

德国汉诺威工业博览会作为全球领先的工业技术展会,始终秉持"以客户为中心,创新服务体验"的理念。

个性化服务定制:在展会筹备阶段,通过线上问卷、电话沟通等方式,深入了解参展商和专业观众的需求。对于参展商,根据其展示产品类型、目标客户群体,为其提供个性化的展位设计建议和展位位置推荐。例如,对于一家专注于智能制造解决方案的企业,安排在智能制造展区的核心位置,并协助设计了一个突出互动体验的展位,吸引了大量潜在客户。

数字化服务创新:利用先进的数字技术,为参展商和观众提供便捷的服务。展会官方 App 不仅提供展会日程、展位分布等基本信息,还具备智能导览功能,观众可以通过 App 规划个性化的参观路线,快速找到感兴趣的展位和活动。同时,参展商可以通过 App 实时更新展品信息、发布新品预告,与观众进行互动交流。

全方位服务支持:在展会期间,设立一站式服务中心,为参展商和观众提供包括咨询、翻译、物流协助、餐饮预订等全方位的服务。服务中心的工作人员经过专业培训,能够及时、有效地解决客户遇到的问题,确保客户在展会期间的体验顺畅。

案例二:中国国际进口博览会——"开放、合作、共赢"理念

中国国际进口博览会以"开放、合作、共赢"为核心理念,致力于打造国际一流的展会平台。

搭建开放合作平台:积极邀请全球各国企业参展,为国内外企业提供交流合作的机会。通过举办各类供需对接活动、商务论坛等,促进参展商与采购商之间的合作。例如,在某届进博会上,组织了多场行业专场供需对接会,帮助众多国外中小企业与中国采购商建立了合作关系,拓展了市场。

提供专业服务保障:为参展商提供从展品运输、报关报检到展位搭建、设备调试等一系列专业服务。设立专门的服务团队,全程跟进参展商的需求,确保参展过程顺利。同时,为采购商提供精准的采购对接服务,根据其采购需求,推荐合适的参展商和展品。

推动共赢发展成果:通过进博会的平台,众多国外优质产品和先进技术进入中国市场,满足了国内消费者和企业的需求。同时,也为国外企业带来了巨大的商业机会,促进了全球贸易的发展。进博会的成功举办,体现了"开放、合作、共赢"理念在会展服务中的实践成果。

案例三:上海国际汽车工业展览会——"品质、创新、环保"理念

上海国际汽车工业展览会将"品质、创新、环保"理念贯穿于展会服务之中。

品质服务打造:对展会的场地设施、展位搭建质量严格把关,确保为参展商和观众提供高品质的展示和参观环境。在展会期间,加强现场管理,保障展会秩序良好。同时,注重服务细节,如提供舒适的休息区、干净整洁的卫生间等,提升观众的参观体验。

创新服务呈现：鼓励参展商展示创新技术和产品，并为其提供创新展示的平台和支持。例如，设立专门的创新展区，为新能源汽车、智能驾驶等领域的创新企业提供展示机会。同时，举办各类创新论坛和活动，邀请行业专家和企业代表分享创新经验和发展趋势。

环保服务践行：在展会筹备和举办过程中，积极推行环保措施。采用环保材料进行展位搭建，减少能源消耗和废弃物排放。鼓励参展商展示环保型汽车产品，宣传环保理念。同时，在展会现场设置垃圾分类设施，引导观众和参展商进行垃圾分类，共同营造绿色环保的展会环境。

三、针对服务的"不可分割性"所采取的服务策略

通过服务流程化克服不利因素，通过服务关系化发挥有利因素。

会展服务流程化是会展行业提升效率和质量的重要方向，它涉及科学设计服务流程，通过一系列的措施实现服务人员与客户部分分离，从而降低服务的复杂性和依赖性。会展服务流程化的核心在于通过流程的优化和标准化，使得服务更加高效和标准化，同时减少对个别服务人员的依赖，提高整体的服务质量。

服务自助化是会展服务流程化的一个重要方面。通过提供必要的工具或用品，让参展商和观众能够自行完成某些服务，例如发放多次有效参观卡或贵宾卡，简化入场流程，减少排队等待时间，提升参展体验。自助化服务不仅提高了效率，也降低了人力成本。服务分离化是另一个关键措施。将部分服务外包给专业公司，例如展品运输、报关、展位搭建和商旅服务等，可以利用这些专业公司的专业技能和服务经验，从而提升整体的服务质量。这种分离化策略有助于会展组织者集中精力于核心业务，同时确保外包服务的高效和专业。服务网络化是利用互联网技术，将服务流程网络化，实现在线服务。例如，通过网上参展预先登记和信息咨询，参展商和观众可以随时随地获取所需信息和服务，极大地方便了客户，同时也提高了服务的可及性和便捷性。

会展服务关系化则强调与客户建立长期稳定的关系，通过及时沟通和重视口碑传播，深化与客户的关系。关系化服务的核心在于通过情感化、合作化和服务组织化等措施，提升客户满意度和忠诚度。服务情感化是在服务中加入情感因素，通过角色扮演、关心和体贴客户需求等方式，拉近与客户的距离，使客户感受到个性化的关怀和尊重。这种情感化的服务能够有效提升客户体验，增强客户对会展品牌的认同感。服务合作化是与服务商紧密合作，确保服务质量，共同满足客户需求。通过与专业服务商建立长期合作关系，会展组织者可以借助服务商的专业能力和服务网络，为客户提供更加全面和高质量的服务。服务组织化是通过会员制等方式，明确和正式化参展商和观众与会展的关系，提供优惠服务。这种组织化措施有助于建立稳定的客户群体，通过提供专属服务和优惠，增强客户的归属感和忠诚度。

四、针对服务的"不可储存性"所采取的服务策略

通过服务的灵活化和效率化，我们可以有效地克服不利影响，并且充分利用和发扬

有利的方面。会展服务的灵活化主要体现在对服务时间、地点及供求关系的调整上，目的是更好地满足参展商和观众的具体需求。例如，可以根据实际情况调整开闭馆的时间，优化服务地点的布局，以及在人流高峰期间采取有效措施来管理人流。而会展服务的效率化则侧重于通过提高服务的效率来满足这些需求。由于会展服务具有“不可储存性”的特点，这就要求服务必须快捷且高效。为了实现效率化，会展服务可以采取服务便捷化、提供一条龙服务及多功能化等措施，从而确保服务的高效和优质。

第三节　会展项目配套服务商管理

会展项目配套服务商为会展项目提供产品或服务，收取报酬。这些服务商可能是生产型、流通型或服务型企业，其表现影响供应链中实体企业的服务质量。为保证会展项目正常运转，需要可靠的配套服务商提供物资和服务。

会展配套服务商是会展项目的关键战略资源，其质量直接影响项目的发展和壮大。建立有效的配套服务商管理制度至关重要，且极具挑战。特别是战略物资服务商资源的质量，对会展项目能否在快速发展中保持竞争力至关重要。

选择会展配套服务商的应该注意：

首先，我们需要仔细核实服务提供商的营业执照，以确保他们拥有合法的经营资格，从而避免在支付款项之后，遇到服务商逃逸的情况，这样我们才能在必要时进行追责，保障我们的权益不受损害。

其次，我们要深入探究服务提供商的信誉状况，这包括了解他们的经营历史，他们是否曾经获得过行业内的奖项，以及他们过往客户的评价如何。这些信息可以帮助我们判断服务提供商是否值得信赖。

再次，我们需要评估服务提供商的执行能力，这涉及他们是否拥有独立的平台来提供服务，员工的数量以及他们的专业能力是否满足项目要求，管理团队是否严格高效，以及他们是否有能力承接和管理大型项目。

最后，我们要确认服务提供商的工作方法和公司文化是否相适应，这关系到双方合作的顺畅与否。如果工作方法和公司文化能够相互契合，那么合作过程将会更加顺利，有助于双方建立长期稳定的合作关系。

参展企业在选择服务商时，不应只关注报价，而应全面考察服务商的各个方面。因为选择不当可能导致重大损失，而一个成功的展览能带来丰厚回报。因此，选择会展和建筑服务提供商时，企业必须谨慎审查，以避免不必要的损失。

一、会展项目配套服务商种类

会展项目配套服务商种类繁多，依据功能和服务内容，可以细分为以下几类：

第一，物流服务商扮演着至关重要的角色，他们负责会展物品的运输、仓储及现场布置工作。他们的任务是确保所有展品能够安全无恙地按时到达指定地点，并且在现场得到妥善的展示，以便于参观者能够充分欣赏。

第二，设计与搭建服务商专注于展位的设计与搭建工作。他们通过富有创意的设计理念和精湛的工艺技术，为参展的企业打造一个独特而引人注目的展示空间。他们的目标是让企业的品牌形象在会展中脱颖而出，给观众留下深刻印象。

第三，餐饮服务商在会展期间提供必要的餐饮供应服务。他们负责满足参展人员和广大观众的饮食需求，通过提供多样化的餐饮选择和高质量的服务，确保会展活动的顺利进行，同时也为参与者提供一个舒适的休息和交流环境。

第四，技术支持服务商为会展活动提供必要的技术支持，包括音响、灯光、视频等设备的设置与操作。他们的工作是确保会展活动的视听效果达到最佳状态，为观众带来视听盛宴，同时也为演讲者和表演者提供一个完美的展示平台。

第五，安保服务商负责会展现场的安全保卫工作。他们通过预防和及时处理各种突发事件，确保会展活动的安全进行，为所有参与者提供一个安全稳定的环境。

这些配套服务商各司其职，他们之间紧密合作，共同为会展项目的成功举办贡献力量，确保每一个环节都能顺利进行，从而让整个会展活动圆满成功。

二、会展项目配套服务商开发的原则和步骤

（一）配套服务商开发的原则

在会展项目配套服务商的开发过程中，应遵循以下原则：

首先，专业性原则至关重要。选择的服务商应具备丰富的行业经验和专业技能，能够胜任会展项目的各项需求。这不仅能确保会展活动的顺利进行，还能提升整体的专业形象和品质。

其次，成本效益原则也不容忽视。在满足专业性需求的前提下，应合理控制成本，追求性价比最优。通过对比分析不同服务商的报价和服务内容，选择最具成本效益的合作对象。

此外，信誉度与可靠性原则同样关键。服务商的信誉度和可靠性直接影响到会展项目的声誉和顺利进行。因此，在选择服务商时，应注重考察其历史业绩、客户评价及应对突发事件的能力等方面。

（二）配套服务商开发的步骤

在明确了配套服务商开发的原则后，接下来是具体的开发步骤。

首先，进行市场调研。通过市场调研，可以了解当前市场上服务商的分布情况、服务质量和价格水平，为后续的选择提供依据。

其次，制订详细的需求清单。这一清单应明确会展项目所需的具体服务内容、标准及期望达成的目标，以便在筛选服务商时能够有的放矢。

再次，进行服务商的初步筛选。基于市场调研和需求清单，对潜在的服务商进行初步评估，排除那些明显不符合要求或服务质量不佳的选项。然后，组织招标或询价活动。邀请经过初步筛选的服务商参与，通过正式的招标或询价流程，获取更详细的服务方案和报价，以便进行更深入的比较和分析。

最后，进行综合评估与决策。根据服务商提供的方案、报价、历史业绩、客户评价等多方面信息，进行综合评估，选择最符合会展项目需求的服务商进行合作。这一步骤需要谨慎而全面，以确保最终选择的服务商能够真正满足项目的各项要求。

三、对会展配套服务商的管理

管理会展配套服务商是确保会展项目顺利进行的关键环节。首先，维护良好的服务商关系至关重要。通过定期的沟通与交流，了解服务商的需求与困难，及时提供帮助与支持，可以增进双方的信任与合作。同时，建立有效的反馈机制，鼓励服务商提出改进意见和建议，共同推动服务质量的提升。此外，对于服务商的绩效进行定期评估，确保他们能够满足会展项目的要求，也是管理过程中的重要一环。通过这些评估，可以识别服务商的优势和不足，从而提供针对性的支持和改进措施。

此外，为了不断提升配套服务商的水平和能力，可以定期组织培训与交流活动。邀请行业专家或内部资深人士进行分享与指导，帮助服务商掌握最新的行业动态和技术趋势，提升其专业素养和服务能力。通过这些努力，可以进一步巩固与服务商的合作关系，为会展项目的成功奠定坚实的基础。同时，通过建立长期的合作机制，例如签订长期合作协议，可以确保服务商的稳定性和可靠性，为会展活动提供持续的高质量服务。

第十一章　会展项目现场管理

现场管理是会展项目成功实施的关键环节。现场管理要求项目团队具备高度的组织能力和协调能力，以应对各种突发情况和挑战。在本章节中，我们将深入探讨会展项目管理的核心概念、重要性及所使用的各种工具。此外，我们还将重点分析会展项目现场管理的关键要素，以及如何构建一个高效、实用的会展项目现场管理系统。

第一节　会展项目现场管理概述

会展项目现场管理是指在会展活动举办期间，对现场的人员、物资、设施设备、安全及活动流程等要素进行全面、系统的计划、组织、协调和控制，以确保会展活动顺利开展，实现预期目标的一系列管理活动。

从人员管理角度来看，它涵盖了对会展工作人员、参展商及观众的管理。通过精准分工，明确工作人员的职责，建立高效协作机制，保障信息流通顺畅，提升整体工作效率；开展应急培训，使工作人员具备应对突发状况的能力，并根据现场实际情况灵活调度人员，确保现场秩序稳定；为参展商和观众提供个性化服务，搭建反馈渠道并及时处理意见，持续优化服务体验。

在物资管理方面，会展现场管理包括建立严格的物资入场检查机制，确保各类物资按时、按质、按量到达现场；对物资进行分类编号，科学存储，做好防潮、防火、防静电等措施；规范物资发放流程，运用信息化手段实时监控物资使用情况，避免浪费与滥用；会展结束后，合理回收可重复使用物资，按照环保要求处理无法回收的物资。

设施设备管理是会展现场管理的重要组成部分。在会展前，组织专业技术团队对场馆内的灯光、音响、空调、电梯、网络等设施设备进行全面检查与调试，确保其正常运行；会展期间，制订详细的维护计划并定时巡检，及时发现并解决潜在故障；配备充足的应急设备，定期检查维护并组织工作人员培训，确保应急设备处于良好状态；对设施设备的操作制订严格安全规范，设置警示标识，安排专人操作大型和特种设备，定期进行安全评估，防控潜在风险。

安全管理在会展现场管理中至关重要。它包括制订完善的消防安全制度和应急预案，确保消防设施设备齐全有效，疏散通道畅通，设置明显的消防安全标志和疏散指示标志，定期组织消防安全检查和演练，加强对参展商和观众的消防安全宣传教育；通过信息化手段实时监控场馆内人流量，当接近或超过安全阈值时及时采取限流、分流等措施，在人员密集区域设置隔离设施和疏导人员，引导人员有序流动，同时加强对工作人员、参展商和观众的安全教育培训，提高安全防范意识和自我保护能力；采用多种安保措施保障展品安全，如设置安保人员巡逻、安装监控设备、加强门禁管理等，对贵重展品采取特殊安保措施，并建立展品安全监管机制。

活动流程管理也是会展现场管理不可或缺的部分。严格按照预定的活动日程安排，确保各项活动按时、有序进行，在活动开始前做好充分准备工作，活动过程中建立快速响应的应急处理机制，及时解决出现的问题并通知相关人员；加强对活动现场的组织和管理，安排专人维护活动秩序，为活动提供全方位的服务支持；在活动结束后，从多个维度对活动效果进行评估，收集意见和数据，深入分析优点和不足，总结经验教训，为今后的活动策划和组织提供参考，实现持续改进。

综上所述，会展现场管理是一个综合性、系统性的管理活动，通过对各个关键要素的有效管理，保障会展活动的顺利进行，提升会展活动的质量和效益。

一、会展项目现场管理的意义

（一）确保会展活动的顺利开展

会展活动是一项复杂且系统的工程，涵盖了从筹备阶段的场地布置、搭建、参与者登记，到开展阶段的开幕式、现场服务、各类社会和专业活动，直至活动结束阶段的场地清理、文件整理和撤展管理。在这一过程中，各种问题和突发事件层出不穷，若其环节衔接不当或突发状况处理不当，都可能导致预定计划无法按时按质完成，进而影响整个会展活动的进度。因此，会展现场的有效管理、控制和协调至关重要。主办方应设立专门的管理部门，指派专业团队对会展现场及其周边环境进行严格监督和管理，这是确保会展项目顺利进行的关键。

（二）实现会展活动的最佳效果

会展活动的成功与否，在很大程度上取决于会展现场及环境管理的成效，管理不善将直接影响会展活动的整体品质。对于主办方而言，参与者的数量和质量是衡量会展效益的关键指标，会展现场的环境和服务管理是企业参展决策时考虑的重要因素之一，也是影响参与者满意度的关键。因此，现场管理的核心在于提供优质的服务，以优秀的会展环境和服务赢得参与者的认可。此外，会展的圆满举办还依赖于会务服务公司、搭建商、运输商、餐饮公司和广告媒体等服务供应商的合作与支持。只有对这些单位进行有序的协调和管理，才能确保会展现场的环境和服务质量，最大限度地实现会展活动的目标，取得理想的会展效果。

（三）展示会展活动的组织管理能力

会展现场人流密集，环境复杂，管理对象包括会议代表、与会者、参展商、客户商和服务商等，以及会展顺利进行所需的各种设备和物品。管理和服务的细节容易被忽视，但会展组织管理水平的体现恰恰在于这些细节的管理。因此，会展组织者必须妥善处理个体与群体、效率与效益之间的关系，针对会展各阶段的具体需求，合理配置和优化使用会展资源，如场地、人力、物力和财力等，对项目进度进行有效规划和控制，同时做好各利益相关方的沟通协调，以提升组织管理水平。

二、会展项目现场管理工具

(一)标准化

在会展行业中,标准化是一个至关重要的过程,它涉及将企业内部的规程、规定、规则和标准等规范性文件进行文字化记录和制订。这一过程不仅仅是关于制订或修改标准文件,更重要的是要通过一系列的指导和训练来确保这些标准得到贯彻和执行。标准化的实施能够确保会展活动的各个环节都按照既定的规范进行,从而提升整体的管理水平。创新改善与标准化是相辅相成的,创新可以推动管理水平的提升,而标准化则能够防止管理水平的下降。没有标准化的实施,会展项目很难保持在高水平的管理状态。

(二)目视管理

目视管理是一种利用视觉信息来组织和指导会展现场活动的有效方法,它能够显著提高生产率。这种管理方式综合了多学科的研究成果,以视觉信号的显示作为其基本手段,确保团队中的每一个成员都能够清晰地看到相关信息。目视管理遵循公开化和透明化的原则,鼓励和推动团队成员进行自主管理和控制。通过目视管理,作业人员可以展示他们的建议、成果和感想,并与团队中的其他成员进行交流和分享。

(三)看板管理

看板管理是会展项目现场管理中发现和解决问题的一个非常有效的工具。它通过展示数据和情报等关键信息,帮助实现会展项目和进度的透明化管理。看板管理可以采用多种形式,如标语、现况板、图表、电子屏等,来展示那些隐藏的信息。这样,任何人在任何时间都能够及时掌握管理现状和必要的信息,从而能够快速制订并实施相应的应对措施。

此外,看板管理还强调信息的实时更新,确保展示的数据始终保持最新状态。这不仅提升了决策的时效性,也增强了团队成员之间的协作效率。通过看板管理,会展项目中的各个环节能够紧密相连,形成一个高效运转的整体。同时,看板管理还鼓励团队成员积极参与问题的识别和解决过程,促进了团队的创新和改进。

第二节　会展项目现场管理的重点

一、现场观众登记与管理

为吸引专业观众,主办方提供网上预登记,简化参观手续。预登记观众填写信息后,系统自动发送邀请函至邮箱,观众打印后或者凭借电子版二维码可直接领取胸卡进场。

此外,现场还设有观众登记处,为未提前预登记的观众提供便捷的登记服务。登记处配备高效的信息录入系统,确保观众信息快速准确地录入,同时减少排队等待时间,提升观众的参观体验。主办方还会对登记观众的信息进行数据分析,以更好地了解观众需求,为未来的会展活动提供数据支持。

同时，现场还配备了专业的观众服务人员，他们负责指引观众完成登记流程，解答观众的疑问，并提供必要的帮助。对于持邀请函的观众，服务人员会快速核对信息并引导其进入会场；对于无邀请函的观众，服务人员会耐心指导其填写相关信息，完成登记手续。此外，登记柜台还配备了先进的扫描设备，可以快速读取预登记观众的编号和条形码，进一步提高了登记效率。

二、人流和物流的管理

在会展活动举办期间，人流和物流的密集程度极高，这常常导致各类矛盾和冲突的产生。特别是大型会展，会吸引众多参展商、观众、服务供应商、工作人员和媒体记者等，人数众多。为了防止因人潮汹涌导致现场混乱、拥挤踩踏和意外伤害等问题，确保参展者和参会者能享受到一个舒适的环境，主办方必须制订详细的人流管理和疏导方案，强化现场秩序，确保人群能够有序地进行登记、参观和购买。考虑到参观人流的空间分布受场馆布局和展品摆放的影响，通常呈现出“聚块图形”，同时，游客在场馆内的空间自组织特性，可以将空间聚集效应作为定量指标，并结合游客参观的舒适度与愿望实现度这两个定性指标，来评估展览场馆的服务水平，为会展现场的人流服务管理提供科学的参考。

此外，展览现场的物流管理任务繁重，包括展览物品的包装、运输、装卸和搬运等多个环节，需要规划专用的运输通道并进行有效引导。同时，还需加强会展现场交通的疏导工作。实际上，交通疏导也是物流管理的一部分，涉及现场交通工具、停车场和路线规划，例如展品运输车辆、客运巴士、出租车等。必须避免交通堵塞，并且要充分考虑运货司机、贵宾、参展商和观众的不同需求。

通常，众多参展商在会展的最后一天的下午一两点开始撤展工作。此时，搭建商需进入场馆进行拆卸，物流公司需回收空箱，参展商也需将展品运回。若此环节管理不当，极易导致混乱。为确保安全有序地完成撤展，组展方通常会在撤展前举行会议，向搭建商、运输商、保洁公司及各展位负责人通报撤展计划和方案，以统一协调撤展工作。组展方需仔细检查运输出馆的展品和器材，严格控制出门证的发放，并有序调度运输车辆，确保交通畅通无阻。参展商应指派专人负责看守展位内的贵重物品、展品和装修材料，并指挥拆卸工作。参展商还需自行清理所有板材和废弃物，撤展期间不得随意移动物品，不得损坏或擅自拆卸、增加展厅内的任何固定电器和照明设备，也不得私自接电，以避免安全事故的发生。

三、对参展商和观众的行为管理

参展商在会展期间的行为不仅关乎自身形象，也直接影响到整个会展的秩序与安全。因此，对参展商的行为管理至关重要。除撤展期间需严格遵守的各项规定外，参展商在布展及会展期间也需遵循一系列行为准则。例如，参展商应确保展位搭建的安全稳固，不得使用易燃易爆材料，同时需配备必要的消防设施。在会展期间，参展商应保持展位整洁，不得随意张贴、悬挂或散发宣传品，以免影响其他参展商及观众。此外，参展商还应尊重知识产权，不得展示或销售侵权产品，以维护会展的公平与诚信。通过加强参展商的行为管理，可以进一步提升会展的专业性和规范性。

在博览会开展期间，部分参展商以及专业观众可能对会场的现场管理、餐饮服务等方面感到不满，他们或许会向主办方的接待办公室提出投诉，或者直接前往咨询台表达他们的不满和关切。面对这种情况，急需成立一个专门机构来处理和应对这些投诉，以确保博览会的顺利进行和参与者的满意度。

四、现场安全管理

博览会现场的安全管理主要涉及三个方面，即盗窃、火灾和卫生。为此，展会主办单位需要和消防、卫生和公安等部门主动联系，积极争取这些部门的支持。

在防范盗窃方面，展会主办单位应加强巡逻力度，安装监控设备，确保场馆内无死角监控，及时发现并处理盗窃行为。同时，提醒参展商注意保管好贵重物品，避免财物损失。对于火灾防范，除了与消防部门紧密合作外，展会主办单位还需制订详细的火灾应急预案，定期组织消防演练，确保在火灾发生时能够迅速有效地进行处置。此外，场馆内应配备足够的消防器材，并定期检查维护，确保其处于良好状态。在卫生管理方面，展会主办单位应与卫生部门密切协作，加强对场馆内餐饮、垃圾处理等方面的监管，确保展会期间的公共卫生安全。同时，设置医疗急救点，配备专业医护人员，为参展商和观众提供及时的医疗救助服务。

五、餐饮管理

展会期间的餐饮管理至关重要。为确保食品安全与卫生，展会主办单位应对餐饮供应商进行严格筛选，确保其具备合法的经营资质和良好的卫生条件。同时，制订详细的餐饮服务标准和流程，规范餐饮服务的各个环节，从食材采购、加工制作到成品上桌，每一道工序都要严格把关。此外，加强对餐饮区域的清洁与消毒工作，定期进行卫生检查，及时消除食品安全隐患，为参展商和观众提供一个安全、健康的餐饮环境。

六、现场保洁管理

展会期间的现场保洁管理同样不可忽视。为确保展会环境的整洁与美观，展会主办单位应制订严格的保洁管理制度和流程，明确保洁工作的标准和要求。指派专业的保洁团队负责展会现场的清洁工作，从地面清洁、垃圾清理到设施设备的擦拭，每一项工作都要细致入微。同时，加强对保洁人员的培训和管理，提高他们的专业素养和服务意识，确保保洁工作的高效与质量。此外，设置足够的垃圾桶和回收站，引导参展商和观众正确分类投放垃圾，共同维护展会现场的卫生环境。

第三节　会展项目现场管理系统

会展项目现场管理系统是一款专为会展活动量身打造的综合性信息化管理平台。

它通过先进的数字化手段，全面整合了会展现场的人员调度、物资分配、设施设备管理、安全保障及活动流程控制等关键要素的管理。该系统致力于实现信息的实时共享与高效处理，从而显著提升会展现场管理的效率和质量。通过使用这一平台，组织者能够确保会展活动顺利、有序地开展，最终达成预期目标，为参与者提供一个高效、顺畅的会展体验。

一、功能模块

功能模块是一个系统或软件的核心组成部分。功能模块可以被理解为一组具有特定功能的程序代码的集合，它们协同工作以完成特定的任务或目标。每个功能模块都承担着系统中的一个或多个特定职责，它们之间通过定义良好的接口进行交互，以确保整个系统的高效运行。

（一）人员管理模块

人员信息录入与管理：本模块支持批量导入和单个录入工作人员、参展商和观众的基本信息，涵盖姓名、联系方式、身份信息等关键数据，并且能够对这些信息进行实时更新和维护，以确保信息的准确性和时效性。

权限管理：针对不同的用户角色，例如管理人员、工作人员、参展商和观众，本模块能够设置相应的操作权限。通过细致的权限划分，可以有效地保障数据的安全性，同时确保各项操作的规范性和合理性。

考勤管理：本模块运用人脸识别、二维码打卡等多种先进技术，对工作人员进行精确的考勤管理。它能够详细记录每个人的出勤情况，并统计工作时长，从而为人力资源管理提供可靠的数据支持。

培训管理：通过上传应急培训资料、操作指南等学习材料，本模块为工作人员提供了随时学习的便利。同时，它还能记录培训记录和考核结果，通过这些数据评估工作人员的培训效果，确保培训质量与效率。

（二）物资管理模块

物资入库管理：在物资入场时，通过扫码或手动录入的方式，记录物资的名称、规格、数量、供应商等详细信息，完成入库操作，并自动更新库存数据，确保库存信息的准确性与实时性。

物资存储管理：根据物资的特性和类别，对存储区域进行科学规划和管理，实时显示物资的存储位置和库存数量，方便快速查找和调配，提高物资管理的效率和准确性。

物资领用与发放：工作人员提交物资领用申请，经审批后，系统自动记录领用信息，包括领用时间、领用人、领用数量等详细数据，实现物资发放的规范化管理，确保物资使用的合理性和可追溯性。

库存盘点与预警：定期进行库存盘点，生成详细的盘点报告，对比实际库存与系统库存数据，及时发现差异并进行调整；设置合理的库存预警阈值，当库存数量低于预警值时，系统自动发出预警信息，提醒管理人员及时补货，避免因缺货影响正常运营。

(三)设施设备管理模块

设备信息管理:详细录入场馆内灯光、音响、空调、电梯、网络等各类设施设备的信息,包括设备型号、购置时间、维护记录、保修期限等,为设备的维护和管理提供全面的数据支持。

设备巡检管理:制订周密的巡检计划,设置具体的巡检任务和时间节点,巡检人员通过移动端设备接收任务,记录设备的运行状态、是否存在故障等信息,发现问题及时上报,确保设备的稳定运行和安全使用。

故障报修与处理:当设施设备出现故障时,工作人员可通过系统提交详细的报修申请,描述故障现象;维修人员接受报修任务,进行维修处理,并详细记录维修过程和结果,实现故障处理的闭环管理,提高维修效率和质量。

应急设备管理:对应急设备如消防器材、急救箱、应急照明等进行单独管理,记录设备的有效期、检查时间、存放位置等关键信息,定期提醒检查和维护,确保在紧急情况下能够迅速有效地使用。

(四)安全管理模块

消防安全管理:详细录入消防设施设备的信息,如灭火器、消火栓、火灾报警器等,记录其位置、维护情况和有效期;制订消防安全检查计划,定期进行检查,记录检查结果;上传消防安全制度和应急预案,方便相关人员查阅,确保场馆的消防安全。

人员安全管理:通过接入场馆内的监控系统,实时监控场馆内的人员流动情况,设置人流量预警阈值,当人流量接近或超过阈值时,系统自动发出预警信息,提醒采取限流、分流等措施;记录安全事故信息,包括事故发生时间、地点、原因和处理结果,以便进行事故分析和总结经验教训,提升场馆的安全管理水平。

展品安全管理:对展品的安保措施进行细致管理,如设置安保人员巡逻路线和时间,监控设备的运行状态;记录展品的出入库信息,对贵重展品进行重点监控,实时掌握展品的安全状况,确保展品安全无虞。

(五)活动流程管理模块

活动日程管理:创建和编辑会展活动的日程安排,包括开幕式、研讨会、展览展示、闭幕式等各项活动的时间、地点、参与人员和活动内容,以日历形式直观展示,方便查看和调整,确保活动的顺利进行。

活动现场管理:在活动进行过程中,实时记录活动的进展情况,如活动是否按时开始、是否有突发状况等;对活动现场的人员、物资和设备进行有效调度和管理,确保活动的顺利进行,提升活动的组织效率和参与体验。

活动效果评估:活动结束后,通过问卷调查、在线评价等方式收集参展商、观众和工作人员的反馈意见,自动生成活动效果评估报告,分析活动的优点和不足之处,为后续活动策划提供有价值的参考,持续提升活动的质量和影响力。

二、技术支持

技术支持是会展管理系统得以高效运行的重要保障。通过采用先进的技术手段，可以提升会展管理的智能化和自动化水平。具体来说，技术支持可能包括但不限于以下几个方面：

云计算技术：采用先进的云计算平台，例如业界知名的阿里云、腾讯云等，可以实现系统的弹性扩展和高可用性。根据会展活动的规模和流量，灵活调整服务器资源，确保系统在高并发情况下的稳定运行。这种技术的应用，不仅提高了系统的响应速度，还大大降低了硬件成本，使得资源利用更加高效。

移动应用技术：通过开发移动端应用程序，支持广泛使用的iOS和Android系统，方便工作人员、参展商和观众随时随地使用系统功能。这些应用程序利用移动设备的定位、拍照、扫码等功能，极大地提升了现场管理的便捷性和效率。例如，工作人员可以通过应用程序快速定位展品位置，参展商可以实时更新产品信息，而观众则可以通过扫码获取更多互动体验。

大数据分析技术：对系统中积累的大量数据进行深入分析，挖掘潜在价值。例如，通过分析观众的行为数据，可以了解观众的兴趣偏好和参观习惯，为展会的策划和推广提供有力的数据支持；分析物资使用情况和设备故障数据，可以优化物资管理和设备维护策略，减少浪费和故障率，提高整体运营效率。

人工智能技术：引入先进的人工智能技术，如智能客服、智能导览等。智能客服通过自然语言处理技术，能够自动回答参展商和观众的常见问题，减轻人工客服的压力，提高服务效率；智能导览利用图像识别和路径规划技术，为观众提供个性化的参观路线和实时导航服务，使得参观体验更加丰富和便捷。这些技术的应用，不仅提升了用户体验，还为会展活动的组织者提供了更多的管理工具和决策支持。

通过实施和应用上述的会展项目现场管理系统，我们能够显著提高会展项目现场管理的信息化程度。这不仅有助于实现管理过程的科学化、规范化，还能够进一步推动管理方式的智能化转变。这样一来，我们就能为各类会展活动的成功举办提供坚实而有力的保障，确保活动的顺利进行和高效运作。

第十二章　会展项目风险管理

案例导入

案例一：市场风险——某国际电子产品展会参展商大量流失

某国际知名电子产品展会，原本计划邀请全球 500 家电子产品企业参展，预计吸引 10 万名专业观众。然而，在筹备期间，行业内突然出现了一个新的竞争对手展会，该展会以更低的展位价格和更具吸引力的宣传策略，吸引了众多原本计划参展的企业。同时，受全球经济形势波动影响，一些电子产品企业削减了参展预算。最终，该展会实际参展商数量仅为 300 家，较预期减少了 40%，专业观众也只有 6 万人，远低于预期。由于参展商和观众数量未达预期，展会的门票收入、展位租赁收入大幅减少，同时为了吸引更多参展商和观众，展会主办方不得不增加宣传投入，导致成本上升，最终展会亏损严重。

案例二：安全风险——某大型车展发生火灾事故

在某大型车展上，一家参展商的展位在布展过程中，由于电气线路安装不规范，电线短路引发火灾。火势迅速蔓延，虽然现场消防人员及时赶到并扑灭了大火，但仍造成了部分展位和展品烧毁，一名工作人员受伤。此次火灾事故不仅导致展会被迫中断一天，给参展商和主办方带来了直接的经济损失，还对展会的声誉造成了严重影响。后续调查发现，展会主办方在安全管理方面存在漏洞，对展位搭建的安全检查不够严格，未能及时发现和整改电气线路存在的安全隐患。

案例三：技术风险——某科技展会线上直播系统崩溃

某科技展会为了扩大影响力，除了现场展览外，还推出了线上直播服务，让无法亲临现场的观众也能观看展会内容。然而，在展会开幕当天，由于同时观看直播的人数远超预期，线上直播系统出现严重卡顿，随后彻底崩溃。这导致大量观众无法正常观看直播，纷纷在社交媒体上表达不满。展会主办方虽然紧急联系技术团队进行抢修，但仍未能在短时间内恢复系统正常运行。此次技术故障不仅影响了观众的体验，也损害了展会的形象，让参展商对主办方的技术能力产生怀疑。

案例四：政策风险——某环保展会因政策调整被迫取消部分活动

某环保展会计划举办一系列关于环保政策解读和新技术推广的活动，邀请了多位行业专家参与。但在展会筹备期间，相关部门出台了新的政策法规，对展会活动的内容和形式提出了新的要求。由于展会主办方未能及时了解和适应新政策，导致部分活动不符合政策规定，被迫取消。这不仅打乱了展会的原有计划，还使得已经邀请的嘉宾无法按原计划参与活动，给展会的组织和宣传带来了很大困难，也影响了参展商和观众的参与积极性。

这些案例充分展示了会展项目在举办过程中可能面临的各种风险，提醒主办方在项目策划和执行过程中，要充分做好风险识别、评估和应对措施，旨在减少风险发生的可能性及其后果。在本章节中，我们深入探讨了会展项目风险的相关概念，详细阐述了会展项目风险的定义、特征、类型以及应对策略。首先，我们对会展项目风险的定义进行了明确，解释了风险在会展行业中所指的具体含义。接着，我们分析了会展项目风险所具备的独特特征，这些特征帮助我们更好地识别和理解风险。此外，我们还对会展项目风险进行了分类，详细介绍了不同类型风险的特点和来源。最后，我们提供了一系列有效的应对方法，旨在帮助会展项目管理者在面对各种风险时能够采取恰当的措施，以减少风险带来的负面影响，确保会展项目的顺利进行。

第一节　会展项目风险概述

自改革开放后，中国经济建设实现了巨大进步，其中会展经济作为我国经济的关键部分，正成为推动我国经济发展的新引擎。会展经济在我国从无到有，展现出迅猛的发展趋势。但是，伴随着旅游经济的快速崛起，会展项目的发展同样面临着众多风险和不稳定性。近年来，国内外的会展活动频繁遭遇风险，这些风险常常导致严重的人员伤亡、巨大的财产损失及负面的社会影响。因此，强化会展项目风险和安全管理显得尤为重要。

一、会展项目风险的概念

大型会展活动是经过周密计划、有序组织的，旨在吸引众多参与者，集社会性、公益性和商业性于一体。这类活动通常需要大量资源，包括人力、物资和资金，特点在于参与者众多、人群密集、场地宽敞、现场情况复杂，且容易发生混乱和重大伤亡事故。会展活动的安全性受到多种因素的影响，不仅涉及人员因素，还包括众多硬件设施，例如场地安全、临时场馆安全、疏散通道的畅通及用电安全等，这些都对活动的安全性有着决定性的作用。由于影响会展活动安全的因素众多且不确定性明显，因此容易导致安全事故，造成无法挽回的损失。会展项目风险指的是在会展过程中可能发生的、对活动顺利进行产生负面影响的不确定性事件。

二、会展项目风险的特征

(一)损失巨大

会展风险可能引发严重人身安全事故，例如 1990 年麦加踩踏事件造成 1 426 人死亡。这些事故不仅导致直接的经济损失，还可能影响主办方的声誉和未来活动的举办能力。损失巨大不仅体现在经济层面，还包括社会影响、品牌形象和公众信任的损害。一旦会展活动发生安全事故，其负面影响往往难以用金钱来衡量，恢复公众信任和重建品牌形象需要漫长的时间和巨大的努力。

(二)人群密集

会展活动参与者众多,复杂多样。在特定条件下,高密度人群易导致拥挤踩踏等事故。例如,在大型音乐节或展览会中,由于观众热情高涨,现场秩序难以维持,很容易发生踩踏事件。此外,人群密集还增加了疾病传播的风险。

(三)突发性和不确定性

会展活动受多种因素影响,且难以预测。小因素可能导致严重后果,如造成重大伤亡和财产损失。例如,天气变化、设备故障、恐怖袭击等突发事件都可能对会展活动产生重大影响。这些因素的出现往往没有先兆,且难以通过常规手段进行预测和预防。一旦这些突发事件发生,往往会在极短的时间内造成重大伤亡和财产损失,给主办方和参与者带来极大的困扰和风险。

(四)应急措施有限

由于会展风险的突发性和不确定性,会展组织方在面对紧急情况时往往难以迅速做出正确的决策或采取有效的应急措施。例如,在某地发生的踩踏事故中,由于事件的突发性和不确定性,组织方只能在事后进行管理和应对,而无法在事件发生时立即采取有效的预防或干预措施。

三、产生会展风险的因素

近些年来会展风险事件频发,归其产生因素主要包括以下几个方面:

(一)场地原因

大约有20%的会展事故是由场地内展台坍塌等场地问题引起的,这些事故可以通过专业的安全评估来预防,确保会展活动安全进行。

(二)设备原因

大约15%的会展事故是由设备问题导致的,例如电线短路、设备超负荷运行等,因此需要定期进行维护检查,以避免这些潜在的安全隐患。

(三)天气原因

不可抗力的天气因素,如暴雨、台风等,常常导致会展事故的发生,这些事故不仅影响活动的正常进行,还可能对活动参与者的安全造成威胁。

(四)参会人员数量超过场地承受极限

大约30%的会展事故源于参与人数超出场地容纳限度。例如1992年迈克尔·杰克逊演唱会发生的踩踏事故,就是一个典型的例子。

(五)参会人员发生群体性恐慌

在展览会中,个体的恐慌情绪易引起群体恐慌,进而导致混乱疏散和可能的伤害。

(六)打架斗殴

会展人员拥挤,容易产生摩擦,不文明行为可能会引发打架斗殴,影响活动的安全进行。

(七)其他原因

会展活动的不确定性导致了多种风险,如系统故障、搭建问题、意外疾病等,事故原因多样且复杂。

会展活动事故不仅影响经济利益,还会对主办方、城市和政府造成重大负面影响。事故的影响包括:

(1)直接经济影响。

事故直接导致组织者面临场地和设备损坏、环境破坏及人员伤亡赔偿等经济损失,可能造成经济链断裂,影响会展活动的正常进行。

(2)间接经济影响。

间接影响包括产值减少、资源破坏、品牌形象受损、主办方声誉下降、城市形象和举办大型活动能力受影响,以及投资者信心减弱。

(3)社会舆论影响。

事故通过网络和媒体迅速传播,产生广泛社会舆论,影响会展活动的持续开展和预期效果。

第二节　风险管理及会展项目风险管理

一、风险管理的概念与特征

(一)风险管理的概念

风险管理涵盖风险的预测、识别、评估、分析和处置等环节,通过计划、组织、指导和控制等手段,运用各种科学方法综合管理,旨在项目或企业中将风险可能带来的负面影响降至最低。该管理过程以选择最优管理技术为核心,注重成本效益比;其目标是达到最大程度的安全保障。

(二)风险管理的特征

客观性:风险是客观存在的,不以人的意志为转移,企业和项目必须正视风险的客观性。

全面性:风险管理并非只针对某一个环节或某一类风险,而是涵盖项目或企业运营的各个方面。风险管理不仅要关注施工技术层面的风险,如搭建模板支撑体系和混凝土浇筑方式,还要考虑管理层面的风险,如施工方安全生产制度落实情况、监理方监督职责履行情况等。只有全面地识别、评估和应对风险,才能有效降低损失。

前瞻性:有效的风险管理需要具备前瞻性,提前预测可能出现的风险,并制订相应的应对措施。在会展中心建设前期，如果能对施工过程中的各种风险进行充分的分析和预判，提前发现模板支撑体系搭建和混凝土浇筑方案中的隐患，及时调整施工方案和加强管理，就有可能避免这场悲剧的发生。

动态性：风险会随着项目的进展和环境的变化而不断变化。在会展中心建设过程中，不同施工阶段面临的风险各不相同，比如基础施工阶段和主体结构施工阶段的风险重点就有所区别。同时，外部环境如政策法规的调整、市场价格的波动等也会带来新的风险。因此，风险管理需要根据实际情况不断调整和优化策略。

全员性：风险管理不仅仅是管理层的责任，而是涉及项目或企业中的每一个人。无论是一线施工人员违规操作，还是管理人员安全制度落实不到位、监理人员监督失职，都可能引发事故。只有全体人员都树立起风险意识，积极参与风险管理，才能形成有效的风险防控体系。

二、风险管理的基本流程

企业风险管理的基本流程依次分为信息收集、风险评估、制订策略、实施方案、改进与监督。

信息收集阶段，企业需要全面搜集与项目相关的各种信息，包括市场环境、政策法规、技术条件、人员能力等，为后续的风险评估提供基础数据。风险评估阶段，通过对收集到的信息进行综合分析，识别出潜在的风险点，并评估其可能性和影响程度，为制订风险应对策略提供依据。制订策略阶段，根据风险评估的结果，制订相应的风险应对策略，包括风险规避、风险降低、风险转移和风险接受等。实施方案阶段，将风险应对策略具体落实到项目执行过程中，确保各项措施得到有效执行。改进与监督阶段，定期对风险管理流程进行评估和改进，同时加强对风险管理活动的监督，确保风险管理目标的实现。

三、会展项目风险管理概念与特征

（一）会展项目风险管理的概念

会展项目风险控制涉及会展活动的组织者对可能引发损失的会展项目中的不确定性因素进行预测、辨识、分析、评估及有效应对，旨在以最小的开支确保会展活动安全、顺利地进行，这是一种科学的管理策略。

（二）会展项目风险管理的特征

会展活动的独特性使得会展项目风险管理呈现出与其他类型风险管理不同的特点，主要包括以下几点。

1. 时间敏感性

会展活动在它们各自不同的阶段所面临的风险具有显著的时间敏感性，这表明风险承担者仅仅需要在特定的时间段内对这些风险进行应对和管理。例如，在筹备阶段，活动可能会遭遇各种潜在的挑战，比如由于不可抗力因素导致的延期，或者是由于各种原因引起的活动取消；而在活动实际进行的时刻，主要的风险则可能转变为突发的火灾事件，或者是参与者的意外伤害等紧急情况。

2. 效益与成本

在会展项目风险管理的过程中，从规划、识别、分析、监控到处理各个环节，都需要投入大量的资源。这些资源的投入是为了实现效益与成本之间的平衡，其核心目的是预防或减轻未来可能发生的损失。然而，值得注意的是，这种风险管理的价值和效益往往不是立即可见的，而是在未来某个时刻才能真正体现出来。在实际操作中，我们需要注意，虽然风险管理的投入是为了减少潜在的损失，但其未来的效益有可能与风险事件导致的损失相抵消，也就是说，投入的资源有可能在一定程度上弥补了损失。另一方面，也存在一种可能性，即风险管理的投入可能会超过实际发生的损失，这意味着在某些情况下，为了预防风险而付出的努力和资源可能会超出实际需要，从而导致成本的增加。

3. 不断变化

会展项目风险管理是一个持续演进和不断调整的过程。一旦会展活动的目标、时间表及预算范围被确定下来，相应的风险管理计划也应当随之制订并完成。在会展项目的整个风险管理过程中，至关重要的是要保持灵活性和适应性。这意味着，如果会展项目的时间安排、预算分配等关键因素出现了重大变化或调整，那么与之相关的风险评估工作也需要相应地进行重新审视和评估。这种动态的管理方式有助于确保会展项目能够顺利进行，同时最大限度地减少潜在的风险和损失。

4. 依赖信息

会展项目风险管理是一个复杂的过程，它在很大程度上依赖于对风险信息和外部信息的收集与分析。这种依赖性是显著的，因为会展风险的识别、预测和评估的准确性与会展风险管理部门的信息处理能力紧密相关。换句话说，会展项目风险管理的成功与否，在很大程度上取决于会展项目风险管理部门能否有效地收集和分析相关信息。同时，高效的会展管理还依赖于会展项目与其他负责安全的部门之间及时的信息交流和紧密合作。这些部门包括但不限于安全监管机构、应急管理部门及公安部门等。只有通过这些部门之间的紧密合作，才能共同制订出相应的行动计划和风险应对策略。这些策略需要基于详尽的风险评估和预测，以确保会展活动的安全和顺利进行。因此，会展项目风险管理不仅需要会展项目风险管理部门的高效运作，还需要跨部门之间的信息共享和协作，以形成一个全面的风险管理网络。

四、会展项目风险管理的内容

依据系统工程学和风险管理的理论，会展项目的风险管理涵盖风险规划、风险识别、风险评估与评价以及风险应对与控制这四个主要方面。

其中，会展的风险规划是会展风险管理的首要步骤，它为后续的风险识别、评估及应对提供了方向和框架。风险规划的内容主要包括确定会展项目的风险承受度、制订风险管理的策略和原则、明确风险管理的职责和流程等，确保会展项目在面对潜在风险时能够有条不紊地应对。

会展的风险识别是风险管理的关键环节，它要求管理者通过系统的方法，全面识别会展项目可能面临的各种风险。这一步骤需要借助历史数据、专家经验和专业工具，对会展项目的各个环节进行深入分析，确保不遗漏任何可能对项目造成负面影响的风险因素。

识别会展风险的手段多种多样，涵盖了分解项目结构法、德尔菲法、头脑风暴法、情景分析法、核对表法和鱼骨分析法。

1. 分解项目结构法

此法首先明确并辨识会展项目的各个部分，确定实现项目目标所需完成的关键任务，随后确定会展项目各部分可能遭遇的风险，并制订风险管理计划以具体执行。这种方法的主要局限在于无法全面揭示复合风险引发的问题。例如，会展项目风险是多因素的，各种风险的损失程度也各异，若仅是会展的一个次要环节出现问题，可能问题不大，但如果同时伴随主要赞助商撤资，可能导致整个会展活动被取消。

2. 德尔菲技术

德尔菲技术，亦称专家规定程序调查技术。该技术主要由调查者制订调查表，按照既定程序，以函件方式分别向专家组成员征求意见；专家组成员则以匿名方式（函件）提交观点。经过数次反复征求意见和反馈，专家组成员的观点逐渐集中，最终获得高准确率的集体判断结果。此技术能有效防止小组成员间的相互影响，风险预测结果较为客观，但其缺点是耗时较长。

3. 头脑风暴法

此法涉及挑选一些专家或会展项目相关人士，共同识别会展活动可能面临的风险，并鼓励大家提出可能发生风险的意见。当所有意见被记录后，再深入分析讨论这些意见，并总结出可能发生的风险，为采取适当预防措施提供依据。此法的核心在于禁止对最初意见的批评，旨在鼓励大家自由发言，尽可能地发现问题。

4. 情景分析法

该技术依据事物发展的多样性，通过系统分析会展活动及其相关问题，构建出多种潜在的未来情景，并以撰写电影剧本的方式，描绘系统发展全程的情景与画面。若会展活动持续时间较长，技术、经济和社会因素的影响需纳入考量。在这种情况下，情景分析法能够用于预测和辨识关键风险因素及其影响程度。在应用情景分析法时，首先需要收集和整理会展活动相关的数据和信息，包括历史数据、行业趋势、政策法规等。然后，通过专家讨论和团队协作，对这些信息进行深入分析，以识别可能影响会展活动的关键变量。接下来，构建不同的未来情景，这些情景应涵盖乐观、悲观和最可能的情况，以全面评估会展活动的潜在发展路径。情景分析法的实施过程中，还需考虑会展活动的内外部环境，如市场变化、竞争对手行为、消费者偏好等。通过情景模拟，可以揭示不同决策方案在不同情景下的表现，从而帮助决策者制订更加灵活和适应性强的策略。此外，情景分析法还能够促进团队成员之间的沟通与协作，增强对未来不确定性的理解和应对能力。

5. 核对表法

此法相对简单，主要利用核对表作为风险识别的关键工具。核对表通常根据会展风险要素编制，包括会展活动的环境、参展产品及会展项目内部因素（如工作人员的技能或技能缺陷）等。

6. 鱼骨分析法

通常情况下，问题的特性会受到某些因素的影响。首先找出影响会展活动的因素，将它们与特性值结合，按相互关联性整理，形成层次分明且条理清晰的图形，这种标出重要因素的图形称为特性要因图。因其形状类似鱼骨，故又名鱼骨图，它是一种透过现象探究风险本质的分析方法。

鱼骨图是一种发现“根本原因”的方法，亦称为“因果图”。鱼骨图最初用于质量管理。它是风险管理人员进行因果分析时常用的一种方法，这种方法简单实用，直观易懂。

风险评估与评价则是对已识别的风险进行量化分析和优先级排序的过程。管理者需根据风险发生的可能性和潜在影响，对每个风险进行打分，并据此制订针对性的风险应对策略。这一过程有助于管理者将有限的资源集中在最需要关注的风险上，提高风险管理的效率。

风险应对与控制是会展项目风险管理的实施阶段，旨在通过采取预防措施、应急预案和监控机制，降低风险发生的概率和影响。管理者需根据风险评估的结果，制订相应的风险应对策略，并在项目实施过程中持续监控风险的变化，及时调整应对策略，确保会展项目的顺利进行。

第十三章　会展项目评估

会展项目评估是对会展项目进行全面、系统、客观的评价过程，旨在衡量会展项目的实际效果和预期目标是否一致，以及项目在经济效益、社会效益、环境影响等方面的表现。通过会展项目的评估，可以为会展项目的决策者提供科学依据，帮助他们判断项目是否达到预期目标，是否需要调整或优化项目策略。同时，会展项目的评估也有助于提高会展行业的整体水平和竞争力，推动会展行业的持续健康发展。会展项目的评估内容通常包括项目的目标实现程度、经济效益、社会效益、环境影响等多个方面。在本章节中，我们深入探讨了会展项目评估的相关概念，详细阐述了评估的含义、目标、独特属性、涵盖的范围及实施评估的具体步骤和方法。

第一节　会展项目评估概述

项目评估的概念分为狭义和广义两种，狭义上，它特指对项目经济属性的评估和审定，即根据既定目标权衡项目的经济利弊，并得出结论的过程；而广义上，项目评估涵盖了项目决策和执行过程中的所有分析与评估活动。它不仅关注项目的经济效益，还涉及项目的社会效益、环境影响、技术可行性、风险可控性等多个维度。广义的项目评估强调全面性和系统性，要求评估者从多个角度出发，对项目进行全面深入的分析和判断。这种评估方式有助于确保项目的决策和执行过程更加科学、合理，从而提高项目的成功率和整体效益。在会展项目评估中，广义的项目评估理念同样适用，它要求评估者不仅要关注会展项目的经济效益，还要综合考虑项目的社会效益、环境影响等因素，以确保会展项目的可持续发展。

项目评估按照进度可划分为项目前期评估、项目跟踪评估和项目后期评估。项目前期评估发生在项目决策初期，涉及对项目的各种评估和论证；项目跟踪评估则包含监督和评价两个方面；项目后期评估则对已完成项目的既定目标、执行过程、效益、作用和影响进行系统和客观的分析与评价。

会展项目评估作为会展项目管理的关键部分，为主办方、参与者，以及会展行业主管机构提供有价值的信息，并为会展项目的进一步优化提供依据。评估结果不仅对单个项目有益，也对整个会展行业具有指导意义，从个别项目中提炼的经验教训有助于推动整个行业的进步。实践证明，进行会展项目评估是提升会展项目品质、打造品牌的关键手段。

一、会展项目评估的含义

会展项目评估涉及依据特定目标和评估准则，遵循既定原则，采用科学且适当的技术手段，对会展项目的规划、目标设定、执行流程、项目背景、财务操作、工作成效、风险控制、服务质量等众多因素及其产生的直接与间接社会经济收益进行全面、客观、真实、深入的分析与评定，以此来评估其价值和成效的综合活动。

二、会展项目评估的目的

会展项目评估的目的具体而言包括以下几点。

提供决策支持：通过对会展项目的全面评估，为主办方、投资者、参展商等关键利益相关者提供决策所需的数据和信息，帮助他们判断项目的可行性、潜在风险和预期收益。

优化项目管理：评估过程能够揭示项目管理中的优点和不足，从而指导主办方在未来的会展项目中改进管理流程，提升项目执行效率和质量。

促进持续改进：会展项目评估不仅关注当前项目的成效，还着眼于从项目中学习，提炼经验教训，为同类项目的持续改进和创新提供借鉴。

总体而言，科学评估会展项目的主要目标是提升项目的价值和服务品质，为企业未来会展项目的发展提供有价值的参考，并为提升未来会展项目的绩效提供经验借鉴。因此，会展业的稳健发展与会展项目的评估息息相关。作为会展项目鉴定的一种技术方法，会展项目评估将促进会展产业向品牌化、高端化方向迈进。

三、会展项目评估的特点

会展项目评估主要呈现以下几个特点。

（一）现实性

会展项目评估紧密结合会展项目的实际情况，对项目的实施过程、成果和影响进行全面而深入的剖析。这种现实性确保评估结果能够真实反映项目的实际状况，为决策者提供可靠的依据。

（二）公正性

会展项目评估坚持客观公正的原则，不受任何利益方的干扰和影响。评估机构和人员须保持独立性和专业性，确保评估过程和结果的公正性，从而赢得各方的信任和尊重。

（三）完整性

会展项目评估涉及对会展项目的全面审视，它不仅覆盖会展项目的立项、执行、运营等整个流程的系统性评估，还包括对会展项目的社会经济效果、环境效应及综合管理等多方面的系统性评价。这种评估贯穿会展项目的各个阶段和各个方面，因此具有完整性。

（四）专业深度

会展项目评估的专业深度体现在其对会展项目各个基本要素的深入分析，以及会展项目管理各项业务的全面覆盖，因此会展项目评估具有显著的专业深度。

（五）体系化

会展项目评估的标准是会展项目基本要素和核心特征的量化体系。为了确保评估能够准确反映会展项目的核心要素和特征，评估指标之间必须具备整体性的关联。

（六）具体性

全面性的会展项目评估还需要进行具体化的分项评估。以展览为例，包括展览协调组织工作的评估和展览展台效果的评估等。

（七）科学方法

会展项目评估需采用发展视角、数理统计等科学方法对各项评估指标进行分析和评价，以确保会展项目评估结果的科学性。

（八）反馈机制

会展项目评估的结果需要反馈给决策部门，作为新会展项目立项和评估的依据，以及调整策划和政策的参考，这是会展项目评估的终极目标。因此，会展项目评估成功与否的关键之一在于评估结论的反馈和应用。

第二节　会展项目评估方法

一、会展项目评估的主体与客体

（一）会展项目评估的主体

会展项目评估的主体涉及对会展项目进行评估的个体或组织。通常包括会展行业的监管机构、活动的组织者或执行者、参与者及专业中介机构。在国际上，会展项目评估已形成一套成熟的机制。多数情况下，评估任务会交给独立的中介组织或行业协会，确保评估过程和结果的真实性和客观性。例如，2020 年第八届黑龙江绿色食品博览会和第三届大米节的评估报告，是由中国国际贸易促进委员会黑龙江省委员会委托哈尔滨商业大学会展经济与管理教研室完成的。

鉴于我国会展项目评估尚处于起步阶段，目前大多数评估工作由活动的组织者或执行者自行完成，这影响了评估的客观性和公正性，从而限制了会展行业的健康发展。

为了促进市场化评估的发展，在我国目前的环境下，活动组织者或执行者应进行自我评估，以提升管理水平。同时，地方会展协会应主动参与，制订公开透明的评估标准，对当地会展活动进行调查、统计和客观评价，并在条件允许时公布评估结果，为市场提供参考。此外，应培育独立客观的专业评估机构，现阶段可由政府支持，以确保评估的权威性和可信度。但长远来看，完全独立的第三方评估机构才是会展项目评估市场成熟的标志。

（二）会展项目评估的客体

会展项目评估的客体指的是评估所针对的对象，主要包括会展城市、活动组织者或执行者及单个会展项目。对会展城市的评估关注其在特定时期内举办的会展项目数量、规模、质量、效益和影响力；对活动组织者或执行者的评估侧重于其在规定时间内所管理会展项目的业绩和效益;而对单个会展项目的评估则着重于项目的规模、参与者的数量和级别,以及带来的社会效益和经济效益。

显然,对单个会展项目的评估是最基础的,而对活动组织者或执行者及会展城市的评估都建立在此基础之上。城市是会展业发展的平台,也是当前会展热潮的推动者。对城市会展状况的全面评估有助于政府客观了解城市会展业的整体发展水平、成效和影响,并与其他城市进行比较,进而实施相应的调控措施。目前,会展项目评估的对象主要是单个会展项目或活动组织者或执行者,对会展城市的评估也应得到相应的关注。此外,还可以对会展项目的财务状况、人力资源等方面进行细致评估。

二、会展项目评估的分类

(一)按评估的层次划分

按评估的层次划分,会展项目评估分为宏观会展评估和微观会展评估。宏观会展评估是从整体和战略层面出发,对一个国家或地区会展业的整体发展、布局、规模、效益、竞争力等方面进行综合考量。它涉及会展业的政策环境、市场环境、基础设施、人力资源、国际化水平等多个维度,旨在揭示会展业在国民经济中的地位和作用,以及其对经济、社会、文化等方面的综合影响。微观会展评估则更加聚焦于具体的会展项目或活动,对其策划、组织、执行、效果等方面进行细致的分析和评价。这包括会展项目的主题定位、目标受众、宣传推广、参展商和观众的质量与数量、会展现场的管理与服务、会展效果的经济收益和社会影响力等多个方面。微观会展评估旨在为会展项目的改进和提升提供具体的指导和建议。

(二)按评估的主体划分

按评估的主体划分,会展项目评估可以分为由会展行业主管机构实施的评估、由会展主办方实施的评估、由会展对象实施的评估、由中介机构实施的评估。

由会展行业主管机构实施的评估,通常具有权威性和指导性,旨在规范会展行业的发展,提升会展项目的质量和效益。这类评估往往关注会展业的整体规划、政策法规的执行情况、市场秩序及会展项目的合规性等方面。

由会展主办方实施的评估,则更加注重会展项目的直接效益和自身能力的提升。主办方会通过对会展项目的策划、组织、执行等各个环节的细致分析,总结经验教训,提出改进措施,以期在未来的会展项目中取得更好的效果。

由会展对象实施的评估,主要包括参展商和观众的反馈。这类评估通过问卷调查、面对面访谈等方式收集参展商和观众的意见和建议,以了解他们对会展项目的满意度和需求,为会展项目的持续改进提供依据。

由中介机构实施的评估,通常具有专业性和客观性。中介机构作为第三方,能够站在中立的角度对会展项目进行全面、深入的分析和评价,为会展主办方、参展商和观众等各方提供有价值的参考信息。这类评估往往涉及会展项目的市场定位、营销策略、现场管理、服务质量等多个方面,有助于提升会展项目的整体竞争力和影响力。

(三)按评估对象的性质划分

按评估对象的性质划分,会展项目评估可以分为对会议的评估、对展览的评估、对节事的评估等。

对会议的评估主要关注会议的内容、组织、演讲嘉宾的水平和影响力、参会人员的满意度及会议成果的转化等方面。通过对这些方面的细致评估,可以了解会议的实际效果,发现存在的问题和不足,为今后的会议策划和组织提供有益的参考。

对展览的评估则侧重于展览的主题、展品的质量、展览的布局和设计、观众的数量和质量、参展商的满意度及展览的经济效益等方面。通过对展览的全面评估,可以衡量展览的成功与否,总结经验教训,为未来的展览活动提供改进的方向。

对节事的评估则更加注重节事的文化内涵、活动的创意和新颖性、参与者的体验和满意度、节事的社会效益及节事的品牌形象等方面。通过对节事的深入评估,可以挖掘节事的潜力和价值,提升节事的品质和影响力,为节事的持续发展和创新提供动力。

(四)按评估参照的标准划分

按评估参照的标准划分,会展项目评估可以分为相对会展评估和绝对会展评估。

相对会展评估主要是将某个会展项目或活动与同一时期、同一类型的其他会展项目或活动进行比较,从而评估其优劣。这种评估方法能够直观地反映出会展项目在同类中的竞争力,有助于会展主办方了解自身的优势和不足,进而采取相应的改进措施。而绝对会展评估则是根据预设的评估标准,对会展项目或活动的各个方面进行量化打分,从而得出一个绝对的评估结果。这种评估方法能够更为精确地衡量会展项目的实际效果,为会展主办方提供更为客观的评估依据。

(五)按评估的时间划分

按评估的时间划分,会展项目评估可以分为会展前评估、会展中评估、会展后评估。

会展前评估主要是在会展项目启动前进行,通过对会展项目的策划方案、预期目标、市场环境、资源条件等进行全面分析,预测会展项目的可行性和潜在风险,为会展项目的决策提供依据。这种评估方法有助于会展主办方在项目实施前进行充分准备,规避潜在风险,提高会展项目的成功率。会展中评估则是在会展项目进行过程中进行,通过对会展项目的实施情况、参展商和观众的反馈、现场管理等方面进行实时监控和评估,及时调整会展项目的实施策略,确保会展项目的顺利进行。这种评估方法有助于会展主办方在项目实施过程中及时发现问题,采取有效措施进行改进,提升会展项目的品质和影响力。会展后评估则是在会展项目结束后进行,通过对会展项目的实施效果、经济效益、社会效益等方面进行全面总结和评估,分析会展项目的成功经验和不足之处,为今后的会展项目提供借鉴和参考。这种评估方法有助于会展主办方总结经验教训,不断改进和提升会展项目的策划和实施能力。

三、会展项目评估的方法

(一)会展项目评估方法的总体要求

会展项目评估方法的总体要求主要包括以下几点:首先,评估方法应具有科学性和客观性,能够真实反映会展项目的实际情况和效果。其次,评估方法应具有系统性和全面性,能够从多个角度和层面进行评估,确保评估结果的准确性和可靠性。此外,评估方法还应具有可操作性和实用性,便于评估人员实施和操作,同时也能够适应不同会展项目的特点和需求。最后,评估方法应具有动态性和灵活性,能够随着会展项目的发展和变化进行调整和优化,确保评估结果的时效性和有效性。

(二)会展评估的基本方法

在进行评估时,存在多种评估方法,其中统计分析法、对比法和情况数据收集法是最基础且广泛运用的。这些方法包括但不限于搜集现有资料、举办讨论会、进行直接观察、分发问卷调查及搜集新闻媒体和公众的反馈。接下来,我将为您详细阐述这些主要的评估方法:

1. 统计分析法

这种方法侧重于对会展项目的各项数据进行收集、整理和分析。通过统计会展的观众人数、参展商数量、交易额等关键指标,以及对比历史数据或行业标准,可以量化会展项目的成效,揭示其发展趋势和潜在问题。统计分析法能够提供客观、准确的数据支持,为会展项目的决策和改进提供有力依据。

2. 资料数据采集法

这是一种非常重要的研究手段,它着重于通过多种不同的渠道来搜集与会展项目相关的各种资料和数据。这些渠道可能包括但不限于网络资源、纸质文档、问卷调查、访谈记录及直接的观察等。收集的资料通常涵盖了参展商的背景信息、观众的个人资料、会展项目的宣传资料、相关的媒体报道及行业内的各种报告和分析。通过对这些资料进行细致的整理和深入的分析,研究者能够全面地了解会展项目的特点和优势,识别出项目中存在的问题和不足之处。这样的分析结果对于会展项目的优化和提升具有重要的参考价值。此外,资料数据采集法还能够帮助我们挖掘会展项目的潜在价值和市场机会,为未来的规划和发展提供数据支持和决策依据。

3. 计分评价法

计分评价法是一种量化评估手段,它通过设定一系列评估指标,并为每个指标赋予相应的分值,以此来全面衡量会展项目的表现。这种方法的核心在于建立一套科学、合理的评估指标体系,这些指标应当能够全面反映会展项目的各个方面,包括但不限于项目的规模、影响力、经济效益、社会效益及参展商和观众的满意度等。在实际操作中,评估者会根据每个指标的具体表现给予相应的分数,最终汇总得出总分,以此来判断会展项目的整体优劣。计分评价法的优点在于其客观性和可操作性,它能够避免主观臆断的影响,确保评估结果的公正性和准确性。同时,这种方法也便于对多个会展项目进行比较和分析，为会展项目的优化和提升提供有力的数据支持。

从实践的经验来看，通常从 8 个方面标定分数，加权分数总计 100 分。以展览会为例，具体评价标准和方法如下：

①参展项目是否符合展出目标要求。其最高分为 15 分，如果展品绝大多数为市场畅销的优质产品，则评为满分；若展品中有半数为市场对路的优质产品，则评为 10 分；若展品中只有少数为市场对路的产品，则评定为 5 分。

②展览期间成交情况。其最高分为 20 分，分为两个方面，各占 10 分。

有成交意向或协议的占总参展单位的百分比，总分为 10 分，所得的百分比就是评价分数。

出售意向或协议成交金额情况：总计在百万元以上的为 3 分；千万元以上、亿万元以下的为 6 分；亿万元以上的为 10 分。

③参观、洽谈情况。其最高分为 10 分。参观人数不多，洽谈者占不到参展单位的 1/5的为 3 分；参观人数适中，洽谈者占参展单位 1/3 以上的为 6 分；参观人数多，洽谈者占参展单位 2/3 以上的为 10 分。

④展品销售、留购情况。其最高分为 15 分。如全部售完或留购的为满分；如果是部分展品售出或留购，即所销售或留购展品数占总展品数的百分比乘以得的数就是评价分数。

⑤展览会的广告、报道和宣传情况。其最高分为 10 分，做得很好的为满分，做得较好的为 8 分，一般的为 5 分，较差的为 3 分，没有做的不得分。

⑥参展人员组织纪律状况。其最高分为 10 分，没有任何人发生任何问题的为满分，出现一般性问题的为 8 分，发生过较少问题或较轻问题的为 5 分，发生了重大事故的为 2 分，发生人员伤亡或丢失的不得分。

⑦开幕式情况。其最高分为 10 分，做得好、参展单位和观众反应好的为满分；组织一般的为 7 分；做得较差、参观单位和观众有不少意见的为 4 分。

⑧展览会总体设计和布置。其最高分为 10 分。特装摊位占全部参展摊位一半以上的，且无任何事故的为满分；有全部参展摊位 1/3 以上的，设计布置合理、环保的为 7 分；基本无特装摊位，且便利程度一般，观众不太满意的为 4 分。

上述评价标准的分数(仅供参阅)最高可累计至 100 分。若 8 项累计分数超过 80 分，则表明组织工作出色；若在 60～80 分，则表示组织工作尚可；若低于 60 分，则意味着组织工作不尽如人意。这些分数可以用来评估展览会组织者的效能和主管部门对展览会主办者的评估标准。对于那些总评分未达 60 分的组织者，应考虑是否继续授权其举办，或者要求其暂停一段时间，待整改完毕后再重新举办。

(三)会展效益的评估方法

会展活动涵盖社会、文化、经济领域，其效益包括经济和社会两个方面。社会效益指的是会展活动对社会产生的影响和贡献，主要反映在公众反应和社会评价上。经济效益则是衡量会展活动经济效果的关键指标，即总收入与总成本的比例，通常用公式“经济效益＝总收入/总成本”来表示。经济效益分为微观和宏观两个层面，下面将简述几种评估方法。

1. 平衡记分卡法

平衡记分卡法是一种综合性的会展效益评估工具，它将会展活动的战略目标转化为可衡量的指标，从财务、顾客、内部流程、学习与成长四个维度进行全面评估。

首先，财务维度关注会展活动的经济效益，如收入增长、成本控制等关键绩效指标。其次，顾客维度衡量参展商和观众对会展活动的满意度和忠诚度，通过调查问卷、反馈收集等方式获取数据。再次，内部流程维度关注会展活动的运营效率和服务质量，确保流程顺畅、资源高效利用。最后，学习与成长维度强调组织的学习能力和创新能力，鼓励员工持续学习和提升技能，以应对不断变化的会展市场环境。平衡记分卡法通过这四个维度的综合评估，帮助会展组织者全面了解会展活动的效益，为未来的战略规划提供有力支持。

2. 动态分析法

动态分析法是一种注重会展活动过程中变化趋势的效益评估方法。它通过对会展活动在不同时间段的数据进行比较和分析，揭示会展效益的动态变化特征。这种方法可以帮助会展组织者及时发现会展活动中的问题，调整策略，以提高会展效益。

在应用动态分析法时，会展组织者需要收集会展活动在不同时间段的相关数据，如参展商数量、观众人数、交易额等，并进行对比分析。通过对比不同时间段的数据，会展组织者可以了解会展活动的增长趋势、波动情况等，从而判断会展效益的变化。此外，动态分析法还可以结合其他评估方法，如平衡记分卡法，对会展效益进行更全面的评估。

3. 会展宏观经济效益的评估方法

会展宏观经济效益的评估方法不仅关乎会展活动本身的成功与否，还直接影响到地区乃至国家经济的发展。在评估会展宏观经济效益时，除了上述提到的动态分析法外，还可以采用多种指标进行量化分析。其中，对口观众数量是一个重要的评估指标。通过对口观众数量的计算，可以反映出会展活动所吸引的专业观众质量和数量，进而评估会展活动对特定行业或领域的促进作用。此外，会展活动所带来的直接经济效益，如参展费用、门票收入、酒店住宿费用等，也是评估会展宏观经济效益不可忽视的方面。这些直接经济效益能够直观地反映会展活动对当地经济的贡献。

4. 会展企业及项目经济效益的评估方法

在会展行业中，对于企业及其项目的经济效益进行评估是至关重要的。这不仅有助于企业了解自身的财务状况，还能为投资者提供决策依据。评估方法多种多样，其中一种重要的评估指标是投资回报率。

投资回报率，也被广泛地称为投资收益率，是评估企业投资效益和盈利能力的一个核心指标。它能够准确地反映出企业投资活动的效率，以及通过投资活动所获得的回报水平。投资回报率通常以百分比的形式来表达，这样可以清晰地向投资者展示出企业每投入一定数额的资金所能带来的收益情况。计算投资回报率的公式是：

投资回报率＝年利润/投资总额×100％

高投资回报率意味着企业的投资活动具有较高的效益，投资者可以获得更多的收益。相反，低投资回报率则可能表明企业的投资活动存在问题，需要进一步优化和调整。通过对投资回报率的持续监测和分析，企业可以及时调整投资策略，优化投资组合，从而提高整体经济效益。因此，投资回报率不仅是投资者关注的重要指标，也是企业经营管理中的重要参考依据。

第三节　会展项目评估内容

会展项目评估是一个复杂的过程，它涉及多个方面的考量和分析。首先，我们需要对会展项目的可行性进行评估，这包括对市场需求、目标受众、预期收益等方面的综合分析。其次，会展项目的成功与否，很大程度上取决于其策划和执行的质量，因此，对策划方案的评估和执行过程的监控也是必不可少的环节。

此外，会展项目的评估还应包括对项目成本的控制和预算管理的审查。合理的成本控制能够确保项目的经济效益，而预算管理则有助于避免不必要的开支，保证项目的顺利进行。最后，会展项目评估还应关注项目的社会影响和长期效应，包括对品牌形象的提升、行业影响力的增强以及对社会经济的贡献等方面。

一、会展项目策划评估

会展项目的策划阶段是整个项目的基石，因此，对策划阶段进行全面、细致的评估显得尤为重要。评估内容应包括策划方案的可行性、创新性、目标市场的定位准确性及营销策略的有效性等。通过科学的方法对策划方案进行评估，可以确保项目在启动之初就具备较高的成功概率。

二、会展项目目标评估

会展项目的目标是项目成功的关键指标。在项目实施过程中，对项目目标的评估应贯穿始终。这包括对原定目标的合理性进行再审视，对目标实现进度的跟踪与监控，以及对目标达成度的最终评价。通过目标评估，可以及时发现项目执行过程中的偏差，并采取相应措施进行调整，以确保项目最终能够达到预期目标。

三、会展项目实施过程评估

在会展项目的实施过程中，需要对项目的组织与管理质量进行细致的评估。这包括对筹备阶段的各项工作、宣传推广活动的执行情况及现场管理的有效性进行深入的分析。通过这种评估，可以发现实际执行过程中与预计目标之间的差异，并对造成这些差异的原因进行深入的剖析和理解。

四、会展项目效益评估

会展项目的效益评估主要基于实际的经济效益来进行。通过计算会展项目产生的各项经济数据，与事先预测的数值进行对比，可以分析出实际结果与预期之间的偏差，并探究造成这些偏差的具体原因。评估内容不仅涵盖资金收益率、投入产出率等关键的盈利指标，还包括对社会效益和社会影响力的评估，以全面衡量会展项目对经济发展的贡献。

五、会展项目影响评估

会展项目对经济、环境和社会的影响是多方面的，评估工作需要关注这些方面的影响。具体来说，包括对就业机会的创造、技术进步的推动、环境质量的改善等方面的影响。社会影响评估则更深入地分析会展项目对政治稳定、文化发展、居民生活质量等方面的影响，以及会展项目对地方和行业发展的具体贡献。

六、会展项目商誉评估

会展项目的商誉评估是对项目所具有的超过正常盈利水平的无形价值进行评定和估算。这种评估关注的是项目在市场中的声誉、品牌影响力以及客户忠诚度等非财务因素，这些因素往往对项目的长期成功和盈利能力有着深远的影响。

七、会展项目可持续发展评估

会展项目的可持续发展评估是为了确保项目能够长期稳定地运作。评估内容包括主办方的管理水平、资金来源的稳定性、技术装备的适用性和更新能力，以及社会认可度等方面。通过这种评估，可以识别和防范可能影响会展项目持续举办的不利因素，确保项目在未来能够重复举办，从而实现长期的发展目标。

第四节　会展项目评估过程

开展会展项目评估，需遵循一定的程序与步骤。不同类型的会展项目评估，其评估的程序有所不同，但会展项目评估的程序一般如图 13.1 所示。

一、会展项目评估的准备阶段

(一)制订会展项目评估计划

进行会展项目评估前，无论评估主体是谁，都应事先制订详尽的会展项目评估计划。计划中应明确评估目的、对象、范围、内容及评估实施的时间框架等，具体如下：

1. 评估目标

会展项目评估的主要目的是了解会展项目的效益和效率。具体评估目标应根据会展项目的主要目标来设定，并根据目标的优先级，确定评估的重点。

2. 评估内容

在评估前须设定评估标准，这些标准必须是明确、客观、协调、具体和统一的。根据会展项目的性质、类型和评估目标，确定评估的范围和标准，进而决定最终的评估内容，

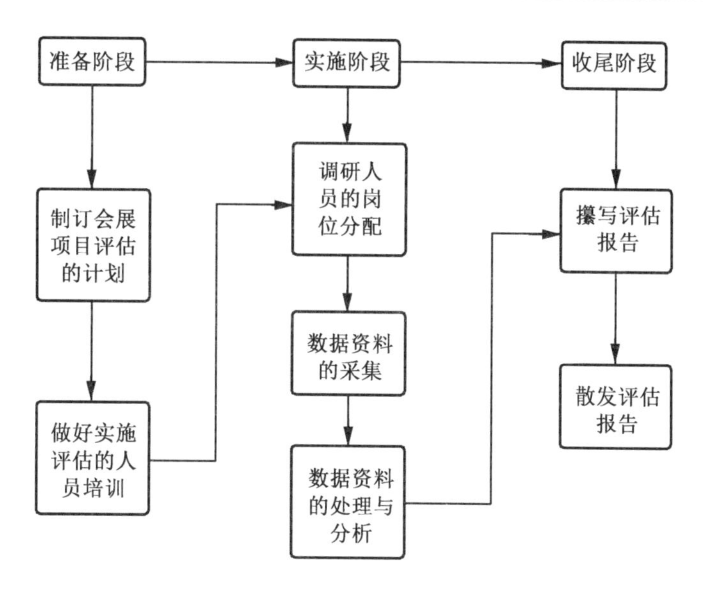

图 13.1 会展项目评估过程

详见本章第三节。

3. 所需数据和资料

根据确定的评估内容，明确所需的数据和资料。数据指的是可量化的部分，而资料则是需要主观判断的部分。数据收集表格和调查问卷应在会展项目开始前设计、制作完成，并妥善保存于项目地点。

4. 数据资料收集方式、时间和人员

首先，明确每项数据和资料的获取方式；其次，确定每项数据资料的收集时间或时间段；最后，指定具体执行数据和资料收集工作的人员，通常根据工作量、难度和时间差异来安排。

5. 数据分析方法

应事先明确收集到的数据资料的分析方法，通常采用层次分析法和德尔菲法相结合。

6. 评估报告的形式

评估报告的形式应根据会展项目的具体情况来定，一般以书面报告（辅以表格或图表）为主。书面报告应结构清晰，内容翔实，便于理解和参考。图表可以直观地展示数据和趋势，增强报告的说服力和可读性。同时，评估报告也可以采用口头报告或电子报告的形式，以适应不同的需求和场景。无论采用何种形式，评估报告都应准确、客观地反映会展项目的实际情况和评估结果。

（二）评估人员培训

对参与会展项目评估的人员进行培训至关重要，确保每个人都理解评估的目的和任务，熟悉评估对象的基本情况，掌握数据收集和调研的基本方法和技巧，以高质量完成数据采集这一基础工作。

二、会展项目评估的实施阶段

本阶段是核心，评估报告的质量完全取决于本阶段工作的质量。本阶段主要进行以下工作。

(一)调研人员岗位分配

会展项目往往复杂且细致，大多数评估需要全方位进行，因此必须周密组织人员，明确各自分工和要求，确保每个环节都有人负责收集各类有效信息。

(二)数据资料采集

会展项目评估过程中，根据所需信息采用不同的数据资料采集手段，包括收集资料、观察法、问卷调查法、访谈法等。收集的资料通常包括历届会展项目的统计资料、竞争对手信息、相关报道等。观察法涉及评估人员在会展项目进行中对工作项目、环节、结果等方面的记录，以获取评估数据。问卷调查法是获取定量和定性数据的常用方法，通常采用随机抽样，样本量要足够大，以千份为宜。访谈法适用于需要主观判断的问题，需要经验丰富的采访者和大量时间，但能获得与问卷调查不同的数据。在最终分析报告中，应标明回收问卷数量或采访人数与总体的比例。

(三)数据资料处理与分析

收集到的数据资料汇总后，先检查是否有遗漏、是否充分、是否客观真实，然后进行分类整理，形成系统化、条理清晰的材料。接着按照既定方法进行处理和分析。将数据录入系统，根据目标要求运用公式计算，得出反映客观现实的数据结果，并进行初步比较和分析。首先得出总体判断，即会展项目质量如何；其次分析各因素的数值，哪些表现好，哪些表现差；最后分析表现好或差的原因，为撰写评估报告打下良好基础。

三、会展项目评估的收尾阶段

(一)撰写评估报告

会展项目评估收尾阶段的工作主要是撰写评估报告。评估报告是评估结果的书面表述形式。基于调查数据，结合专家访谈、文献资料和新闻媒体信息，进行汇总分析。在分析基础上，做出总体评价和结论，用一系列数字、比例和陈述撰写评估报告，提交符合标准的评估报告。

(二)散发评估报告

报告完成后，要散发评估报告，将评估结果反馈给决策、策划、立项管理、评估、监督和项目实施等部门和机构，确保这些成果在新建或现有会展项目中得到应用。评估结果还可通过主要会展专业网站和行业媒体公布和宣传。

在此需要强调，会展项目评估结果报告的散发是一个公布和传达评估结果信息的动态过程，是评估过程中起决定性作用的重要环节，却往往被忽视。评估结果反馈的好坏是会展项目评估能否达到最终目的的关键。

案例展示：

案例一：第八届黑龙江绿色食品产业博览会及第三届大米节评估报告

一、展会基本情况

第八届黑龙江绿色食品产业博览会(简称绿博会)由黑龙江省人民政府、哈尔滨市人民政府共同主办,黑龙江省国际博览发展促进中心(黑龙江省贸促会)、黑龙江省农业农村厅、黑龙江省粮食局、哈尔滨市农业农村局、哈尔滨市贸促会、哈尔滨市粮食局承办。绿博会自2013年创办至今,已连续成功举办了8届。8年来,绿博会先后整合了“哈尔滨世界农业博览会”“黑龙江金秋粮食交易合作洽谈会”“中国黑龙江北大荒国际农业机械博览”展会资源,集中展示了我省绿色有机食品产业优势和发展潜力,成为国际绿色有机食品交易和企业对接的重要平台。本届绿博会主题确定为“推广绿色农业,引领健康生活”和“大米飘香世界”。

二、对第八届绿博会的相关评定及依据

在级别评定方面,以主办单位级别、参展商和专业观众来源结构两大评定标准作为依据,从主承办方角度评定为省级展览会,从参展商和专业观众来源结构角度,本次绿博会有13个国家和地区的55家外商驻华机构、代理商和经销商参展,占参展企业总数3.9%,说明绿博会又具有国际性和全国性,只是比重略低,总体评定为省级展览会。

在等级评定方面,依据中华人民共和国商务部2013年1月4日发布的《专业性展览会等级的划分及评定》(SB/T 10358—2012),专业性展览会的等级评定分为三个级别,由高到低依次为AAA级、AA级、A级,等级的划分是以专业性展览会的主要构成要素为依据,包括展览面积、参展商、观众、展览的连续性、参展商满意率和相关活动等方面。根据标准进行核定,本届绿博会为AAA级展会。

在性质评定方面,从目标对象分类,展览会分为贸易型展览会和消费型展览会。本届绿博会参展主体以企业为主,参展企业1 381家,邀请专业买家1 431人,举办了2020哈尔滨粮食产销对接会、2020黑龙江第十七届金秋粮食交易暨产业合作洽谈会、第二届中俄大豆贸易与投资对接会、黑龙江省绿色食品电商购销对接会暨“龙江有好货·助农直播带货”活动,以及20多场拍卖会活动。第八届绿博会参展商参展的目的以商贸交流为主,可以确定第八届绿博会为贸易型展览会。

在专业性评定方面,依据展览会展品类别和体现的行业数量,展览会分为综合展和专业展,本届绿博会的展品90%以上为绿色食品,有少量的食品包装设备等,展品集中于农业产品,可以确定第八届绿博会为专业性展览会。

在规模评定方面,依据展会规模分类一般标准,展览面积2万m^2以下为小型展会,2万～5万m^2为规模展会,5万～10万m^2为大型展会,10万m^2以上为超大型展会。第八届绿博会展览面积达到6万m^2,属于大型展会。

三、展前筹备工作及评价

本届绿博会采取“线上线下联动”的展览方式。

线上部分:(1)设13个线上展厅。在线下展览基础上,增加农业生产资料、绿色有机

农产品种植基地、地理标志产品、品牌建设、农业生态旅游、农业机械设备等线上展厅。(2)设7个线上栏目。即走进绿博会和大米节、新闻中心、我要参展、我要参会、在线活动、网上展馆、供采对接7个线上栏目。

线下部分:(1)展区设置。线下展览总面积6万 m^2,设"大米节""2020黑龙江第十七届金秋粮食交易暨产业合作洽谈会",绿色、有机食品,国内特色食品,进口食品,农业科技和综合服务,食品加工与包装机械7个展区。(2)参展情况。共有来自国内外1 381家企业确认参展,确认展位数2 007个。

在主要活动安排方面,本届绿博会举办活动17场次,线下活动10项,线上活动7项。包括黑龙江好食材暨龙菜品鉴会、开幕式、稻米品评品鉴、第二届中俄大豆贸易与投资对接会、2020国际稻米产业发展论坛、2020哈尔滨粮食产销对接会、天猫"黑龙江国际大米节"促销活动、黑龙江省绿色食品电商购销对接会暨"龙江有好货·助农带货直播"活动、2020黑龙江第十七届金秋粮食交易暨产业合作洽谈会、"黑龙江国际大米节"直播等10项线下活动。其中,2020国际稻米产业发展论坛、2020哈尔滨粮食产销对接会、天猫"黑龙江国际大米节"促销活动等7项活动将进行线上直播。

在来宾邀请方面,本届绿博会邀请了俄罗斯、日本、韩国、菲律宾、巴基斯坦、泰国、印尼、越南等国的驻华使节和境外大企业驻华机构;农业农村部、国际贸易促进委员会(中国贸促会)、国家粮食和物资储备局等部委领导,商务部、中国国际商会有关部门领导,中国工程院院士,中国食土商会、中国食品和包装机械工业协会等商协会领导;还有来自国内21个省(区市)的政府、经贸团组的领导参会;邀请了联合国粮食及农业组织总干事屈冬玉、袁隆平院士、日本新潟药科大学教授,水稻品质·食味研究会副会长大坪研一通过视频连线的方式参会。此外,还邀请了中农国发集团、浙江城投集团、中商流通生产力促进中心、黑龙江粮食产业集团、京粮、川粮等大型粮食企业将参展参会。

在对筹备工作的评价方面,本届绿博会出色地完成了任务,体现在以下几点:

①绿博会有鲜明的主题,办展宗旨明确。

②高度重视了线上会展活动,实现了线上线下有机配合的办展模式。运用了网络技术,提高了办展水平,办展能力得到了巨大的提高。

③配套商务活动形式多样,节、会、展等会展形式相互配合,精彩纷呈,不仅提高了绿博会的影响力,还创造了更多的商业机会。

④展客商组织工作出色。本届绿博会有1 381家企业参展,展位数2 007个;展览总面积6万 m^2,实属不易。组委会还对重要客商进行了邀请,重点邀请了俄罗斯、日本、韩国等国的驻华使节和境外大企业驻华机构、国家相关部委、国家级商协会、各省(区市)政府、大型粮食企业等领导。

四、展会质量评估

(一)展商质量评估

第八届绿博会国际展商和省外展商数量和展览面积均较少,本展会主要还是本地企业展示和宣传的舞台,突出了主要为黑龙江绿色食品企业宣传、开发市场服务的任务。第八届绿博会的参展企业,按照企业规模划分,参展商中大中型企业占56%,小型企业占

44%，说明第八届绿博会参展主体总体质量较高。参展企业第一目标还是做声誉、做品牌影响力；其次才是开拓营销渠道；第三是批发或零售产品；第四是行业信息调查。这个目的表明，参展商不是来卖货，而是来做品牌、市场渠道和订单，这就决定了本展会的性质不是低级的消费性展览会，而是高端的产业性服务的贸易展览会。

（二）展位结构与形象评估

第八届绿博会以特装展位为主，展览面积77%都是特装，尽管有一部分标展，基本上都采用变形美化处理。使展场形象和谐、完美。展位形象凸显了参展企业地位、形象。总体上体现了本展会高端、大气的形象。

（三）客商质量评估

从专业客商参展情况来看，本届绿博会中，省外、国外客商人数较少，不利于展会广泛交易和广泛合作。普通观众方面，第八届绿博会线下总参观人次96 538人，线上访问，官网访问量259.68万次，微信小程序累计访问人数53 073人，累计访问746 248次。数据表明，普通观众对本展会非常热衷，非常关注。总体看，第八届绿博会专业客商数量少，有采购愿望的客商不多。普通观众、网上观众数量庞大，热情很高，如果从网上观众数量看，本届展会人气很旺，后台交易巨大，未来的潜在交易巨大。

（四）展品结构与质量评估

第八届绿博会展品包括林下产品768种、大米产品185种、粮油食品90种、禽畜产品88种、酒水产品66种、乳制品42种及其他产品734种，可以看出展示的产品品类齐全，符合主题展品比重90%以上。展会专业性较强，而在展品品牌结构方面，基本上都是品牌产品，没有假冒伪劣和杂牌产品，展品质量高，信用高。

（五）配套商务活动评估

第一，开幕式和品评评鉴活动嘉宾层次高，农业农村部、中国贸促会、国家粮食储备局、中国科学院、中国工程院、中国食品土畜进出口商会代表率团参会。农业农村部部长韩长赋到会并致辞，联合国粮农组织总干事屈冬玉、袁隆平院士视频致辞。第二，论坛活动体现国际化、前沿性，第八届绿博会举办了“2020国际稻米产业发展论坛”，从主讲嘉宾学术地位和主讲的内容看，论坛级别高，专业性和前沿性均很强。第三，交易活动效果突出，签订买卖合同492份，签约量825.4万吨，签约总额约437亿元，交易量非常可观。最后，线上直播活动丰富，第八届绿博会大量活动采用网上直播的方式，俄罗斯南乌拉尔工商会此次采用线上VR展示，并且，黑龙江广播电视台主持人团队集体化身“网红主播”，周巍、修琳、春涛等一大批黑龙江百姓耳熟能详的主持人亲自带货直播。本次活动，使用了我省在主流电商平台形成公益品牌效应的“龙江有好货”名称，采取“白＋黑”的直播模式，创新直播内容，提升“粉丝”黏性及互动率。依托新业态和新零售商业模式，面向全国千万量级消费者高频次推广“龙江绿”，形成“互联网＋展会＋营销”的联动效应，多渠道开发市场，助力农产品销售、农业企业增收。

（六）宣传效果评估

为做好第八届绿博会的宣传推广工作，省委宣传部精心策划组织了展会新闻宣传工作，总体来看，共协调组织省内外30余家主流媒体，拿出重要版面、重要节目和传播资源对黑龙江绿色食品产业、稻米产业进行了全方位、立体化、高密度宣传，刊播(转载)报道2 300余条，网络云直播全网曝光量突破1亿，微博热搜置顶推荐"我国水稻产量多年保持在2亿吨"话题，进一步提升了黑龙江优质农产品知名度和美誉度。

(七)现场服务与管理评估

展会设有大会服务中心，提供展商、观众咨询。及时解决展客商参展参会期间遇到的各种问题。并且，入场设有门禁系统，展客商入场需要凭证、门票等，保安人员对观众进行严格管理，保证了参观者进场井然有序。同时，第八届绿博会邀请黑龙江省知识产权局对展会侵权行为进行检查。黑龙江知识产权保护中心在省市场监督管理局的联合展位上设立了知识产权保护(知识产权维权援助)服务台。

五、展会效益评估

在经济效益方面，从总交易额看，展会期间的交易规模接近30亿元，交易量巨大，成绩斐然。考虑到展会后还会有大量的后续交易与合作发生，通过第八届绿博会建立起来的交易关系，全年的交易额有可能突破百亿，这样看，第八届绿博会的商务功能巨大。会展业本身能够创造巨大的经济效益和社会效益，而且还具有强大的产业带动效应。会展活动不仅涉及多个部门如服务、交通、旅游等，还能促进新兴产业群的培育和相关产业的发展。根据国际展览联盟的数据，会展经济的效应中，80%流向了商贸、酒店、交通、旅游、电信、广告等关联行业，这显示了会展经济对城市和区域经济增长的显著推动作用。依据传统的会展业具有1∶9的经济带动效应估算，第八届绿博会参展人员4 959人，参观者96 538人次，参加人数近10万，估算给我省的商贸、酒店饮食、交通、旅游、电信、广告等相关行业带来的间接效益在5亿元左右。

在社会效益方面，绿博会的举办，助力端稳"中国饭碗"，保证粮食安全；加强了农业与科技的融合；助力中俄合作；助力现代农业和绿色食品产业高质量发展；促进消费、提振信心；整合供应链，全方位服务绿色食品产业发展；打造国际稻米产业盛会，提升我省大米品牌价值。

案例二：某会展项目的评估实践案例分析

一、项目背景

某国际汽车展览会作为该地区规模最大、影响力最广的汽车行业盛会，每年吸引众多汽车品牌参展商、专业观众及普通消费者。本次展会旨在展示汽车行业的最新技术、产品和发展趋势，促进汽车企业之间的交流与合作，推动汽车市场的繁荣。

二、评估目的

了解参展商和观众对本次展会的满意度，找出存在的问题和不足，为下一届展会的改进提供依据。

评估展会的经济效益和社会效益，衡量展会对当地汽车产业及相关行业的带动作用。

分析展会的宣传推广效果，评估各类宣传渠道的有效性，以便优化后续展会的宣传策略。

三、评估方法

问卷调查法：在展会现场及线上向参展商和观众发放问卷。参展商问卷主要涵盖展位设计与搭建、展会组织服务、观众质量、参展效果等方面;观众问卷则侧重于展会的吸引力、展品展示、现场活动、交通及配套设施等内容。共发放参展商问卷300份,回收有效问卷260份;发放观众问卷5 000份,回收有效问卷4 200份。

访谈法:选取部分具有代表性的参展商、观众及展会合作伙伴进行面对面访谈。参展商主要了解他们参展的目标达成情况、对展会的期望及在参展过程中遇到的问题;观众则了解他们参观展会的动机、收获及对展会的改进建议;合作伙伴主要探讨合作过程中的体验和未来合作的可能性。

成本效益分析法:详细核算展会的各项成本,包括场地租赁、展位搭建、宣传推广、人员费用、活动组织等费用,共计1 500万元。同时统计展会的收入,如展位费收入800万元、门票收入300万元、赞助收入200万元,总收入为1 300万元。此外,通过对当地酒店、餐饮、交通等相关行业的调研,估算展会带动的间接经济收入约为2 000万元。

比率分析法:计算参展商满意度比率、观众满意度比率、展位出租率、观众增长率等指标。参展商满意度比率=满意参展商数量÷参展商总数×100%;观众满意度比率=满意观众数量÷观众总数×100%;展位出租率=实际出租展位数量÷总展位数量×100%;观众增长率=(本年度观众数量-上年度观众数量)÷上年度观众数量×100%。

四、评估结果

参展商满意度:通过问卷调查和访谈得知,参展商对展位设计与搭建的满意度为70%,认为部分展位设计缺乏创新性;对展会组织服务的满意度为75%,主要问题集中在现场物流管理和信息沟通方面;对观众质量的满意度为65%,认为专业观众数量有待提高;对参展效果的满意度为70%,部分参展商表示达到了预期的品牌推广和业务洽谈目的。

观众满意度:观众对展会的吸引力满意度为80%,认为展品丰富多样;对展品展示的满意度为75%,建议增加互动体验环节;对现场活动的满意度为70%,希望活动形式更加多样化;对交通及配套设施的满意度为60%,主要抱怨停车场容量不足和周边餐饮价格较高。

经济效益:展会直接收入为1 300万元,成本为1 500万元,直接经济效益为亏损200万元。但考虑到带动的间接经济收入2 000万元,整体经济效益为盈利1 800万元。成本效益比率=(直接收入+间接收入)÷成本=(1 300+2 000)÷1 500≈2.2。

比率分析:展位出租率达到90%,表明展会的吸引力较强;观众增长率为15%,说明展会的知名度和影响力在不断提升;参展商满意度比率为70%,观众满意度比率为73%,还有一定的提升空间。

五、评估结论与建议

结论:本次展会在展示汽车行业最新成果、促进企业交流合作等方面取得了一定成效,也带动了当地相关产业的发展,具有较好的社会效益和整体经济效益。但在展会组织服务、观众质量提升、配套设施完善等方面仍存在一些问题。

建议:

优化展位设计与搭建的服务,提供更多创意和个性化的设计方案,满足参展商的多样化需求。

加强现场物流管理，提高货物运输和仓储的效率；建立更高效的信息沟通机制，及时向参展商和观众传达展会信息。

加大对专业观众的邀请力度，通过与行业协会、专业媒体合作，举办专业论坛和研讨会等方式，吸引更多专业人士参与。

增加现场互动体验环节，丰富展品展示形式，提高观众的参与度和体验感。

与周边交通和餐饮企业合作，优化停车场管理，合理控制餐饮价格，提升观众的观展体验。

第十四章　会展项目管理的未来发展

随着会展行业的不断发展，会展项目管理也将迎来新的挑战与机遇。未来，会展项目管理将更加注重数字化、智能化和人性化的发展。在本章节中，我们深入探讨了会展项目管理这一领域的发展历史，对其演变过程进行了全面的回顾。通过分析会展项目管理的过去和现状，我们指出了该领域创新发展的主要方向，并且详细阐述了在这一过程中所面临的各种挑战。此外，本章还重点讲解了未来会展项目管理创新的方法，提供了多种策略和建议，旨在帮助相关从业者和管理者更好地适应行业变革，把握未来发展趋势。

第一节　会展项目管理的发展历程

一、萌芽阶段

在会展行业发展的早期阶段，会展的规模相对较小，形式也较为单一。项目管理还处于初步的探索阶段，主要工作集中在场地的安排及简单的招商活动上。在这一时期，缺乏系统化的管理理念和方法，更多地依赖于个人的经验进行操作。管理过程相对松散，缺乏规划性。例如，在20世纪中期，许多小型的地方性展览会主要由当地的一些商家聚集在一起，共同展示他们的商品和产品。这些活动的组织者通常会采取一种相对简单的方式来划分场地，而招商工作则主要依赖于口头上的宣传和推广，缺乏一个详尽的项目计划和一个明确的组织架构。因此，这些展会的效果和成功程度，在很大程度上往往取决于组织者个人的人脉资源和他们的经验积累。

此外，由于会展活动的管理和运营缺乏专业性和系统性，常常导致资源分配不均，参展商的满意度不高，以及观众体验感的不佳。这种较为粗放的管理模式，限制了会展行业的发展，也阻碍了会展项目管理理念的进一步提升和完善。

二、成长阶段

随着经济的持续增长和进步，会展行业的规模逐渐扩大，其复杂性也随之增加。在这个发展阶段，会展项目管理开始采纳一些基础性的概念和方法，例如制订初步的计划、进行预算管理等。尽管如此，在沟通协调、风险控制等关键领域，会展项目管理仍然面临诸多挑战和不足之处。各个参与环节之间的协同合作并不理想，这种状况在一定程度上制约了会展项目向更高层次的发展和进步。

以20世纪90年代的一些区域性工业展会为例，尽管在展会的筹备阶段，组织者们已经制订了初步的展位规划和招商计划，但在实际执行过程中，由于不同部门之间缺乏协调和统一的指挥，负责招商的部门与负责场地布置的部门之间沟通不畅，导致展位分配与场地搭建进度之间出现了冲突。此外,在遇到天气突变等不可预见的风险时,由于缺乏有效的应对预案和危机管理机制,严重影响了展会的顺利开展,甚至在某些情况下,导致了展会的延期或取消。

三、成熟阶段

随着信息技术的飞速发展,会展项目管理也进入了成熟阶段。项目管理的知识体系得到了全面的应用,覆盖了从项目启动、规划、执行、监控到收尾的全过程。通过使用专业的项目管理软件,实现了对进度、成本、质量等各个方面的精细化管理。各参与方之间的沟通和协作变得更加顺畅,风险管理能力也得到了显著的提升。会展项目管理的成熟,不仅体现在技术层面,更体现在管理理念和方法的创新上。项目管理软件的普及,使得项目管理者能够更加高效地进行资源分配和时间管理,从而确保项目的顺利进行。此外,随着大数据和人工智能技术的融入,会展项目管理的智能化水平也在不断提高,为会展行业的发展注入了新的活力。

以德国汉诺威工业博览会为例,通过运用先进的项目管理软件,对展会筹备的各个环节进行了精确的把控。从全球范围内的参展商报名审核,到展位的精准规划,再到现场活动的时间安排,都实现了高效的协同工作。同时,利用大数据分析技术,提前预测可能出现的问题,例如根据以往的数据预测人流高峰,合理安排安保和引导人员,确保展会的安全和有序进行。这种技术的应用,不仅提高了工作效率,也大大提升了展会的整体质量,为参展商和参观者提供了一个更加安全、高效、有序的展会环境。

此外,德国汉诺威工业博览会还通过人工智能技术进行智能客服和智能导览的开发。智能客服系统能够实时解答参展商和参观者的疑问,提供精准的信息服务,有效减轻了人工客服的压力,提高了服务质量和效率。而智能导览系统则通过语音识别和定位技术,为参观者提供个性化的参观路线和导览解说,极大地提升了参观体验。这些智能化技术的应用,进一步彰显了会展项目管理在成熟阶段的创新成果,也为会展行业的未来发展提供了借鉴和启示。

第二节　会展项目管理的未来创新方向

一、数字化创新

(一)线上线下融合

线上线下融合(Online-Merge-Offline,OMO)是指通过数字化技术和平台,将线上(Online)和线下(Offline)的资源和体验无缝整合,形成一个统一的生态系统。这种模式打破了传统线上和线下业务的界限,使得用户可以在不同场景中自由切换,享受一致的服务和体验。其核心特点如下:

①无缝连接。线上与线下的数据和资源实时同步,用户可以在不同场景中自由切

换，例如线上下单、线下提货，或线下体验、线上购买。这种无缝的连接方式让消费者无论通过哪种渠道接触品牌，都能获得一致的服务和体验，从而增强了用户黏性和满意度。

②数据驱动。通过大数据、人工智能等前沿技术，整合线上和线下的用户行为数据，实现精准营销和个性化服务。数据共享和深入分析帮助企业优化运营效率，提升用户体验，同时还能预测市场趋势，为产品开发和市场策略提供科学依据。

③技术赋能。利用物联网、移动支付、云计算、AR/VR等先进技术，实现线上与线下的深度融合。智能设备（如智能POS机、自助服务终端等）在线下场景中的应用，不仅提升了线下业务的数字化水平，还为消费者带来了更加便捷和创新的购物体验。

④全渠道体验。消费者可以通过多种渠道（如电商平台、社交媒体、实体店等）与品牌互动，享受无缝的全渠道购物体验。品牌通过统一的平台管理线上和线下业务，实现资源的高效整合，确保了无论消费者选择哪种购物方式，都能获得一致的品质和服务，从而提升了整体的客户满意度和品牌忠诚度。

目前线上线下融合技术已经广泛应用于零售、教育、医疗等行业。这种融合不仅打破了传统商业模式的界限，还促进了信息的流通和资源的优化配置。例如，在零售行业，线上平台可以提供丰富的商品信息和便捷的购物流程，而线下实体店则可以为消费者提供实物体验和即时的售后服务。通过线上线下融合，企业能够更好地满足消费者的多样化需求，提升市场竞争力。在教育行业，线上教学平台可以打破地域限制，让更多人享受到优质教育资源，而线下实体学校则可以提供面对面的互动和实践机会，增强学生的综合素质。医疗行业的线上线下融合则可以实现远程医疗咨询、在线预约挂号等功能，提高医疗服务的效率和便捷性。

在当前数字化转型的大潮中，打造线上会展平台，与传统的线下展会形成互补，已经成为会展行业的一大趋势。线上平台不仅提供展品展示、虚拟洽谈、直播论坛等功能，还打破了时间和空间的限制，极大地扩大了展会的影响力和参与度，同时增加了展会的附加值。以广交会为例，该展会大力推进线上线下融合，线上平台展示了海量商品，全球采购商通过线上直播与参展商实时洽谈。这不仅维持了展会的国际影响力，还吸引了更多年轻一代的采购商，拓展了客户群体，为会展业的未来发展指明了方向。

线上线下融合已成为会展项目管理的重要趋势。通过构建线上线下一体化的会展平台，参展商和参观者可以随时随地参与展会活动，打破了时间和空间的限制。线上平台可以提供丰富的展会信息和在线交流功能，而线下展会则能够带来真实的体验和面对面的交流机会。这种融合模式不仅增强了展会的互动性和参与感，还扩大了展会的受众范围和影响力，为会展行业的数字化转型提供了新的思路和实践。线上线下融合的实施，还能够促进会展项目的精准营销和个性化服务。利用大数据分析技术，会展组织者可以深入了解参展商和参观者的需求和偏好，从而提供更加精准的推广和服务。例如，通过线上平台的数据分析，会展组织者可以推送个性化的展会信息和推荐相关展品，提高参展商和参观者的满意度和忠诚度。同时，线上线下融合还能够实现会展项目的持续运营和增值服务。线上平台可以作为展会信息的长期载体，持续为参展商和参观者提供服务，而线下展会则可以作为重要的品牌推广和客户关系维护渠道。这种融合模式为会展项目的长期发展奠定了坚实的基础。

(二)大数据应用

所谓大数据，是指那些规模庞大、类型繁多、增长速度极快，并且难以使用传统数据处理工具进行有效处理的数据集合。大数据的核心价值在于，通过运用先进的分析技术，我们能够从中挖掘出具有重要价值的信息和深刻的洞察力。大数据的应用范围非常广泛，它已经渗透到商业、金融、医疗保健、智慧城市构建等多个领域之中。

在商业领域，大数据帮助企业进行精准营销、库存管理和供应链优化，提高运营效率和市场竞争力。在金融领域，大数据分析被广泛应用于风险评估、欺诈检测和个性化金融服务，提升了金融服务的效率和安全性。在医疗保健领域，大数据助力医疗机构实现病历管理、疾病预测和个性化治疗方案设计，提高了医疗服务的质量和效率。在智慧城市构建中，大数据支持城市交通管理、环境监测和公共安全等领域，促进了城市管理的智能化和高效化。

在数字化时代，数据被广泛认为是新的“石油”。通过广泛地收集和深入地分析来自参展商、观众、市场等多方面的数据，我们能够更加精准地了解市场需求和偏好，进而优化项目策划和服务。例如，通过分析观众的浏览历史和搜索习惯，我们可以实现对观众兴趣的精准把握，并据此推送他们可能感兴趣的展品和活动信息，从而显著提升他们的参展体验。以上海国际汽车工业展览会为例，该展会通过大数据分析揭示了一个重要趋势：年轻观众对新能源汽车和智能驾驶技术表现出了极高的兴趣和关注度。因此，在展会策划阶段，组织者特别增加了与这些主题相关的互动体验区和专题论坛，这一举措成功吸引了大量年轻观众的目光，显著提升了展会的吸引力和专业性。这一案例为会展业的创新发展提供了新的思路和方法，展示了数据驱动决策在实际应用中的巨大潜力。

二、服务创新

(一)个性化服务

在会展业竞争日益激烈的今天，提供个性化服务已经成为提升竞争力的重要手段。根据参展商和观众的不同需求，提供定制化服务，可以显著提升客户满意度。例如，为大型参展商提供专属展位设计、特殊物流安排；为专业观众提供个性化参观路线和行业对接服务。在拉斯维加斯国际消费电子展上，主办方针对苹果、三星等大型科技企业，提供了定制化的超大展位设计，满足其高端产品展示需求，同时配备专门的物流团队，确保展品安全快速运输。对于专业观众，根据其行业背景和兴趣偏好，规划个性化参观路线，帮助他们高效获取所需信息，从而提升了展会的专业性和吸引力。

此外，个性化服务还体现在对参展商和观众反馈的积极响应上。通过建立高效的反馈机制，收集并分析参展商和观众的意见和建议，可以及时调整服务策略，确保服务始终贴近市场需求。例如，在展会结束后，通过问卷调查和一对一访谈等方式，收集参展商和观众对展会服务的评价和改进建议，然后根据这些反馈优化下一届展会的服务流程和内容。这种持续改进的服务态度，不仅能够提升参展商和观众的满意度，还能够增强展会的品牌影响力和市场竞争力。

(二)全流程服务

从项目筹备到结束,提供一站式服务,包括前期咨询、展位预订、现场搭建、后期跟进等,简化流程,提高效率和满意度。深圳国际会展中心为参展商提供全流程服务,从最初的参展咨询、协助办理各种手续,到展会期间的现场服务,再到展会结束后的反馈收集,参展商只需与一个服务团队对接,大大节省了时间和精力,提高了参展商的满意度和忠诚度,为会展业的服务创新树立了标杆。

此外,全流程服务还包括专业的市场推广支持。深圳国际会展中心为参展商提供定制化的市场推广方案,包括展会前的宣传推广、展会期间的现场活动和展会后的媒体跟进。通过多渠道的市场推广,帮助参展商扩大品牌影响力,吸引更多潜在客户,提升销售业绩。同时,会展中心还利用大数据分析技术,为参展商提供精准的市场洞察和竞争分析,帮助他们更好地把握市场趋势和客户需求,制订更有效的市场策略。这种全流程、全方位的服务模式,不仅提升了参展商的参展体验,也为会展业的服务创新注入了新的活力。

三、可持续发展创新

(一)绿色会展

随着全球范围内对环境保护意识的显著提升,绿色会展已经逐渐成为会展行业可持续发展的一个重要趋势和方向。会展场馆开始采用环保材料来搭建展位,努力减少能源的消耗,积极推广垃圾分类和回收利用的实践,以期降低会展活动对环境造成的负面影响,从而真正地践行可持续发展的理念。在这一领域,德国慕尼黑国际太阳能技术博览会是一个长期致力于绿色会展实践的典范。该展会现场大量使用可循环利用的环保材料来搭建展位,不仅采用节能照明设备,还特别设置了垃圾分类收集点,以此来引导参展商和观众积极参与到环保行动中来。慕尼黑国际太阳能技术博览会因此成了全球绿色会展的典范,为会展业的绿色进步提供了可供参考的实例,展示了会展业在环境保护方面的积极努力和创新实践。

(二)社会责任

会展业,作为社会经济活动的一个重要组成部分,不仅承载着推动社会进步和文化发展的重大责任,而且在促进社会公益事业方面也扮演着不可或缺的角色。在展会期间,组织各种慈善活动,支持和促进当地的文化和教育事业,是提升会展项目社会形象和品牌价值的有效途径。例如,每年举办的博鳌亚洲论坛,都会在举办期间精心策划和组织一系列公益活动。这些活动不仅包括为当地贫困地区的学校捐赠必需的物资,还包括开展富有成效的教育交流活动。通过这些举措,博鳌亚洲论坛不仅显著提升了自身的社会影响力,而且极大地促进了当地社会的全面发展。因此,博鳌亚洲论坛在会展业中树立了履行社会责任的良好榜样,为其他会展活动提供了宝贵的经验和借鉴。

四、风险管理创新

(一)建立风险预警机制

在会展业中,风险无处不在,因此建立有效的风险预警机制至关重要。利用大数据、人工智能等技术,实时监测市场动态、政策变化、自然灾害等风险因素,提前发出预警,制订应对策略,可以有效降低风险带来的损失。新加坡滨海湾金沙会展中心运用大数据和人工智能技术,建立风险预警系统,实时监测全球市场动态、政策法规变化及天气状况。在台风季节,提前预测台风路径和可能对展会造成的影响,及时调整展会日程或采取防护措施,确保展会安全顺利进行,为会展业的风险管理提供了先进的解决方案。此外,通过分析历史数据,可以识别潜在的风险模式和趋势,进一步优化预警机制,提高其准确性和效率。通过与行业内外的合作伙伴共享风险信息,可以形成一个更加强大和全面的风险管理网络,从而为会展业提供更加稳固的风险防护。

(二)确定多元化风险应对策略

除了传统的风险规避、减轻、转移和接受策略外,会展业还需要探索新的应对方式。例如,购买展会取消保险,降低因不可抗力导致展会取消的损失,为后续展会的恢复和发展提供了资金支持。这种多元化的风险应对策略,为会展业的风险管理提供了新的思路和方法。同时,会展组织者还可以通过建立紧急基金、与供应商和合作伙伴建立灵活的合作协议,以及制订详细的应急计划等措施,进一步增强对突发事件的应对能力。通过这些多元化的策略,会展业可以更好地适应不断变化的市场环境,确保业务的连续性和稳定性。

第三节　会展项目管理创新面临的挑战

会展项目管理创新虽然带来了诸多机遇和优势,但在实际应用中也面临着不少挑战。

一、技术应用难度大

随着数字化技术的引入,会展项目团队面临了前所未有的技术能力挑战。为了适应这一变革,团队成员需要投入大量的时间和精力进行相关技术的培训,同时还需要建设相应的系统设施。然而,技术的引入并非一帆风顺,它伴随着技术兼容性和数据安全等一系列问题。以一些小型会展公司为例,他们在尝试引入线上会展平台时,由于缺乏足够的专业技术人员,常常在平台搭建过程中遇到难以解决的技术难题,这不仅导致了平台上线的延迟,还因为不同技术系统之间的兼容性问题,使得线上线下数据无法实现无缝对接和实时同步,从而严重影响了参展者的体验。此外,数据安全问题同样不容小觑,一旦发生数据泄露事件,不仅会严重损害参展商和观众的切身利益,还可能对会展公司的声誉造成不可逆转的损害。在技术应用的过程中,团队还需要不断更新和升级技术,以保持与行业发展同步,这无疑又增加了额外的负担。因此,会展项目团队在技术应用方面所面临的挑战是多方面的，需要从人员培训、系统建设、技术更新等多个角度综合考虑和应对。

二、观念转变困难

在会展项目管理创新的道路上，观念的转变同样是一个不容忽视的挑战。部分从业者长期以来习惯了传统的管理模式，对于创新理念的接受度普遍较低，这种保守的态度在很大程度上阻碍了服务创新和可持续发展创新的推进。特别是在一些发展相对滞后地区的展会中，主办方往往更加注重短期的经济效益，而忽视了服务质量和可持续发展的重要性。例如，在展位设计方面，他们可能仅仅追求低成本，而没有考虑到环保和满足参展商个性化需求的重要性；在服务方面，主办方不愿意投入必要的资源来提供个性化服务，认为传统的服务模式已经足够满足需求，这种短视的做法最终导致了展会整体竞争力的逐渐下降。要改变这种现状，需要会展行业的从业者们更新观念，认识到创新对于行业长远发展的重要性；同时，行业协会和政府机构也应出台相应的政策和措施，鼓励和引导从业者进行观念上的转变和实践中的创新。

三、成本增加

创新往往伴随着额外的资金投入，尤其是在数字化平台建设、绿色材料使用等方面。在收益尚不明确的情况下，这些创新举措无疑增加了项目的经济压力。以举办一场中型展会为例，搭建一个功能完善的数字化平台可能需要投入数十万元的资金，而使用绿色环保材料来搭建展位的成本可能比传统材料高出 30%～50%。如果展会的参展商和观众数量没有显著增加，这些额外的投入将难以通过增加的收益来弥补，从而给主办方带来沉重的经济负担。除了直接的经济成本之外，创新还可能带来间接的成本，比如需要对员工进行新系统的培训，或者需要投入更多的时间和资源来适应新技术。因此，主办方在考虑创新时，不仅要评估直接的经济成本，还要考虑到间接成本和潜在的风险，确保创新举措能够带来长期的收益和可持续的发展。

四、高端专业人才短缺

会展项目的管理创新不仅需要资金和技术支持，更需要高端专业人才的参与。然而，在现实中，高端专业人才的短缺成了制约会展项目创新的一个重要因素。一方面，会展行业涉及的知识领域广泛，需要具备多学科背景的专业人才，如市场营销、信息技术、设计艺术等。这些专业人才的培养需要时间和资源，且市场需求大，导致供给不足。另一方面，会展行业的快速发展和创新对人才的需求也在不断增加，但人才的培养速度却远远跟不上行业的发展速度。

因此，高端专业人才的短缺成了会展项目管理创新中的一个瓶颈，限制了创新举措的实施和效果。为了解决这一问题，主办方需要加大人才培养和引进的力度，同时优化人才结构，提高人才的综合素质，为会展项目的管理创新提供有力的人才保障。

第十五章　会展项目管理的创新

第一节　会展项目的人性化管理

一、人性化管理概念

人性化管理，是指在管理过程中充分尊重人的价值、尊严和个性，关注人的需求、情感和发展，以激发人的积极性、主动性和创造性为目标的管理理念与方式。在会展行业竞争日益激烈的当下，这种理念已成为会展项目脱颖而出的关键因素。它不仅能提升参与者的体验，还能增强项目的品牌形象和市场竞争力。

人性化管理本质上是一种新策略，它同时关注人的思想。它以“人性化”为核心，强调创新、速度、反应、灵活性和弹性。它重视平等、尊重、创造力、直觉、主动性和企业精神，以及远见和价值控制。

二、会展项目的人性化管理实践

会展项目的人性化管理实践，是在整个项目运作过程中贯彻上述管理理念。具体做法包括：

一方面，对项目内部员工，通过尊重人文、物质和精神激励以及挖掘潜能和发展机会等手段，广泛激发会展项目团队成员的积极性。这使得项目成员能够齐心协力，专注于服务和接待工作，形成无形资产和力量，推动项目管理效益最大化。

另一方面，人性化管理还注重对客户的人文关怀，除了与会者、参展商、观众和会展服务提供商等主要客户外，在会展项目执行过程中，还需与会展承办方、场馆、政府机构、保险、海关和法律咨询部门等进行协调沟通。了解客户的不同需求，采取谦虚谨慎的态度，加强理解和支持。特别是对分包商的管理，要重视他们的主观能动性，尊重其劳动成果，在平等互助的基础上加强合作，共同实现项目目标。

三、会展项目人性化管理的主要体现方式

（一）人性化管理在参展商服务中的体现

定制化展位解决方案：深入了解参展商的品牌定位、产品特点和展示需求，为其提供个性化的展位设计与布局建议。例如，对于高端科技产品参展商，打造富有科技感和未来感的展位空间，配备先进的展示设备，满足其展示高端形象的需求；对于传统手工艺参展商，设计具有文化底蕴的展位，营造出浓厚的艺术氛围。

全方位参展支持：在展会筹备阶段，为参展商提供一站式服务，包括展品运输、报关、仓储等。展会期间，及时解决参展商遇到的各类问题，如设备故障维修、人员临时调配等。以某国际工业展会为例，主办方为一家首次参展的中小企业提供了全程跟踪服务，从展位搭建的细节调整，到展会期间的现场翻译支持，帮助企业顺利完成参展，获得了良好的展示效果。

（二）人性化管理在观众体验优化中的应用

个性化导览服务：利用智能导览系统，根据观众的兴趣偏好、参观历史等数据，为其定制个性化的参观路线。观众可以通过手机App获取详细的展品介绍、活动日程和导航信息，提高参观效率。比如，对于关注新能源汽车的观众，系统会优先推荐相关品牌的展位和新能源汽车论坛活动。

舒适的观展环境打造：在展馆内设置充足的休息区域，配备舒适的座椅、充电设施和免费的饮品小吃。合理规划展馆内的人流路线，避免拥堵，确保观众能够轻松愉悦地参观。例如，在一些大型国际车展上，主办方在展馆内设置了多个休息区，提供免费的咖啡和点心，同时利用智能监控系统实时调整人流疏导方案，提升观众的观展舒适度。

（三）人性化管理在工作人员管理中的落实

合理的工作安排与培训：根据工作人员的专业技能和工作经验，合理分配工作任务，避免过度劳累。同时，提供定期的培训和学习机会，帮助他们提升专业素养和服务水平。例如，在展会筹备期间，对负责客户接待的工作人员进行礼仪培训，对技术保障人员进行设备操作和维护培训。

激励与关怀机制：建立完善的激励机制，对表现优秀的工作人员给予物质和精神奖励。关注工作人员的身心健康，在工作强度较大时，安排适当的休息和放松活动。比如，在展会结束后，评选出“最佳服务奖”“最佳贡献奖”等，对获奖人员进行表彰和奖励；在展会期间，为工作人员提供免费的工作餐和休息时间，组织简单的团队建设活动。

第二节　会展项目的网络化管理

随着电子商务时代的兴起，网络由于其信息量巨大、内容共享、传输速度快、不受时间和空间限制等特点，正逐步成为现代社会信息交流的关键平台和经济活动的主要媒介。在互联网技术的影响下，旨在信息交流和商务谈判的会展活动，也正在经历一场新的变革和调整。

会展项目的网络化管理，意味着运用现代信息技术来管理展会的各个阶段，通过互联网完成信息的搜集、生成、辨识、筛选、传递、处理、存储、检索和输出等任务，从而实现信息发布、参展人员的在线注册、信息管理、在线研讨、邮件订阅及网络办公等多重功能。

会展项目的网络化管理，需要充分利用互联网、通信和多媒体等技术，对会展前、会展中、会展后的信息进行有效整合，具体目标是实现会展企业和会展现场管理的信息化和网络化，并积极发展网络虚拟会展项目。

会展项目的网络化管理，不仅提高了会展活动的效率和便捷性，还为参展商和观众带来了全新的参与体验。通过网络平台，参展商可以随时随地发布产品信息、展示企业形象，与潜在客户进行在线交流和商务洽谈。观众则可以在家中或办公室，通过网络浏览展会信息、预约参观、参与在线研讨，大大节省了时间和精力。

同时，会展项目的网络化管理也促进了会展行业的创新发展。网络虚拟会展项目的出现，打破了传统会展的时间和空间限制，使得会展活动可以跨越地域、全天候进行。这不仅扩大了会展的影响力，还为会展企业带来了新的商业模式和盈利增长点。

一、网络化管理在会展项目筹备阶段的应用

在会展项目的筹备阶段，网络化管理扮演着至关重要的角色。通过线上宣传推广，主办方可以利用社交媒体平台、专业会展网站、电子邮件营销等多种线上渠道，广泛传播展会信息。这一过程包括制作精美的宣传海报、生动的宣传视频，以吸引潜在参展商和观众的关注。例如，在微博、微信公众号上发布展会亮点预告，定期推送参展企业介绍和展品信息，引发用户互动与分享，从而扩大展会的影响力。

此外，主办方还可以搭建便捷的在线报名平台，让参展商和观众可以随时随地提交报名信息，完成展位预订和门票购买。系统会自动处理报名数据，实时更新展位预订情况，方便主办方进行展位分配和管理。同时，通过线上支付功能，实现费用的快速结算，从而提高工作效率。

二、网络化管理在会展项目执行阶段的作用

在网络化管理的助力下，会展项目的执行阶段也得到了极大的优化。借助项目管理软件和即时通信工具，主办方可以建立参展商、观众、工作人员之间的实时沟通桥梁。这使得主办方可以及时发布展会日程变更、活动安排调整等重要信息，确保各方能够第一时间获取最新资讯。参展商和观众也能通过线上平台随时咨询问题、反馈意见，实现高效互动。

同时，虚拟展示与互动体验的运用，如 VR、AR 技术，为无法亲临现场的观众提供了全新的参观方式。这些技术的运用，不仅改变了传统的参观模式，还极大地提升了观众的参与感和体验感。通过线上平台，观众可以身临其境地参观展会，与展品进行互动，仿佛真的置身于展会现场。例如，一些科技展会利用 VR 技术展示高科技产品的操作演示，观众可通过手机或电脑端进行沉浸式体验，从而拓展了展会的覆盖范围，让更多的人有机会接触到这些前沿科技。此外，AR 技术的应用也使得展品信息更加生动有趣，观众通过手机扫描展品，就能获取到更加详细和丰富的信息，使得整个参观过程更加有趣和高效。

更重要的是，这种虚拟展示与互动体验的方式，还大大节省了观众的时间和交通成本，提高了参展的便捷性和效率。对于参展商而言，虚拟展示不仅是一个展示产品的平台，更是一个收集市场反馈、了解观众需求的重要途径。通过观众的线上互动和留言，参展商可以及时调整营销策略，优化产品设计，从而更好地满足市场需求。因此，虚拟展示

与互动体验的运用，无疑为会展项目执行阶段注入了新的活力和动力，推动了会展行业的创新与发展。

三、网络化管理在会展项目后期的价值

在网络化管理的辅助下，会展项目后期的价值得到了进一步的提升。数据收集与分析是其中的关键环节。在展会结束后，主办方可以通过线上平台收集参展商和观众的反馈数据，包括满意度调查、意见建议等。利用数据分析工具对这些数据进行深入挖掘，了解展会的优势与不足，为下一届展会的策划提供数据支持。例如，分析观众的参观路径和停留时间，了解展品的受欢迎程度，优化展品布局。

此外，客户关系维护也是网络化管理后期价值的重要体现。主办方可以借助客户关系管理系统，对参展商和观众的信息进行整合和管理，定期发送个性化的邮件、短信，保持与客户的联系。根据客户的兴趣和需求，推送相关的展会信息和行业动态，提高客户的忠诚度和复购率。

第三节　会展项目管理的全过程创新

在会展行业快速发展与变革的背景下，会展项目管理的全过程创新成为提升项目竞争力、满足市场多元化需求的关键。

全过程创新意味着在会展项目的策划、筹备、执行、收尾等各个环节，通过引入新的理念、技术和方法，打破传统管理模式的局限，实现项目的高效运作和差异化发展。

一、会展项目规划阶段创新

（一）会展项目设计创新化

会展项目设计是指依据一定的理念对项目未来发展做出计划、安排、说明等，以指导整体项目完成。其创新首先是指项目设计理念的创新化、绿色化，即项目的完成必须注意充分挖掘人力资源的作用，注重现有人员知识的运用，并将其知识转化为推动项目发展的原动力；同时，注意在不同阶段项目资源的最大化的合理利用，即引入可持续发展的理念。其次是项目主题设计的创新化，即要在充分市场调查基础上，找准会展项目所在地资源优势，据此选出最能突出地方竞争力和特色的主题。

（二）会展项目融资创新

资金筹措是任何项目可持续发展的重要保障，如何实现规模化融资是项目规划阶段要考虑的主要问题。因此项目承办方获取大额资金应把握以下原则：首先是宣传推广多面化，即针对潜在项目赞助方，进行全方位、多层次的广告宣传推广，以使客户全面了解会展项目情况，为其投资提供基础；其次是融资渠道多元化，即会展举办者在向参展商收取展会费用的同时，可向观众、广告推广者等群体收取一定费用，同时对于公益性或地方扶持型会展项目可向政府要求融资，据此实现项目融资规模化发展。

二、会展项目实施阶段创新

(一)机制管理创新化

机制管理在确保会展项目能够顺利进行的过程中扮演着至关重要的角色。它涵盖了为适应项目的发展而制订的一系列制度。机制管理的创新化主要体现在以下几个方面:首先,沟通机制的创新至关重要,这意味着需要打破传统的沟通模式和方法,构建一种新型的、灵活的沟通机制,这种机制要能够适应市场的快速发展和变化。其次,协调机制的创新也是不可或缺的,会展专业管理公司必须妥善处理与会展承办方及会展分包商之间的关系,通过建立一个良好的协调机制,确保会展项目能够在健康和稳定的环境中逐步发展。最后,组织机制的创新同样重要,需要建立一个和谐且公平的组织机制,这不仅涉及各组织内部的创新,还包括组织与组织之间的创新。在先进理念的指导下,会展项目所涉及的各方应突破传统的组织方式,进行必要的创新,以促进项目的顺利进行和成功。

(二)管理方式国际化

管理方式的国际化趋势,实质上是在传统的管理方式之上,推动会展项目管理朝着品牌化和国际化方向发展。这一趋势首先体现在网络化管理方式的普及,与以往面对面的管理交流方式不同,如会展企业与政府、广告商、分包商,以及会展承办方与其他相关组织机构之间的交流,传统方式往往伴随着大量的人力、物力及财力的消耗。而互联网的管理方式则极大地节约了这些资源,并且促进了资源的合理化配置。其次,信息化管理方式的推广也是管理方式国际化的一个重要方面。在传统管理方式中,信息资源往往是独享的,而现代管理方式则倡导区域合作,信息资源共享,这不仅是一种与传统方式不同的管理理念,也是历史进步的体现。

(三)项目监控动态化

项目监控是指对会展项目管理不同阶段进行动态地、有效地管理,以反映管理实施力度,并据此进行适当调整。它是推动会展项目发展的必要条件和重要保障。动态化项目监控要注意以下几点:首先是目标控制,即对任务实施情况进行有效控制,以保证会展项目总体目标的实现,同时注意对成本目标控制,以保证会展项目执行成本控制在预算之内;其次是项目调整,即在目标控制过程中发现存在的问题,并不失时机地依据现实情况来调整和完善项目管理,以保障效益目标、成本目标及其他目标的实现;再次,项目监控还应注重信息反馈机制的建立,确保项目进展和问题能够及时上报和处理;最后,监控过程中应充分利用现代信息技术,比如项目管理软件,来提高监控的效率和准确性。通过这些动态化的监控手段,可以更好地把握项目的方向,确保项目能够按照既定的计划和目标顺利推进。

三、会展项目反馈阶段创新

(一)效益评估综合化

在会展项目管理中,效益评估是一个至关重要的指标,它能够反映出项目的成功与否。然而,传统的效益评估方法存在一定的局限性,主要体现在它们往往忽略了会展项目对相关行业的拉动作用和对当地形象推广的积极影响。为了更全面地评估会展项目的效益,创新化的评估方法应运而生。这种评估方法主要包含两个方面:直接效益和间接效益。直接效益指的是会展项目实施过程中直接产生的收入,例如会议与展览业中参展商的订单收益等。而间接效益则涉及会展业对其他相关行业的拉动效益,比如酒店业、运输业、邮电业、通信业等行业的收入增加。通过这种综合化的评估方法,可以更准确地衡量会展项目对经济和社会的全面影响。

(二)客户管理创新化

在会展项目结束后,会展专业公司以及会展承办方应当重视与客户的沟通和联系,实施客户管理的创新化。首先,建立一个完善的客户管理系统。在项目完成后,会展企业需要及时统计客户的详细资料,并将这些不同类型的客户纳入一个统一的管理体系中。其次,引入创新化的客户管理手段。根据客户的不同特点,采取不同的策略来提高顾客的忠诚度,这将为未来进一步的合作奠定坚实的基础。通过这些创新化的管理措施,会展企业能够更好地维护客户关系,提升服务质量,从而在竞争激烈的市场中脱颖而出。

(三)信息反馈及时化

会展项目完成后,会展专业公司、会展承办方及其他相关组织机构之间需要进行信息反馈的过程。及时而有效的信息反馈对于会展项目的持续发展具有重要意义。首先,会展专业公司与参展商之间的信息交流至关重要。会展企业应在展会结束后及时与参展商进行沟通,听取他们的意见和建议,以便更好地完善和改进未来的会展项目。其次,会展承办方与会展专业公司之间的信息反馈同样重要。作为承办方的委托机构,会展企业有责任和义务确保会展项目的成功。因此,在项目结束后,应及时与会展承办方进行沟通,将效益评估的结果传达给承办方,并收集反馈意见。通过这些及时化的信息反馈,可以进一步提高项目管理的专业化程度和管理质量,确保会展项目的长期成功。

第四节　会展项目管理其他方面的创新

一、全球化与本地化结合

随着全球化的深入发展,会展行业越来越需要同时满足全球化和本地化的需求。全球化的过程使得会展活动能够吸引来自世界各地的参与者和参展商,从而促进了国际的交流与合作。与此同时,本地化则确保了会展活动能够融入当地的文化背景,满足本地市场的特定需求和偏好。这种全球化与本地化的结合,不仅有助于会展活动的国际推广,也保证了其在不同地区的成功落地和广泛接受。以下是关于如何实现全球化与本地化结合的详细论述。

(一)多语言支持

实时翻译服务:通过人工智能技术驱动的实时翻译工具,会展活动能够为来自世界各地、使用不同语言的参与者提供即时的翻译服务,从而有效地消除语言沟通上的障碍,确保信息交流的顺畅无阻。

多语言资料:为了满足不同语言背景的参与者的需求,会展活动会提供包含多种语言版本的会展手册、详尽的议程表和各种宣传材料,这样可以确保每一位参与者都能够轻松地获取到所需的信息,无论他们使用的是哪种语言。

多语言工作人员:为了更好地服务于国际参与者,会展活动会特别配备一批能够流利使用多种语言的工作人员。这些工作人员不仅能够用母语与参与者进行沟通,还能够帮助解决语言差异带来的各种问题,从而为国际参与者提供更加贴心和周到的服务。

(二)文化融合

本地文化展示:在会展中融入本地文化元素,例如通过展示传统艺术表演、本地特色美食以及手工艺品等,来增强会展的独特性和吸引力。这些元素不仅能够为参与者提供一次难忘的文化体验,而且还能展示本地文化的魅力,从而提升会展的整体价值。

文化敏感性培训:为了确保工作人员在与来自世界各地的国际参与者互动时能够展现出尊重和理解,提供文化敏感性培训是至关重要的。这种培训通常包括对不同文化习俗、交流方式和礼仪的教育,帮助工作人员避免文化冲突,提升他们的跨文化沟通能力。

跨文化交流活动:通过组织各种形式的跨文化交流活动,例如文化沙龙、国际论坛、工作坊和交流晚会等,可以有效地促进不同文化背景的参与者之间的交流与合作。这些活动不仅为参与者提供了分享各自文化的机会,还鼓励了创新思维和合作精神,有助于建立一个多元和谐的国际交流环境。

(三)全球网络与合作

国际合作伙伴:致力于与国际会展组织、行业协会及各类企业建立稳固的合作关系,通过这些合作,能够有效地扩大会展活动的全球影响力,促进国际的交流与合作。

全球推广:为了吸引更多的国际参与者和参展商,采取积极的全球推广策略,利用国际媒体资源和社交平台的广泛覆盖,进行有针对性的宣传和推广活动,以确保会展信息能够触及世界各地的目标受众。

国际标准:严格遵循国际会展行业的标准和最佳实践,通过提升会展活动的专业性和可信度,来吸引更多的国际参与者。这不仅有助于提高会展的整体质量,也为参与者提供了一个更加安全、高效和值得信赖的会展环境。

(四)本地市场适应

深入分析本地市场需求:为了更好地满足本地参与者的期望,会展组织者需要深入研究和了解本地市场的需求和偏好。通过细致的市场调研和数据分析，可以调整会展的内容和形式，使之更加贴合本地市场的实际情况和参与者的具体需求。

积极促进本地企业参与：会展的成功举办离不开本地企业的积极参与。通过各种方式鼓励本地企业和组织加入会展，不仅可以展示本地的创新成果和商业成就，还能增强会展活动的本地影响力和吸引力。这包括提供平台让本地企业展示产品和服务，以及举办相关的交流活动。

获取本地政策支持：与本地政府和相关机构建立良好的合作关系，对于确保会展活动的顺利进行至关重要。通过获取政策支持和相关资源，可以为会展提供必要的法律和行政保障，同时也能为参与者提供更多的便利和优惠。这包括税收减免、场地使用优惠、宣传支持等多方面的合作。

（五）技术与创新

全球技术整合：通过整合全球范围内的先进技术和创新成果，致力于提升会展行业的科技含量和吸引力，从而为参与者带来更加丰富和前沿的体验。

本地技术应用：注重结合本地的技术优势，致力于开发出适合本地市场需求的会展解决方案，以确保会展活动能够更好地适应本地环境，提高效率和参与度。

创新平台：致力于打造一个全球化的创新平台，旨在促进国际与本地企业之间的技术交流与合作，通过这个平台，企业可以共享资源，激发创新思维，共同推动会展行业的发展。

（六）可持续发展

全球可持续发展目标：在全球范围内，将全球可持续发展目标融入会展策划和执行的每一个环节中，以此来提升会展活动的社会责任感和国际形象，确保会展活动不仅在商业上取得成功，同时在促进社会和环境可持续性方面也发挥积极作用。

本地可持续发展实践：在会展策划和执行过程中，积极考虑并结合本地的可持续发展实践，例如优先使用本地生产的环保材料，以及推广和鼓励使用本地绿色交通方式，如自行车、电动车辆等。这些措施不仅有助于减少会展活动对环境的影响，还能增强会展活动与本地社区的联系，提升会展活动在本地的认同感和参与度。

国际与本地合作：通过积极寻求和建立国际与本地之间的合作机制，共同推动会展行业的可持续发展。这种合作可以促进知识、技术和经验的交流，帮助克服单一地区在资源和能力上的局限性。通过这种合作，可以实现全球与本地利益的平衡，确保会展活动在全球范围内对社会、经济和环境的正面影响，同时尊重和促进本地社区的可持续发展。

全球化与本地化的结合是未来会展项目管理的重要创新方向。通过多语言支持、文化融合、全球网络与合作、本地市场适应、技术与创新以及可持续发展等多方面的努力，会展可以更好地满足全球参与者的需求，同时融入本地市场，提升会展的全球竞争力和本地影响力。这种结合不仅能够吸引更多国际参与者，还能增强会展的独特性和可持续性，推动会展行业的持续发展。

二、协作与生态系统构建

在探讨未来会展项目管理的创新方向时，我们不难发现，协作与生态系统的构建扮演着至关重要的角色。通过实现跨行业的合作，促进资源的共享，以及积极地进行社区建设，会展项目能够逐步发展成为一个更加开放、互动性强，并且可持续发展的生态系统。以下内容将对协作与生态系统构建的概念进行更深入的探讨和详细论述。

（一）跨界合作

行业融合：与其他行业（如科技、教育、旅游、文化等）合作，创造更多商业机会和创新点。例如，与科技公司合作，引入最新的 VR/AR 技术，提升会展的互动体验。这种合作方式不仅能够为会展带来前沿科技的支持，还能吸引科技爱好者和专业人士的参与，从而拓宽会展的受众基础。

跨领域专家：邀请不同领域的专家参与会展，提供多元化的视角和见解，丰富会展内容。这些专家可以是来自不同学科的学者，也可以是行业内的资深人士，他们的参与能够为会展带来深度和广度，让参与者获得更全面的知识和信息。

联合举办活动：与其他行业组织联合举办活动，扩大会展的影响力和参与度。通过合作，可以共享资源，降低成本，同时也能吸引双方的客户和会员，实现双赢。此外，联合举办的活动往往能够吸引更多的媒体关注和报道，进一步提升会展的知名度。

（二）开放平台

资源共享：打造一个开放的平台，旨在促进会展资源的共享，这包括但不限于场地、设备、技术等各个方面。通过这种方式，能够降低会展行业的运营成本，同时提高资源的利用率，使得会展活动更加高效和经济。

数据开放：通过建立一个开放的数据平台，致力于分享会展行业中的数据及相关的分析结果。这样的举措旨在促进行业内知识的共享，激发新的思维和创新，从而推动整个会展行业的发展和进步。

合作创新：鼓励企业和组织在开放平台上进行合作创新。通过这样的合作，希望能够共同开发出新的会展解决方案和服务，以满足不断变化的市场需求，为会展行业带来新的活力和机遇。

（三）社区建设

线上线下结合：通过线上社区和线下活动，增强参与者之间的互动和交流，形成长期的社群关系。线上社区不仅为会展的参与者提供了一个便捷的信息交流平台，还能够让他们随时随地进行资源共享和经验分享。而线下活动则通过举办研讨会、培训班、行业交流会等形式，让参与者有机会面对面交流，加深彼此的了解和信任。这种线上线下相结合的方式，有助于构建稳固的社群关系，为会展行业的持续发展奠定坚实的基础。

专业社区：建立专业社区，如行业协会、专家论坛等，促进行业内的知识交流和技术合作。这些专业社区将成为会展行业内知识共享和技术合作的重要平台。通过定期举办专业论坛、研讨会等活动，邀请行业内的专家学者、企业代表等共同参与，分享最新的行业动态、技术进展和市场趋势。同时，专业社区还可以为会员提供专业培训、咨询服务等，帮助他们不断提升自身的专业素养和竞争力。这样的专业社区不仅能够加强行业内各方的联系和合作，还能够推动整个会展行业的持续发展和创新。

参与者互动：通过互动平台和社交媒体，增强参与者之间的互动，提升会展的参与感和满意度。例如，可以设立在线问答板块，让参与者在会展期间或之后仍能随时提问和解答疑惑。同时，利用社交媒体的力量，发起话题讨论、投票等活动，增加参与者的参与热情，使他们在互动中感受到归属感。这些互动不仅增强了参与者之间的联系，也为会展带来了更多的活力和话题。

（四）生态系统构建

利益相关者合作：与会展的各个利益相关者（如参展商、参与者、赞助商、政府机构等）建立紧密的合作关系，共同推动会展的成功。这种合作模式不仅限于会展期间，而应贯穿于会展的筹备、执行和总结等各个环节。通过定期的沟通会议、信息共享平台等方式，确保各方利益诉求得到充分表达和协调，从而形成协同效应。此外，还可以探索建立利益共享机制，如通过会展带来的经济效益、品牌影响力等，为各利益相关者创造更多价值，进一步增强合作的稳定性和持久性。

生态系统平台：打造生态系统平台，整合会展的各个环节和资源，形成一个高效、互动的生态系统。这一平台可以包括线上和线下两个部分。线上部分可以开发一个综合性的会展管理系统，实现参展商报名、展位分配、活动安排、票务销售等功能的一站式服务。同时，通过数据分析工具，对参与者的行为、偏好等信息进行深入挖掘，为会展的策划和营销提供数据支持。线下部分则可以通过优化场馆布局、提升服务质量、增加休闲娱乐设施等方式，提升参与者的体验感和满意度。此外，还可以引入第三方服务商，如物流公司、餐饮服务等，为会展提供更加全面的配套服务，从而构建一个完整、高效的会展生态系统。

可持续发展：在生态系统构建中，注重可持续发展，推动绿色会展和循环经济，提升会展的社会责任感和环境友好性。通过采用环保材料、节能减排技术、垃圾分类回收等措施，减少会展对环境的影响。同时，鼓励参展商和观众参与绿色行动，共同营造低碳、环保的会展氛围。此外，还可以探索会展废弃物的再利用途径，如将废弃展板、包装材料等转化为新的资源，实现会展经济的循环发展。

（五）创新与合作

创新孵化器：设立创新孵化器，支持会展行业内的创新项目和企业，推动行业的技术进步和商业模式创新。

同时，孵化器可以与高校、科研机构等合作，引入前沿技术和人才，为会展行业注入新的活力。通过举办创新大赛、创业沙龙等活动，激发行业内外的创新热情，促进创意与资本的对接，加速创新成果的转化和应用。此外，孵化器还可以提供法律咨询、财务规划等一站式服务，帮助创新项目和企业稳健成长，推动会展行业的持续发展。

合作创新项目：通过合作创新项目，促进企业、研究机构和政府之间的合作，开发新的会展技术和服务。

这些项目可以聚焦于会展信息化、智能化、绿色化等多个方向，通过共享资源、协同研发，加速技术创新和产业升级。同时，合作创新项目有助于打破行业壁垒，促进跨领域、跨行业的交流与合作，为会展行业带来新的发展机遇。通过实施合作创新项目，不仅可以提升会展行业的整体竞争力，还能推动相关产业链的发展，实现多方共赢的局面。

知识共享：通过知识共享平台，促进行业内的知识交流和技术合作，提升整个行业的创新能力和竞争力。

知识共享平台可以涵盖会展行业的各个方面，包括会展策划、设计、搭建、运营等多个环节。通过平台，企业、研究机构和从业者可以分享最新的研究成果、技术趋势、成功案例等，促进信息的流通和知识的更新。同时，知识共享平台还可以作为行业交流和合作的桥梁，帮助企业寻找合作伙伴，拓展业务范围，提升市场竞争力。通过知识共享，不仅能够推动会展行业的创新发展，还能提升整个行业的服务水平和专业形象。

(六)全球与本地结合

全球合作网络：建立全球合作网络，与国际会展组织、企业和机构建立合作关系，扩大会展的全球影响力。

这种全球合作不仅能够引入国际先进的会展理念和技术，提升本土会展的专业水平和国际化程度，还能为本土会展企业提供更多的国际合作机会，拓宽国际市场。同时，通过与国际会展组织、企业和机构的紧密合作，可以共同策划和举办具有国际影响力的会展活动，提升会展品牌的知名度和影响力。本地会展企业可以借此机会学习国际先进的会展管理和运营经验，提升本土会展的整体运营水平。

本地生态系统：结合本地市场需求和资源，构建本地生态系统，提升会展的本地适应性和影响力。

本地会展企业应深入挖掘本地市场的独特资源和文化特色，通过举办具有地方特色的会展活动，吸引更多的本地参展商和观众。同时，加强与本地政府、行业协会和企业的合作，共同推动会展业的本地化发展。这种本地生态系统的构建不仅能够提升会展的本地适应性，还能增强会展对本地经济的贡献，促进地方经济的繁荣发展。此外，本地会展企业还可以通过与本地供应商和服务商的紧密合作，降低会展的运营成本，提高会展的整体效益。

国际与本地合作：通过国际与本地合作，共同推动会展行业的全球化发展，实现全球与本地利益的平衡。

在全球化的背景下，会展行业不再局限于某一地区或国家，而是成了一个全球性的产业。通过国际与本地合作，可以引进国际先进的会展理念和技术，同时结合本地的市场特点和资源优势，共同推动会展行业的创新和发展。这种合作模式不仅能够促进国际的交流与合作，还能提升本地会展的国际竞争力，实现全球与本地利益的共赢。此外，通过全球与本地的结合，还能为参展商和观众提供更多元化的选择和体验，满足不同层次的需求，进一步推动会展行业的繁荣与发展。

在当今快速发展的会展行业中，协作与生态系统的构建已经成为未来项目管理的重要创新方向。通过实施跨界合作、开放平台策略、社区建设、生态系统构建、创新与合作的实践，以及将全球视野与本地特色相结合的多方面努力，会展活动能够形成一个更加开放、互动和可持续的生态系统。这种生态系统不仅能够显著提升会展的效率和参与者的体验，还能促进会展行业内部的知识共享和创新思维，从而推动整个会展行业的持续发展和进步。

三、加强安全与风险管理

在会展项目管理的过程中，安全与风险管理扮演着至关重要的角色，它们是确保整个活动能够顺利进行以及所有参与者安全无恙的关键环节。通过细致的规划和有效的执行，项目团队能够识别潜在的风险，制订应对策略，从而最大限度地减少意外事件的发生，保障活动的顺利进行。

（一）健康安全

随着全球健康问题的日益突出，会展项目必须采取严格的卫生措施，确保参与者的健康安全。卫生措施包括但不限于以下几点。

①清洁与消毒。定期对会展场地、设备和高频接触区域（如门把手、电梯按钮）进行清洁和消毒，以减少细菌和病毒的传播。

②个人防护。提供口罩、手套、洗手液等个人防护用品，鼓励参与者使用，以降低感染风险。

③社交距离。通过调整座位安排、设置隔离屏障等方式，确保参与者之间的安全距离，从而减少病毒传播的可能性。

④无接触技术。

无接触登记：采用二维码扫描、面部识别等技术，减少接触式登记流程，降低交叉感染的风险。

智能设备：使用智能设备（如自助服务终端、智能导览系统）减少人员接触，提供更加安全的会展体验。

虚拟互动：通过 VR 和 AR 技术，提供无接触的互动体验，让参与者在安全的环境中享受会展内容。

（二）应急预案

制订完善的应急预案是应对突发事件、保障会展顺利进行的重要措施。一个有效的应急预案应包括以下几个方面。

1. 风险评估

识别风险：识别可能影响会展的各类风险，如自然灾害、公共卫生事件、技术故障等，以便提前做好准备。

评估影响：评估各类风险的可能性和影响程度，确定优先应对的风险，确保资源和注意力集中在最关键的风险上。

2. 应急计划

应急团队:组建专业的应急团队,明确各成员的职责和分工,确保在紧急情况下能够迅速有效地响应。

应急流程:制订详细的应急流程,包括报警、疏散、救援等环节,确保在紧急情况下能够有序地进行处理。

资源准备:准备必要的应急资源,如急救设备、备用电源、通信工具等,以便在紧急情况下能够立即投入使用。

3. 演练与培训

应急演练:定期组织应急演练,检验应急预案的有效性和可操作性,确保在真实情况下能够顺利执行。

培训教育:对工作人员和参与者进行应急培训,提高其应对突发事件的能力,使其在紧急情况下能够保持冷静并采取正确的行动。

4. 沟通与协调

信息发布:建立有效的信息发布机制,及时向参与者通报突发事件和应对措施,确保信息的透明和及时性。

外部协调:与当地政府、医疗机构、安保部门等建立协调机制,确保应急响应的及时性和有效性,以便在紧急情况下能够得到必要的支持和帮助。

(三)网络安全

随着会展数字化程度的提高,网络安全问题日益突出,保护数据隐私和防止网络攻击成为重要任务。以下是网络安全方面的一些关键措施。

1. 数据隐私保护

数据加密:对敏感数据进行加密处理,防止数据在传输或存储过程中被非法访问和泄露。

访问控制:实施严格的访问控制措施,确保只有授权人员可以访问敏感数据,从而保护数据不被未授权的人员获取。

隐私政策:制定并公布隐私政策,明确数据收集、使用和保护的方式,获得参与者的同意,确保透明度和合规性。

2. 网络攻击防护

防火墙与入侵检测:部署防火墙和入侵检测系统,防止未经授权的访问和攻击,保护会展网络不受外部威胁。

安全更新:定期更新系统和软件,修补安全漏洞,防止攻击者利用已知漏洞进行攻击,确保会展网络的安全性。

备份与恢复:定期备份重要数据,制订数据恢复计划,确保在数据丢失或损坏时能够快速恢复,减少潜在的损失。

3. 安全意识培训

员工培训:对工作人员进行网络安全培训,提高其安全意识和应对网络攻击的能力,使其能够识别和防范潜在的网络威胁。

参与者教育：向参与者提供网络安全教育，提醒其注意保护个人隐私和数据安全，避免成为网络攻击的目标。

4. 第三方合作

安全评估：与专业的网络安全公司合作，进行安全评估和漏洞扫描，确保系统的安全性，及时发现并解决潜在的安全问题。

应急响应：与网络安全公司建立应急响应机制，确保在发生网络攻击时能够及时应对和处理，最大限度地减少攻击带来的影响。

安全与风险管理是会展项目管理中的重要环节，涵盖健康安全、应急预案和网络安全三个方面。通过加强卫生措施、采用无接触技术、制订完善的应急预案、保护数据隐私和防止网络攻击，可以有效保障参与者的安全和会展的顺利进行。这些措施不仅能够提升会展的安全性和可靠性，还能增强参与者的信任和满意度，推动会展行业的持续发展。

参 考 文 献

[1] 耿松涛.搭筑区域会展大平台　共建对外开放新格局(会展观察)[EB/OL].(2021-11-03)[2025-02-14]. https://hainan. sina. com. cn/news/s/2021-11-03/detail-iktzscyy3439815. shtml.

[2] 陈正康,邸嘉禹.会展业促进双循环新发展格局构建的作用机理研究[J].商业经济研究,2023,(03):167-172.

[3] 胡芳芳.杭州会议产业国际竞争力评价实证研究[J].价值工程,2024,43(10):19-22.

[4] 黄娟.项目管理在教师远程培训中的应用研究[D].上海:华东师范大学,2006.

[5] 王娜.中国企业品牌国际化实现途径研究[D].大连:大连海事大学,2008.

[6] 潘娜.会展项目管理研究[D].上海:上海财经大学,2005.

[7] 杨弘智.哈尔滨市会展业发展的问题和对策研究[D].哈尔滨:哈尔滨工业大学,2007.

[8] 王斯玮.HR公司新产品开发项目管理优化研究[D].长春:吉林大学,2023.

[9] 王江英.基于主要利益相关者的新疆会展业社会影响评价研究[D].北京:中国科学院大学,2014.

[10] 陈正康.会展旅游与目的地管理[M].哈尔滨:哈尔滨工业大学出版社,2023.